学校家庭教育指导工作手册

张润林 主编

华东师范大学出版社
·上海·

图书在版编目(CIP)数据

学校家庭教育指导工作手册/张润林主编. —上海:华东师范大学出版社,2020

ISBN 978 - 7 - 5675 - 9926 - 0

Ⅰ.①学…　Ⅱ.①张…　Ⅲ.①学校教育-合作-家庭教育-手册　Ⅳ.①G459 - 62

中国版本图书馆 CIP 数据核字(2020)第 020629 号

学校家庭教育指导工作手册
XUEXIAO JIATING JIAOYU ZHIDAO GONGZUO SHOUCE

主　　编　张润林
责任编辑　李　雯
特约审读　徐曙蕾
责任校对　王丽平
装帧设计　卢晓红

出版发行　华东师范大学出版社
社　　址　上海市中山北路 3663 号　邮编 200062
网　　址　www. ecnupress. com. cn
电　　话　021 - 60821666　行政传真 021 - 62572105
客服电话　021 - 62865537　门市(邮购)电话 021 - 62869887
地　　址　上海市中山北路 3663 号华东师范大学校内先锋路口
网　　店　http://hdsdcbs. tmall. com

印 刷 者　上海商务联西印刷有限公司
开　　本　787×1092　16 开
印　　张　19
字　　数　348 千字
版　　次　2020 年 4 月第 1 版
印　　次　2023 年 7 月第 7 次
书　　号　ISBN 978 - 7 - 5675 - 9926 - 0
定　　价　68.00 元

出 版 人　王　焰

编委会

序

　　教育始于家庭，家庭是社会的基本细胞，是人生的第一所学校。家庭教育伴随人的一生，影响人的一生，对一个人的成长至关重要。同时，家庭教育也是国民教育体系的重要组成部分，是社会教育和学校教育的基础、补充和延伸。"家庭教育不到位，不仅会抵消学校教育的效果，还会给孩子的发展造成一定的消极影响。"因此，要把家庭教育纳入公共服务领域，学校要发挥对家庭教育的指导作用，班主任要履行家庭教育指导师的职责。只有这样，才能形成家校协同共育机制，同心同德、同向同力，使家庭教育与学校教育同频共振，共同落实立德树人的根本目标。

　　在具体的教育实践中，学校和老师都知道要开展家访、家长会、家长开放日活动，举办家长学校，建设家长委员会，通过这些途径开展家庭教育指导，最终促进家校合作共育。可是，究竟如何做、做得怎么样，往往只能靠老师的探索，其经验往往散落在各种文献中，并没有形成规范的、可操作的、有效的工作流程。本书希望探索出一套适合中小学和幼儿园的家庭教育指导工作体系，让广大教师特别是班主任看完这本书就知道如何做、做什么，怎样才能有效促进家校合作共育，保障学生健康成长和全面发展。

　　本书共分三篇十五章。第一篇"家校沟通促同步"，从家访、家长会、新媒体的运用、传统媒体的优势和家庭教育档案建设等方面阐述老师和家长如何有效沟通，实现家庭教育与学校教育同向同步发展的目标。第二篇"家长参与谋共育"，阐述通过家长委员会、家长志愿者、家长助教、家长开放日和亲子活动等途径充分发挥家长的优势资源，使他们积极主动地参与学校教育，与学校老师同心同德共同培养身心健康、全面发展的孩子。第三篇"课程学习达共振"，希望学校认真办好家长学校，做好各种家庭教育知识的宣传与普及，同时充分发挥家长同伴教育的作用，让家长影响家长，让家长带动家长，促进家长主动学习，积极反思，努力提高家庭教育水平，切实肩负起家庭教育的主体责任。只有这样，家校合作共育才有良好的基础，也才能真正实现家校合作共育。

　　本书的每一章均由"案例导入""内容解释""工作要求""经验分享"四部分组成。"案例导入"是以一个真实生活中的工作案例为引子，全面聚焦和暴露工作实践中所出现或隐藏着的问题，既让广大教师感同身受，产生"熟悉感""亲切感"，增强可读性，又促进教师的自觉反思,使教师主动探索寻求解决心中疑惑的办法。"内容解释"是针对案例中所隐含的问题,即对现实工作中普遍出现的问题进行深入剖析,循序渐进地分析问题出在哪里,为什么会出现这样的问题,相关政策法规和理论如何看待这个问题。帮助广大教师深刻理解和把握相应内容,不能仅凭"经验"和"差不多"来开展家庭教育指导工作,要保障工作的专业性和准确度。"工作要求"是在正确理解的基础上知道具体该如何做,明确工作要求和具体工作流程与方法,保证既要做正确的事,又要正确地做事,使广大教师一学就会,一会就可以用,操作性和实践性强。"经验分享"是向广大教师呈现一个成功案例,不仅与"案例导入"形成前后呼应,还为想开展工作的读者提供一个可以借鉴和参考的范例或模板,让读者减少探索成本,缩短教师成长历程,提高工作效率,使家庭教育指导科学、高效地发展。

相信本书能帮助广大中小学和幼儿园教师全面理解学校家庭教育指导工作,掌握学校家庭教育指导工作体系和具体操作方法,从而科学有序、有的放矢、专业高效地开展学校家庭教育指导工作,开创家校合作共育新局面。

李 兵

2019 年 5 月

目录

第一篇
家校沟通促同步

第一章 ❀ 现代家访

家访是学校教师与学生家庭沟通情况、密切联系,指导家长开展家庭教育的一项常规性工作。其形式虽然古老,但在当前素质教育大潮和信息化快速发展的背景下,如何优化家访方式开展现代家访并做好家访工作却是一个崭新的课题。对学校与教师而言,需要探索如何开展现代家访,以促使家访真正成为指导家长提高家庭教育能力、形成家校合作共育、助力孩子健康成长的有效方式,成为实现提高学校教育与家庭教育水平的重要途径。

案例导入

期中测试后的一天,放学后,一年级班主任林老师已在校门口等了近30分钟,张老师才匆匆赶到。

"出发吧,去小伟家!"林老师一边说一边急步走起。

"什么? 不是去小爱家吗?"

"本来是的,但20分钟前小爱家长再次要求推迟家访时间,只好改约准备明天家访的小伟家了;小伟的家长说没问题,还有20分钟就到家了。来不及告诉你,不好意思。"

"小爱家长这样做已经第五次了,叫他家长来学校倒没推辞过,为什么呢? 去小伟家,还没做好充分准备,有点担心。"

"随机应变就行!"林老师满不在乎地说,"不用担心。这是对小伟的第一次家访,主要是了解小伟的家庭情况和他在家的学习表现,看看、聊聊就行。"

"好不容易进行一次家访,只有准备充分才不会白去。本来还想制订辅导计划与家长当面交流的,可惜……"

"要求不用那么高。家访只是一项任务,学校又不评优。现在大家都电访了,省时省力,还不用自己出车费! 工作那么多,家里又有小孩、老人要照顾,如果每次家访都充分准备,哪有时间啊! 再说,家长也未必有时间,他们也很忙,所以学校倡导'期中测后30分钟家访'。

早去早回，安全最重要。"

"我还是觉得如果家访走过场，不如不访。你说，小伟的爸爸妈妈是什么类型的家长呢？我还想访访家长呢！"

"我和他们各通过一次电话，只觉得他们都挺看重成绩的，其他的还不清楚。"

"那更得深入'访访家长'。"

林老师和张老师聊着聊着就来到了小伟家，小伟的爸爸妈妈刚到家一会儿。走入客厅，林老师看着两杯清茶顿觉轻松，很庆幸提前沟通有效。

"林老师、张老师，我家小伟是不是在学校犯错了？"还没坐下，小伟爸爸便开口了。坐在妈妈身边的小伟低着头直搓手。

"没有，没有。您误会了。"林老师急忙回答。

"真没有？"

"真没有。家访是我们学校为了更好地了解孩子，实现更好的家校沟通而全面开展的一项活动，全体老师参与，每学年对全班同学进行一次普访，同时对部分孩子进行二次家访。"作为班主任的林老师立即把学校对家访工作的要求作了简要说明。

"哦，原来是学校要求的！"小伟爸爸说。

"小伟，不用紧张。老师就是来了解一下你在家是怎样学习、玩耍的。"张老师看到猛搓手的小伟，想安慰一两句。

"我没玩！"小伟低声说。

"对，我要求可严了。周一至周五不能玩，只能学习。不过，小伟妈妈还不太同意，说什么要学玩结合！老师，小伟成绩怎么样啊？"小伟爸爸一脸急切。

"中段自查，小伟语文成绩优秀！"

"就是多少分呀，老师？"

"90 分以上。"林老师解释。

"九十几呢？"

"95，挺不错的！"林老师笑着补充。

"离 100 分还差 5 分，要继续努力！数学呢？"

"也不错。小伟一直很努力。"张老师突然不敢说了。

"老师，直说吧。我们顶得住。"可是小伟爸爸的脸已经绷紧了。

"89 分。不过据我观察，小伟学习认真，只要加强计算训练就行了。"张老师谨慎应对。

"89 分！"小伟爸爸沉默了，小伟的头低得不能再低。过了一会儿，小伟爸爸吞吞吐吐地说:"张老师,您能不能布置点书面家庭作业啊?我们家长可以批改的。"

"小伟爸爸,教育部规定小学低年段不能布置书面家庭作业,并不是我不想批改。"张老师脱口而出。

小伟爸爸赶紧解释:"张老师,您误会了!我真没这个意思。"

小伟妈妈立刻救场:"没错,一年级不布置书面家庭作业是教育部的规定。张老师,您别介意,小伟爸爸不了解国家政策。"

林老师一看"情况不妙",赶紧接话:"张老师,你不是说想和小伟的爸爸妈妈商量怎样帮助小伟加强计算训练吗?"

小伟听到这话抬起了头。小伟妈妈想了想说:"老师,你说我多带他数数,有用吗?"

"当然可以。可以一个一个数,两个两个数,五个五个数!不过,小伟最大的问题是计算速度较慢,正确率也不够高。家里有纸牌吗?我们和小伟一起来玩玩!"

"玩纸牌?"小伟妈妈一脸疑惑。

"对,玩纸牌。不过不是打牌,而是玩学习游戏。"

游戏开始了:一人抽一张,比大小,大多少,小多少;一人抽两张……大家越玩越开心,速度越来越快……

此时,家访时间已超过30分钟,林老师和张老师赶紧道别。没想到,小伟妈妈竟一边给老师塞礼物,一边问老师是否有其他事要帮忙。两位老师很镇定,对她说:"小伟妈妈,谢谢您。我们廉洁家访,绝不收礼;来家访是为了增进了解,促进合作,形成家校教育合力,帮助小伟。再见!"

一离开小伟家大楼,张老师就说:"林老师,谢谢你!要不是你及时帮我转换话题,我和小伟爸爸就可能吵起来了!冲动得连家访目的都忘记了,得好好反思……"

"我也忘记了首访目的,光聊成绩了!连要上交的家访记录表都忘记让家长填写,只能自己补了!下次还得准备得充分点,不能为了完成任务就随意调整家访时间!"林老师不好意思地说。

内容解释

上面的案例较完整地呈现了一次当前的常规家访,好像很成功,但也暴露了不少存在的问题。

一、学校家访制度不够完善

案例中的学校和许多学校一样,对家访有明确规定,这些规定概括起来就是"四保障":一保障全员参与,全体教师,包括行政领导都要参与家访;二保障全面家访,普访每一个孩子;三保障跟踪家访,根据实际需要对部分孩子进行二次家访;四保障廉洁家访,学校有明确要求"绝对不收礼,绝对不吃请"。

家访"四保障"有着重要的意义。首先,它践行了"人人都是德育工作者"的基本原则,全体教师都要参与其中;其次,它践行了教育必须面向全体的原则,保障立德树人过程中"一个也不能少";再次,它遵循了因材施教与德育工作"抓反复""反复抓"的原则,使家访工作有系统性与发展性;最后,它保障家访工作公私分明,消除家访的功利性,和谐家校关系。家访"四保障"最终保障家访的实效性,以此促进学校在家庭教育中发挥更好的引领作用。

但同时,这一案例也较真实、全面地反映了当今众多学校普遍存在的问题——对家访实效的管理不够完善,概括来说有"五缺失"。一是家访内容全面性的缺失。过分关注学生的学习、学业成绩和行为表现,对学生的全面发展和家庭教育指导关注不够。二是家访实效评价考核制度的缺失。家访实效性的评价导向缺失,导致家访出现随意性,家访效果的好坏完全由家访教师决定,负责任的老师会认真对待,不负责的老师应付了事。三是家访补助保障制度的缺失。家访不但费时、没有加班费,教师甚至还要自付车费,直接影响了教师的家访热情,因此部分教师会应付了事。四是家访教师安全保障制度的缺失。虽然通常情况下学校会安排教师结伴家访,但家访时间大部分在下班后,晚上出行不确定因素较白天更多,有的学生居住地比较偏远,个别学生的家庭有严重矛盾或家庭成员有暴力倾向等,这些都是安全隐患,家访教师的人身安全有一定程度的危险。五是家访教师成长制度的缺失。案例中,家访教师的家访理念与家访能力均有明显缺失,学校也没有提及家访经验交流、专家指导等专业成长方面的内容,均反映出当前大多数学校重家访工作落实、轻家访教师成长培训的事实。

以上说明,当前各学校对家访工作较为重视,有一定的制度保障,但由于缺失基础保障、教师家访素养成长保障和家访实效性评价考核机制,难免让家访变成走过场,教师积极性不高,实效并不那么理想。

二、教师家庭教育指导能力亟待提高

本案例真实反映了家访教师存在诸多问题,直接影响家访工作的高效落实,教师的家庭教育指导能力提升迫在眉睫。

(一)教师对家访工作认识不到位

不少教师对家访本身及家访的意义认识不全面、不深刻,是当今家访工作普遍存在的问题之一。正如案例中的教师为完成学校倡导的"期中测后 30 分钟家访",临时调整家访时间和对象,不但让家长措手不及,也让自己准备不足。这种完成任务式的家访很普遍,教师既不着力聚焦解决学生的教育问题,又不重点关注家庭教育指导,只是为了完成任务,这往往让家长难以认同,甚至导致部分家长抗拒教师家访。

(二)教师的家访工作理念不正确

理念决定行动,行动收获成功。家访要收到实效,乃至高效,首先教师要有正确的家访理念。

教师作为专业教育工作者,必须立德树人,与时俱进,遵循"培养德智体美劳全面发展的社会主义建设者和接班人"教育理念,并以此为指引,做好每一项教育教学工作。家访自然包括在其中。案例中林老师和张老师代表了持有两种不同家访理念的教师。林老师本质上不重视家访,只是把家访当作一项任务来完成,对家访没有全面、深入的了解。张老师却认为家访是家校沟通形成教育合力助力学生成长的重要渠道,家访理念与时俱进,已从访学生发展到既访学生又访家长的层面。

完成任务式的家访理念当今普遍存在,原因很多。首先是教育信息技术飞速发展,家校线上沟通方便,线上家访越来越受老师和家长的欢迎,可惜老师和家长之间的情感沟通也随之渐渐减少,家校关系开始"降温"。其次是教师工作越来越繁重,非教育教学任务越来越多,早出晚归超负荷工作已是常态,而且教师家中也上有老下有小,精力实在有限。如果每项工作都追求完美、做到极致,并不可能。另外,告状式家访、把多位家长集中到某一地点集中家访这种有访无家式家访也很普遍,均与不正确的家访理念直接相关。

所以,教师要正确认识家访在众多工作中的地位与意义,充分认识到家访在全面了解学生、加强家校沟通、提高家庭教育水平、形成家校教育合力方面的重要意义,把家访看作重要的教育途径,让 30 分钟家访准备充分,访中有家,有目标、有鼓励、有建议、成系统,收获超过30 分钟的实效。

（三）教师欠缺对家访目标的控制能力

目标是导向灯，有清晰的目标才不会让工作偏离方向。但在实际家访工作中，教师的随意性比较大，目标不清、目标不明或者目标确定不合理，又或者欠缺达成目标的控制能力。案例中的两位老师都有明确的家访目标，但在达成目标的沟通过程中掌控力明显不足，谈话中多次被家长带偏，导致目标达成度不够理想。一方面，教师在沟通中忘记了自己要达成什么目标，如林老师最后"连要上交的家访记录表都忘记让家长填写"，了解小伟家基本情况的首访目标完成得不理想。另一方面，教师在沟通中引导力不足，主动权多次转移到家长手中，如张老师直接陷入家长关心考试分数的怪圈，没有办法引导家长就如何提高孩子成绩的策略进行沟通，还差点与家长陷入一场老师批不批改作业的争辩。因此，只有教师个人积极反思、认清不足、主动学习、积极成长、重视家访，才能不断提高家访沟通中的目标把控力。

（四）教师家访过程中沟通能力弱

家访是教师与家长、学生面对面进行交流，沟通引导能力在家访中非常重要，而教师是沟通过程中的引导方，因此家访对其沟通引导能力要求较高。

普遍存在的告状式家访造成了众多家长对家访有误解，认为教师来家访就是孩子在学校"出了事"，其实孩子也有同样的误解。所以，在家访前需要做好沟通，让家长和学生都提前知道老师的家访目的，消除误解，这样才有利于家访目标的达成。案例中两位老师"突然"到访，没有提前做好沟通工作。当面沟通时，他们又因为缺乏技巧，而让家长产生了新的疑虑，觉得教师家访只是为了完成学校任务，甚至以为是来寻找家长监督孩子学习不得力的证据的；学生则以为老师是来抓他在家不认真学习的"小辫子"。真是越讲越疑虑丛生！后来他们又被家长引入关于考试分数的讨论，没办法引导家长进入"如何加强合作帮助孩子提高成绩"的讨论中来，陷入沟通困局，甚至还一度陷入"老师批不批改作业"这一针锋相对、激化家校矛盾的危险境地。

因此，教师不但要树立正确的教育观、学习观和成才观，加深自己的沟通根基，还要进行专项的沟通能力提升，掌握沟通策略，提升自己的综合素养，逐渐实现教师、学生与家长地位平等、相互尊重、目标明确、准备充分、注意沟通方式、讲求沟通艺术、追求相互合作、懂得相互谅解、坚持跟踪落实、积极主动反思的系统、高效的家访。

三、家长接访意识淡薄极需引导

传统家访越来越不受重视，也越来越淡出"江湖"，除了受信息化时代利用网络沟通更方便、更快捷的影响之外，还有深层次的原因。

（一）不便接待教师家访

以前的家长听说教师来家访，非常高兴，早早地就在家里欢迎老师的到来。但现在去家访往往遭"冷遇"甚至拒绝。正如案例中的小爱家长多次推迟已经约好的家访，究其原因，表面上看是家长工作忙应酬多没有时间保障、家庭隐私权保护意识强、交通不方便、社会治安不好、业余时间教师与家长都想要有自己的空间、不喜欢家访这种沟通方式，但根源应该是教师、家长、学生的情感交流不多。

（二）对教师家访误解多

长期以来家校沟通存在"问题唯上"的倾向。有的教师认为："孩子在学校好好的，找家长干吗；如果学生没什么问题，又何必麻烦家长。"家长自然也有相应的想法："老师家访，孩子肯定有问题；如果没问题，老师来干什么。"这种问题导向式的家访很容易被家长误解为老师告状、推卸责任、找茬，让家长尴尬难堪、"没面子"、自尊心受损。这完全违背了家访促进家校沟通、增进了解、达成共识、共育孩子的初衷。

此外，个别教师打着家访的幌子，请家长帮忙解决一些私事，或者获得一些好处，这种借访谋私的极端做法被媒体披露"发酵"后，让家长心有余悸，产生误解，因此不愿意接受家访。

（三）对家访实效性期望不高

近几年，家访越来越被业内人士所认可，重新登上教育改革发展的舞台。"千师访万家""百师家访行动"等做法轰轰烈烈地开展起来，但大多是"运动式""阶段性"的，不管是学校还是教师都是不得已而为之，最终大多演变为"走过场""完成任务"。这种家访对孩子的帮助不大，也不系统，对家庭教育水平的提升同样助力不大，并不是家长、学生所期待的。

四、学生对家访的态度迥异

案例中，受访学生小伟在家访过程中感到压力巨大。张老师家访是为了帮助小伟提高成绩，就算带来有趣的数学游戏，也与成绩直接相关。小伟爸爸反复追问成绩，对小伟的成绩不但不满意，还提出高目标。"分数唯上"的家访让成绩不理想的学生直接畏惧家访。另外，"问题唯上"或"突袭式"家访也让不少学生感到害怕。不过，也有不少成绩优秀、师生关系良好的学生喜欢家访，还主动给老师发家访邀请函。当然也有部分学生对家访无直接感受，老师是否来访好像和他们完全没有关系。他们要么就是觉得自己既没有什么可让老师表扬的，也没有什么可让老师投诉的；要么就是既不稀罕老师表扬，也不害怕老师批评。

对此，老师要主动和学生沟通，平时多与学生聊聊家访，引导学生正确认识家访及其意义。家访前,最好和学生提前沟通,明确当次的家访目标、交流主题,让学生心中有数,不搞突袭式家访。必要时,还可以和学生私下沟通,了解学生对家访的特殊要求,从学生成长出发,制订更切合学生实际需要的家访方案。

总而言之,久违十多年的家访重新被相关政策纳入教师重点工作范围,但在具体落实过程中,家访工作遇到很多困难,效果并不理想。

工作要求

《教育部关于加强家庭教育工作的指导意见》强调,要充分发挥学校在家庭教育中的重要作用,建立健全家庭教育工作机制,统筹家长委员会、家长学校、家长会、家访、家长开放日、家长接待日等各种家校沟通渠道,及时了解、沟通和反馈学生思想状况和行为表现,营造良好家校关系和共同育人氛围。

当前,经济社会快速发展的新形势,新兴媒体裂变式发展的新态势,社会家庭环境复杂多变的新情况,对现代家访工作提出了新的要求。为此,在开展现代家访中,学校与教师要遵循现代家访工作的要求,确保在新媒体环境下与家长即时便捷联系的同时,进一步加强情感的沟通和深层的互动,建立起教师与家长亲切和谐的人际关系,扎实推进学校家庭教育工作。

一、提高家访认识,重视家访工作

(一)家访的涵义

家访是家庭访问的简称,是进行个别家庭教育指导的一种常用的有效方式,主要是解决儿童、青少年的个别家庭教育问题,也叫家庭采访、家庭访问、家庭拜访。家访是"到家的因材施教",是解决"家庭教育问题",家庭教育的实施者是学生家长,家访是为了学生的成长,因而既要"访学生",更要"访家长"。

家访的目标可概括为两个方面:其一,通过与家长交流,了解学生的家庭状况、学习环境、学生的个性以及在家的表现,了解更真实、更全面的学生情况,了解家长对孩子的希望、要求以及教育方法等,为今后的教育工作奠定基础。其二,通过向学生家长讲述学校的基本情况,帮助家长树立正确的教育理念、解决家庭教育方面的一些困惑,增强家长的责任意识和信任度,使家长也主动参与到学校的教育教学管理中来,更有信心地和学校携手合作,共同做好学生的教育工作。

(二) 家访的意义

学校、家庭、社会共同担负着教育学生健康成长的责任。家访工作是沟通教师、家长、学生的桥梁,是学校与家长达成教育共识、协调教育目标、实现教育同步、促进学生身心健康发展的重要途径。良好的家校沟通使学校教育与家庭教育更有时效性、针对性和一致性,能更好地促进青少年学生的健康成长和良好习惯的培养,促进学校和家庭之间的信息交流。

(三) 家访的类型

家访按不同依据,分为不同类型。

如按时间来分,学期初进行的家访叫期初家访,通常是和家长在沟通过程中达成学期成长阶段目标及实施策略等共识;学期中段进行的是期中家访,主要汇报交流半个学期以来孩子的成长情况,达成下阶段成长目标共识等;期末时进行的家访叫期末家访,主要是汇报交流学生一学期的成长情况,总结反思,达成假期及下个学期的成长目标及策略共识等。

如按家访内容来分,可分四类。一是了解性家访。教师根据学校的安排,设计比较合理的走访路线,结合学生家庭状况、学生特点等,有目标、有重点地对学情进行分析,有的放矢地与家长进行沟通和交流。二是育人策略家访。通过家访,广泛听取家长或监护人对学校工作的意见与建议,接受社会监督,争取家长对教育工作的认同和支持,从而树立教育、教师的良好形象,提高教师对学生的管理水平和效果,提高学校教育教学质量,促进教育事业科学快速发展。三是沟通性家访。对特殊的学生给予力所能及的帮助,确保学生不因贫困而辍学,同时通过走访,了解学生家庭、社区环境,从而督促家长或监护人重视对孩子的教育,对学生在家庭和社区的学习、生活及社会交往提出意见和建议。四是教育政策宣传家访。通过走访家长、召开家长会、发放告家长书等形式,开展政策宣传。向家长宣传国家的惠民政策、教育法律法规,学校的办学理念、办学特色、教学情况等,赢得家长对学校工作的理解和支持。

二、掌握有效策略,提升家访实效

(一) 完善保障制度,形成激励机制

1. 遵循原则,有序开展

(1) 平等原则。平等对待学生及家长,尊重所有的家长和学生;要有礼有节,避免告状式

家访,教师要多表扬孩子的进步,多提学生的优点,多鼓励学生;讲学生缺点时要注意语气,以建议的方式表达,在教师、学生、家长之间建立起平等合作关系。

(2)全面原则。家访需面向全体学生,对学生在校的表现要全面地、实事求是地向家长反映。

(3)协调一致原则。求同存异,不埋怨、不指责,要与家长共同探讨、协商教育对策和教育方法,最大限度地促进学校教育和家庭教育的协调一致。

(4)针对性原则。针对不同类型的学生和家庭,有目的地交流教育信息、传递理论、商讨方法。对父母离异的单亲家庭、生活困难学生家庭、病残学生家庭、行为偏差学生家庭、思想或学业上有重大变化的学生家庭、学习困难学生家庭、留守学生家庭、心理异常学生家庭等要进行重点访问。

(5)保密原则。家访所获得的信息若涉及学生和家长隐私,要注意做好保密工作。

此外,必须坚决杜绝家访中的不正之风,不得接受学生家长的宴请和赠礼,不得托请家长办私事,不得发表有损学校或其他教师形象的言论。

2. 内容丰富,全程落实

当前家访中"成绩唯上"与"问题唯上"的情况非常突出,这显示出家访内容单一化,其背后是育人目标的狭窄化。学校应从"培养德智体美劳全面发展的社会主义建设者与接班人"这一终极目标出发,从"帮助和引导家长树立正确的家庭教育观念,掌握科学的家庭教育方法,提高科学教育子女的能力,全面提升家庭教育质量"和"建立良好家校信任关系,沟通家校教育信息,达成教育共识"出发,丰富家访内容。学校要安排形式多样的家访,根据实际需要,引导不同班级的家访覆盖不同时间、不同内容等,从而让现代家访形式多样、内容丰富、务实有效。

全程落实就是强调家访的跟踪落实。一方面要建立每一位学生的家访档案,有始有终,层层深入,有效提升。另一方面是从制度上规定每一次家访的全程性——家访前的充分准备,家访中的沟通记录,家访后的总结反思与跟踪。从而保障家访扎扎实实地开展,不走过场,有实效。

3. 评价考核,评优激励

家访是一项复杂的工作,学生不一样,家长更不一样,为了保障家访实效,学校与教师都要注重评优激励。

学校方面:首先,学校可通过制订与实施家访方案来指导教师进行有效家访。通过家访方案,使教师端正家访态度,掌握家访策略,做好家访准备,修炼沟通艺术,善于总结分析,高效运用家访成果等,让家访事半功倍。其次,学校可制订与家访方案对应的家访工作评价考核量表。通过评价考核,分出家访实效的高低,表彰优秀,树立榜样。最后,将家访工作落实情况与工作量挂钩,评价结果与绩效挂钩,形成激励机制,为家访持续推进获得"源头活水"。

教师方面:教师可通过家访记录表详细记录家访的内容、家长的建议和要求、教师的建议等,有利于对自己与对家长的科学评价。这既可成为家长会的交流材料,让家长教育家长,也可成为教师自我反思的读本,成为提升自己与家长沟通艺术的案例。(见附件2:××学校学生家庭登访记录表)

4. 交流学研,提升能力

家访是一种面对面的沟通,沟通能力直接决定家访的实效。学校要创建多种交流平台,促进教师在实践过程中大胆创新,反思总结;鼓励教师团队积极交流,举行经验分享会、家访方案设计比赛等,相互促进。同时,注重专家引领,注重走出去、请进来,加强理论学习。让教师通过理论与实践相结合,在个人反思、团队互助与专家引领中不断成长,从而为高效家访打下坚实基础。

(二) 讲究家访艺术,优化家访过程

1. 家访前:准备充分,选准时机

凡事预则立,不预则废。家访要收到良好效果,前期必须做好充分准备。要根据不同家访目标进行准备,既有基本点,亦有侧重点。

(1) 基于学生个人培养。家访前要对被访学生的在校情况有全面了解,包括:不同时间、不同地点表现是否相同,不同学科的学习情况有何异同,与老师、同学相处如何……不但要有具体可描述的事例,也要有分析总结,找出可扬之长及可避之短。还要制订学生阶段性培养计划,列出目标与具体措施及家长合作建议等,以便家访时与家长当面商讨,形成共识,确定合作事宜并实施。

(2) 基于班级团队发展。作为老师,特别是班主任,建设良好班风、学风、班级特色文化是其重要的工作内容。在此过程中,如果能得到家长的大力支持,会有意想不到的成效。若教师为这一目标进行家访,就要准备好和家长沟通建立怎样的班级文化及建设策略等,告知家长已带领孩子做了什么及收到哪些成效,下阶段准备做什么,需要家长做些什么、怎样做,而且还要准备好怎样回应家长的质疑等。

(3) 基于解决家校合作分歧问题。有时候,老师与家长关于孩子的教育会有较大分歧,这个时候也极有必要进行家访,进行面对面沟通,以达成共识。为取得预期效果,教师要梳理好当前存在的分歧是什么,具体表现在哪些地方,为什么会产生这些分歧,这些分歧对孩子的教育有哪些严重影响,怎样解决这些分歧等,做好与家长深入沟通的准备。

(4) 基于提升家长家庭教育能力问题。教师要从"访家长"角度出发,充分了解家长的家庭教育理念、家庭教育方式方法等,然后确定家访内容,选取沟通方式,才能取得较好的效果。

做好以上家访内容、沟通方式等准备后,还需要选准家访时机。这个时机来自教师主动与家长真诚沟通,共同协商确定。同时,还可以提前告知或商定家访主题,共同确定注意事项等。

2. 家访时:目标明确,讲究家校沟通艺术

心灵的距离有时等同于脚下的距离,家访就是教师与学生家庭的零距离接触。在学生家里坐一坐,聊一聊,一句嘘寒问暖的话语,一个流露关切的眼神,胜过许多天苦口婆心地教育、训导。家访是学校和家庭两个教育主体的对话和交流,它可汇成一股淙淙的小溪流,一旦流进学生的心田,必然激起学生心灵温情的浪花。

面对不同类型的家长,沟通要走心,要用不一样的方式方法,基本做法有尊重、倾听、平等、共情等。具体如何操作呢?如面对溺爱放纵型的家长,教师需要褒奖和指导并行。首先要充分肯定孩子的长处,在充分列举事实的前提下,指出孩子需要改正的地方,耐心、热情地说服家长,告诉家长怎样做才是更科学的教育方式。又如面对放任自流型的家长,教师要通过在学生身上寻找亮点,让家长充分感受到惊喜,看到成功的希望,然后才能产生憧憬,配合学校来促进孩子的健康成长。反之,如果直接指出孩子的缺点,不停地冲着他们"唠叨",且没有提供非常具体的建议,那么说多少次都是白说。(见附件3:面对不同类型家长的沟通技巧)

3. 家访后:总结及时,注重跟踪

家访后要及时做到一访一思,建立学生家访档案(后附家访档案),明确下次家访的目标,跟踪落实。

(三) 注重多访整合,提高家访实效

家访的类型不同,各自的家访目标、沟通方式亦不同。随着时代的发展,家访形式也应不断创新、丰富。如老师或学生主动邀请多个科任老师,特别是学生最喜爱的一位老师进行家访的邀访;通过家校联系卡进行的书面家访;利用多样化网络平台进行的电子家访;还有随访、小干部家访、到教师家中家访、同一小区或居委会的几位家长结伴家访、家长座谈会等。以上创新形式各有优点,但不能代替传统家访的作用与意义,不过将多种形式进行整合,却可以各展其能,各尽其用。如:家访前,可以充分发挥电子家访的作用,与家长确定家访时间、明确家访主题、商定家访安排等;家访中坚持传统家访,坚持家访有"家",强调面对面沟通、联络情感、达成共识;家访后既可以充分利用家长座谈会分类反馈情况,商量讨论并

制订后期目标,也可充分利用电子家访进行有针对性的个性反馈,做好后期工作,还可以根据需要对个别学生进行随访。

(四) 加强学习交流,提升自身素养

家访要提高实效,提升家庭教育质量,形成家校教育合力,必须加强研训,提升教师与家长的素养。首先,要加强学研,提升教师综合素养,通过开展读书活动、专家讲座、专题研讨和实践反思等形式提升教师的综合素养,为做好家访工作打下扎实基础。其次,学校也要从实际需要出发,组织适合家长成长的活动课程,如家长持证上岗课程等,引导家长参与到学习活动中来,提升自身素养,助力家庭教育水平提升。再次,教师要在家访中学习如何家访,在家访中学习如何引导家长和学生成长,在家访中引领家长转变教育观念、掌握教育方法、提高教育能力,进而促进家校教育合力形成,共同促进学生全面发展。

总而言之,家访虽是一项常规工作,但教师要有坚持常规工作创新做、创新工作常规做的意识,与时俱进,才能发挥其作用,促进学校教育与家庭教育同步一致,同心同向,为孩子创造一个充满阳光雨露的成长环境!

经 验 分 享

家访,作为教师、家长与学生沟通心灵的桥梁,具有不可替代性。面对当今的新环境、新问题、新情况,如何进行家访才能达到预期的效果呢?概括来说,应在家访前、家访时、家访后三个环节做好充分设计。

一、家访前:做好"五准备"

(一) 班情分析,整理归档

班主任接到一个新班,不仅要拿到全班学生的纸质档案材料,也要整理电子材料,以便分析学生的家庭教育背景,掌握学生家庭成员的结构、父母从事的工作、家庭居住的环境等。准备好有关学生表现的各种材料,这是做好家访工作的首要条件。班主任通过准备材料,进一步熟悉和掌握学生德智体美劳诸方面的具体表现,要将学生在学校、年级、班级中所处的位置进行正确的定位,并在此基础上全面、客观、公正地评价学生,避免对学生简单作出"好"

或"坏"的主观评断。

（二）分区开展，分期进行

班主任可通过多种途径对学生的家庭背景，家长的年龄、文化修养、个性特点、教育子女的态度和方法等进行细致了解，并在此基础上制订出不同的家访策略。班主任还可根据学生居住的区域，制订一个方便灵活的家访计划表。计划表里的时间与内容应遵循安排科学、目标明确的原则。

（三）科任联手，齐心协力

班主任是班级的主心骨，要与科任教师联手，才能共赢。班主任可主动建立班级科任教师群，组建交流平台，线上线下充分交流，结合家访计划的内容编制出相应的谈话提纲，避免因对学生的家庭情况一无所知而造成尴尬，以至于无法达到相互沟通、共同教育学生的目的。促使科任教师乐于参与，一起分析家访计划表的可行性与可操作性。

（四）沟通交流，愿意接受

教师、家长、学生三方都要学习家访计划表的内容，让家长心中有数，做好时间安排，让孩子明白家访人人有份，大家都乐于接受才能事半功倍。

（五）写邀请函，促家校情

班主任在班级群里推送家访计划时间表，分区域分时间段进行，同一个区域在一个时间段开展；家长根据自己的区域与自身的工作情况选择一个适合的时间，上报给班主任；班主任进行统筹后再次确定家访时间；家长与孩子一起做一张邀请卡邀请老师到家里来。

二、家访时：做到"四注意"

（一）注意自己的言谈举止、仪态、仪表

班主任以一个什么样的形象出现在家长面前，会直接影响家长对教师的信任度和尊敬感。同时，谈话时也不能只顾自己滔滔不绝，而不给家长说话的余地，因为家访是双向交流的教育工作，而不是班主任唱独角戏。同时，班主任应以坦诚、平等、合作的态度面对家长，在与家长交往中形成一种民主、和谐的气氛，才容易说服家长并取得家长的支持。只有态度诚恳、善于合作，才能争取到家长的配合。

（二）注意避免流于形式、走过场

有些班主任进行家访，是出于一种应付任务的态度，到了学生家里，客客气气，三言两语，对学生的优点和缺点往往模棱两可，缺点提得不尖锐，优点说得不明显。这就使得家长感到家访可有可无。他们既感受不到学校教育的力量,也觉察不出自己在家庭教育中存在的问题。因此,作为班主任应以促进孩子成长、共商教育策略为目的,以达成一定的协议为效果来进行有效的家访。

(三) 注意不偏离主题、有名无实

家访时,班主任应抓住主题,真正朝着了解学生、了解家庭、达成教育共识的目的去做,而不应打着家访的旗号,忘却自己的身份,为一己私利,随随便便拉关系,奉迎讨好家长。类似这种家访给学生教育工作造成的不良影响是极为严重的,班主任以及家长都应戒免。

(四) 注意家访要面向全班学生

长期以来,许多班主任总是在学生出了问题之后才去家访。而且班主任到了学生家里,往往要尽数学生其"坏"、其"笨",做出学生"没出息"的结论,发出"家长若再不配合,学生就要完蛋"之类的警告。这造成在一些学生及家长的心目中,家访往往与"上家告状"同名。这种做法不仅会损伤家长、学生的自尊心,使家长、学生对家访产生恐惧心理,而且还会给今后的学生教育带来极大的困难,这是极不可取的。

因此,班主任应从告状的家访模式中跳出来,以客观、发展的眼光来看待学生,看待家访。同时家访要拓宽内容与范围,要面向全体学生,既要面向"差生",也要面向"优生"和"中等生",使全体学生共同提高。

三、家访后:做到"二反馈""一建档"

家访之后,并不是整个家访工作就完成了,家访是否达到了目的,还应在以后的时间里观察学生的反应和表现以及建立长效的家校共育机制。这就要求班主任做到以下两点。

(一) 做到"二反馈"

第一,要请家长及时将家访后学生在家里的表现情况反馈回来。通过家访,家长采取了哪些教育措施,学生因此有了哪些改变,都应在一段时间后反馈回来,以便班主任据此采取相应的教育方法,来更好地教育学生。这项工作是检查家访目的是否达到的重要手段。

第二,要将家访后学生在校的表现情况及时反馈给家长。通过家访,学生在学校的表现比以往是否有了进步,在一段时间内都应有所反映。班主任应及时将这些情况反馈给家长,以便双方能够更好地协调合作,共同达到教育学生的目的。

(二) 做好"一建档"

建立每一个学生的家庭教育档案,每个孩子一个档案,里面包括:孩子的家庭结构、父母

的信息、孩子存在的主要问题、家庭教育指导内容以及对应的教育效果记录。（见附件4：家庭教育个别指导档案范例）

　　总而言之，家访工作是一项重要的教育工作，班主任只有把握好以上三个环节，认真、到位地做到"五准备""四注意"和"二反馈""一建档"，才能达成教育共识，形成教育合力。现代快节奏的生活方式和通讯方式催生了现代家访的形式，一个电话、一条短信、一封 E-mail、一条 QQ 消息……建立了一条条与家长长期沟通的"绿色通道"。相信现代家访在瞬息万变的互联网时代一定能够达到家校同步教育的新境界。

第二章 ❀ 家长会的有效组织与开展

家长与教师的良好合作和互动交流有利于促进学生身心健康发展。家长会作为家校沟通的桥梁,是家校合作育人的主要途径之一。现实中,每个学校每个班级组织家长会的初衷都是好的,在促进家长了解学校、了解班级、了解孩子在校情况,以及指导家长等方面都能起到一定作用。但在具体落实过程中,不少家长会所呈现的问题值得我们重视。

案例导八

第二学期期中检测后,学校按计划布置各班主任召开家长会。高一(3)班班主任李老师紧锣密鼓地准备:各科成绩、各类奖状、半学期以来的德育与宿舍扣分总表、家长会签到表、座位表、制作精美的课件……

家长会这天,家长们听完由学校领导和年级组组织的一个多小时的集体家长会,从体育馆回到班级教室陆续在自家孩子座位上坐好后,李老师全程主持班级家长会:"家长朋友们大家好!热烈欢迎大家在百忙之中抽空来参加孩子的家长会。这次家长会的主题是'加强沟通,携手共进'。从签到表和现场来看,我班有 12 位家长没来参加这次家长会,我会跟进处理,希望下次每位家长都能来,因为每位家长都该重视孩子的教育。"台下家长们环视 12 个空座位,面面相觑,心照不宣。

"今天家长会的流程如下:展示篇、汇报篇、交流篇。首先,让我来介绍一下我们班级。我们 3 班开展了团队拓展活动、班徽设计大赛、形式多样的主题班会、主题鲜明的国旗下演讲和班会活动。我们班的黑板报多次获得一等奖。在期中总结大会上,张同学代表班级领取成绩优秀奖,刘同学代表班级领取成绩进步奖,李同学代表班级领取先进班牌。接下来,你们所看到的是各个宿舍的照片。"看到表彰名单上有自家孩子的家长们纷纷拿出手机拍照。

"接下来让我展示一下 3 班的基本情况。班级特点:文科普通班,学生基础参差不齐。3

班共 48 名同学,16 名男生,32 名女生。大部分同学性格较活跃,乐观向上;同学和睦相处,师生关系融洽。学习氛围:大部分同学习惯良好,学习与纪律状态都较好,班风学风正。大部分学生已经适应了高中的学习生活,进入了正常的学习状态。期中成绩对比差第一;德育第四;宿舍总分第二;卫生第二;课间操第四;附加分第一;教师打分第三。这次期中检测中,以下同学位列班级前十名……以下 10 位同学进步特别明显……以下同学荣登班级单科状元和前三名……以下 8 位同学被评为班级'德育之星'……以下同学被评为班级'优秀班干部''优秀课代表''优秀小组长'……虽然我们班被评为先进班,但有些问题还是很明显的:个别同学纪律涣散、无视集体利益,习惯不好,导致个人和班级德育扣分严重,也大大加重了我的工作量,占用了我可以关心更多同学的时间和精力,例如以下几位同学……希望这几位同学的家长高度重视,一会儿留下来谈谈怎么办。"有些家长愕然地看着李老师;被点名的几个孩子的家长更是羞红了脸,尴尬难堪的表情难以掩饰;有些家长面色沉重,生怕自己的孩子也会上批评名单,气氛开始凝固起来;有些家长感到所讲内容与自己和孩子无关,只顾着翻看孩子的成绩单、作业本,或看手机。李老师也发现了有些家长的不耐烦,感到有点不好意思。可是后面所备的内容还很多,时间不早了,李老师还是硬着头皮说了下去。

"接下来是交流篇。我们来分析学生进步的原因:(1)师生共同努力的结果。(2)学校与3 班浓厚的学习氛围。(3)家长的支持和鼓励。学生的成功 = 40%(学生的自身努力) + 30%(教师的力量) + 30%(家长的推动力)。学生退步的原因:(1)浮躁、懒散、被动。(2)学习方法不科学:①盲目偏科,沉醉于初中的'优势科',忽略其他科;②时间分配不合理,无计划,得过且过,虚度光阴;③缺少课后复习、消化、巩固知识。(3)没达到宿舍的作息与纪律要求,如超时聊天、玩手机、过分运动、不服从生活老师与宿舍副班长的管理。(4)没有权衡好活动与学习的关系。(5)平时不紧张,考试前才想起要努力。我建议和恳请家长配合做好以下几项工作:(1)正确理解学校的规章制度,特别是学校严格的管理制度。(2)杜绝孩子带手机回校。(3)多与孩子情感沟通,多鼓励孩子,给孩子创造一个温馨的家庭环境。(4)帮助孩子树立目标,制订计划,有目标才能有追求。(5)严格控制孩子的零花钱、物品、衣着、发式。最后,希望家长配合学校及班主任的工作。这是我们班的科任老师和联系电话,有需要的家长可以联系他们。接下来进入家长和老师交流的时间。"

从早上 9 点到 11 点半,终于听完全年级家长会和班级家长会,家长们陆续起身离场,几个被点名的孩子的家长和想跟老师单独交流的家长继续留下来等候着老师。

内 容 解 释

《教育百科辞典》对家长会有明确的解释："家长会是班主任对学生家长集体工作的一种基本形式,它是学校和家长互通信息、统一思想和认识,共同对学生进行教育的主要形式。"家长会是家校合作的重要且常见的方式,是家长和教师相互沟通的高效通道。在家长会中,家长和教师面对面地直接接触和交往,对家长和教师的关系发展起着重要的作用。大家对家长会很熟悉,也都对家长会寄予较高的期望,但是在现实中,我们发现家长会真正的教育价值并没有得到很好的实现。到底家长会存在着怎样的弊端? 通过上面的案例亦可见一斑。

一、开家长会被视为畏途,家长参与热情不高

虽然家长和教师都希望通过家长会交流学生在家和在校的学习、生活情况,进行有效的沟通和交流,以帮助孩子全面发展,但是现实的家长会局面却是这样的:学生害怕、家长难堪、教师无奈。家长会在学生眼中是"暴风雨的前夕",除了个别尖子生外,多数学生就是被谈论、被审判、被指责、被投诉的对象;而家长则成了家长会的观众而非参与者,不少家长感觉家长会就是"告状会""批斗会",孩子在班上的成绩成为家长在家长会上地位的象征,不少父母在开家长会之前都互相推托,尽量避免去开家长会;对教师而言,家长会又成了自己的"一言堂"和"独角戏"。形式化、低效化的家长会就陷入了"学生怨、家长烦、老师走过场"的惨淡局面,也必然令不少家长将其视如鸡肋甚至是畏途,参与的热情不高。

二、家长会形式单一,缺少个别的、充分的交流

传统班级集体授课制使得教师关注更多的是全班学生的共性,而家长更关注的则是自己孩子的个性。这必然导致家庭和学校对孩子关注的中心存在背离。长期以来,家长会固定的地点、固定的程序,以集体会议和教师汇报发言为主的陈旧、单一形式,缺少个别的、一对一的针对学生具体发展情况的深入交流和互动,家长难以就自家孩子个性化的困惑向老师请教以得到解疑,更加剧了这种背离。在每次家长会结束后,我们往往会看到这样的场

景：许多家长不愿意离开，一窝蜂地围拢在老师跟前，都希望能够在熬过了意义不大的集体汇报后多争取一些和老师单独交流的时间。由此可见，家长是多么渴望与老师直接沟通和交流，多么希望能够与老师多说一些自己孩子的情况，多么希望能从老师那里获得针对自己孩子实际的教育方法上的指导。但是难得开一次家长会，家长和老师都根本不能全面、深入地了解孩子在校或在家的表现。整个家长会更多的是教师的"讲话"，鲜少"对话"，没法实现家长与教师的互动交流。家长、教师都很难获得自己期望的效果，家长会的价值大打折扣。

三、家长会内容固化，缺乏针对性

在中小学期间，孩子的大部分时间是在学校里，家长会成了家长了解孩子的一个窗口。作为家长，希望在家长会上具体看到什么？有调查显示：家长希望能详细、全面地了解孩子的在校情况，包括德、智、体等各个方面，以及班风、班貌等情况；希望家长会的内容更丰富一些，能够了解学校和班级的工作安排、目标及对家长的要求，孩子的学习状况及在学校的各种表现，有针对性地解决孩子教育问题的方法方案，班级活动开展情况，等等。

但是在现实的家长会上，最被诟病的就是仅仅围绕学习成绩展开，忽视了对学生全面发展的关注。学校通常选择在期中或者期末召开家长会，对学生和家长来讲，期中测试、期末测试后便是家长会，很明显的主题是成绩，关注更多的还是学生的"成绩"，鲜少涉及孩子的"成长"。

四、家长会中家长的主体地位丧失，家长话语权少

在我国传统家长会中，主体失衡是常见现象，事实上这种现象的产生有其深刻的背景。《中华人民共和国教育法》第五十条规定："未成年人的父母或者其他监护人应当配合学校及其他教育机构，对其未成年子女或其他被监护人进行教育"，"学校、教师可以对学生家长提供家庭教育指导"。长期以来，大家都以家长为配合对象的教育观念指导着实践，学校召开家长会时同样不可避免地倾向于要求家长配合学校教育孩子，对家长如何配合提出各种要求，至于听取家长意见的意识却不甚注意乃至弃之不理。家长往往只是处于"从属""配合"的角色地位。

从学校的角度来看，教师通过家长会高效地向家长传达了学生在校学习和生活的普遍情况，家长会之于教师是一条快速的信息传达通道。但是，从家长的角度来看，这样的家长会并没有为家长和教师的平等对话创造机会。在家长会上，家长只能听到班主任或学校领

导的报告,了解学校在贯彻教育方针上的具体措施和要求,了解校规、班规及学生在校的行为表现,却难以表达自己的观点和意见,也难以向教师反映孩子在家中的表现和发展状态。甚至存在学校行政领导发言时间过长,导致班主任、科任老师和家长交流的时间缩短,使得家长会出现了"拖堂"的现象。这样的家长会是一个参与主体失衡的平台,学校是导演兼制片,班主任及任课教师是演员,而家长仅仅是观众和听众。家长会不但没有发挥应有的功效,还向负功能转变。

综上所述,现实中家长会存在的各种弊端使得家长会真正的教育效能难以达成。有专家指出:家长会应具有组织性、主体性、互动性、目的性,以家长作为主体,注重家长和教师的交流,促进学生健康成长。家长会的重要功能就是通过学校和家长的"双边"沟通,聚集这两大教育主体的"合力",同心同德,群策群力,共同促进学生的成长。家长会虽然为家长和教师的平等对话创造了契机,使家长和教师的分享合作成为可能,但是现实中的家长会与这样的分享合作效果相去甚远。

家长会要真正发挥其"促进教师、家长、学生三方之间进行有效沟通与联系,使家长了解、参与学校教育并与教师形成教育合力,帮助解决学生学习和成长中出现的问题"的价值,必须要剔除以上案例体现出来的弊端。那么,理想的家长会具有怎样的特点呢?

(一)在观念上是平等的,要真正搭建起教师与家长平等对话、双向交流的平台

苏霍姆林斯基指出:"学校和家庭是一对教育者。"我们要明确家长会的终极目的是教师与家长一起合力帮助学生健康成长,家长会就是联系学校与家庭这两个不同环境的一座桥梁。为了全面了解学生的成长情况,必须要让家长也平等地参与到家校合作中来,表达自己的观点。教师要认识到家长也是家长会的重要主体,应使其享有平等的发言权,而不是自己在家长会上唱独角戏、家长扮演配角和听众。家长会应提供机会让家长向教师介绍孩子在家的情况,以帮助教师能够更好、更全面地认识孩子;让家长反馈孩子对老师的评价、建议,以帮助教师更好地反思,促进亲师关系;让家长为学校、班级教育出谋划策,以帮助教师制订更合理的教育策略。

(二)在内容上是多元的,要更加关注学生的全面发展

如上所述,目前家长会受到的最大的批判之一就是过分重视和抬高学习成绩的地位,忽视或者至少没有给予学生其他方面成长内容同等的关注。《中国小学教学百科全书·教育卷》中提出家长会的内容包括:(1)班主任向学生家长宣传党的教育方针;(2)总结一定时期教育工作的成绩;(3)讨论更好地实现下一阶段任务的途径;(4)研究学生教育上的一些问题等。发展是一个动态的概念,学生成长的内容是丰富的、多维度的,可以分为学习、心理、人际交往等多方面,我们要避免家长会变成"告状会""成绩发布会""培训会"等,真正在家长会上通过教师和家长的有效交流互动,达成对孩子教育的共识,形成合力以促进孩子学习、身心、人际交往等各方面的良好发展。当然,家长会的主题除了聚焦学生成长、发展的问题之外,还有师生问题、亲师问题和教育改革发展问题,等等。因此,家长会内容的选择是丰富多彩的,教师和家长要根据孩子的发展阶段特征及现实需求来确定主题。

(三) 在形式上是多样的,要更注重一对一或一对多的交流

家长会的内容要与形式相互依托,相辅相成;其内容是多元的,形式也必然是多样的。《中国中学教学百科全书·教育卷》从开家长会的目的出发将家长会分为三种类型:(1)介绍情况的家长会;(2)汇报情况的家长会;(3)专题性家长会。家长会的形式可以灵活多样,包括学生作业展览、汇报学生学习成果等。我们要设法改变程式化、盲目化、培训化、训责式、成绩报告会式的家长会,可以通过联谊式家长会、参观游览式家长会、座谈交流式家长会、展示式家长会、网络式家长会等,让家长会变得教师、学生、家长都喜爱,达到沟通家庭与学校的目的。此外,教育的对象是人,我们不能忽略了学生作为一个生命个体所存在的具体、灵动的一面。家长会作为家校沟通的桥梁,应该努力弥合教师与家长对学生共性及个性关注点的偏离,提供更多的机会让家长深入了解孩子,给家长提供信息咨询,更好地了解孩子的具体发展情况并促进生命个体的良好发展,增加个别交流,帮助家长根据孩子的个性实施正确的教育对策。

工作要求

成功的家长会能增强教师与家长在教育学生、加快学生健康成长过程中的合作与沟通,从而形成一股相互协调的教育合力,推动不同层次的学生在各自不同的起点上向更高的目标奋进。那么如何使理想中的家长会变成现实呢?

一、家长会前做好充分的准备工作

(一) 学校领导提高认识,重视家长会的组织策划,力求适时、精简、高效

对于各年级家长会的组织,要根据不同阶段孩子的身心发展特征、家校沟通的共同需求,做好顶层设计,制订详细的组织策划方案。若有全校或全年级的家长会,要考虑时间安

排是否合理,是否会分化掉各班家长会的时间。

(二) 班主任要根据教育教学工作的实际,确定家长会的目的和主要内容

可通过班级家长交流群等渠道,广泛征集建议,客观地分析现状,发现促进学生发展的有利因素和制约学生发展的不利因素。然后确定主要收集、交流哪些方面的信息,共同解决哪些问题等,最后确定好主题。

(三) 印发家长会通知,引导家长做好充分准备

一般在会前一两周发放通知。这样可以给家长预留足够的准备时间,避免在开家长会的时候造成冷场,或者是无法说出一些与家长会内容有关的东西,从而造成尴尬的局面。通知中要简要通报会议目的、内容、时间、地点,咨询能否到会,并附上学生、家长对学校工作的意见、建议栏等。此举目的在于使学生家长做好充分准备,例如如何面对孩子的考试和成绩、孩子该阶段的身心发展特征、现阶段育儿方面的困扰……这些话题都可以抛出来谈,在家长会中充分表达观点,形成共识。总之,通过会前准备,帮助家长以开放的心态、学习的精神和乐于分享的态度积极参与到家长会中。

(四) 整理各方意见

以教学班为单位,收集整理学生家长的意见、建议,并归类分析。然后,客观地确定家长会上需要沟通解决的问题,并且提出相应的解决方案。此外,也应该听听学生的建议,他们希望老师在家长会上与父母做哪方面的沟通。

二、明确家长会的参与人员,给家长充分的话语权

学校行政、教师、家长、教育专家等不同角色,在学生成长过程中都发挥着不同的教育作用,他们参与家长会的最终目的都是为了满足学生的成长需要。而归根结底,家长会一个最重要的参与主体必是家长无疑。在家长会上家长最希望互动的对象是谁?有专家做了调查研究,结果显示:家长期望家长会上互动排位第一的是班主任,排位第二的为学科教师,排位第三的为教育专家,后面的依次是学校行政领导、家长代表、学生代表。这表明,家长首先最想了解孩子在学校和班级里的状况,其次希望在教育方面能够与专业人士沟通或得到指导。家长会前要根据不同的主题内容明确参加人员。

学校行政领导作为参与主体之一,其发言能够使家长更加了解学校的整体情况和发展现状,但是过长的发言会适得其反。因此,行政领导在准备发言内容时应做到言简意赅,少讲空话、虚话,让家长和教师有更加充分的交流时间。在家长会的组织上,要尽量安排所有的任课教师都到场,让各个任课教师也能够感受到自己学科的价值是被重视的。这样的家长会为家长多角度地了解孩子提供了方便,有利于发现学生的特长和不足。

不管是哪种形式的家长会,都应该设置一些值得家校双方共同关注的话题,预留足够的时间让家长们充分表达自己的感受、想法,在此基础上汇总各方想法,达成教育共识。

三、每次家长会要有明确的主题

(一) 家长会主题的种类

家长会的主题可以多种多样,包括教育改革发展现状、班级管理情况、师生问题以及学生成长方面的各种问题,如良好习惯、思想情绪、学习状态、人际交往、身心健康等。

家长会的主题是丰富多样的、变化发展的,不同年龄、不同时期的学生具有其所处阶段的特异性,家长会应针对此时学生成长的需要和特点,确定最为适合的内容。如:幼儿阶段的家长会,可以设置如何帮助孩子适应集体生活、如何减缓亲子分离的焦虑、如何在游戏玩乐中培养习惯和各种品德等方面的主题;小学阶段的家长会,可以设置如何帮助孩子养成良好的生活和学习习惯、如何培养阅读兴趣等方面的主题;初中阶段的家长会,可以设置如何让孩子学会有计划地自主地学习、适应从童年期到青春期的转变等方面的主题;高中阶段的家长会,可以设置如何帮助学生适应高中生活、减轻学习压力、克服考前焦虑、学会正确与异性相处等方面的主题……

家长会要重点关注学生的身心健康,因为这是发展的立足点。同时,以此为基点,家长和教师才会更多地关注学生作为生命个体"人"的发展,关注学业负担、人际交往、校园安全、就餐情况、生理变化等对学生的影响。这些问题看似细小,但是却能使家长对孩子的学校生活有更全面深入的了解,也更加了解教师对于学生的全面关心,有利于彼此间建立更加信任、稳固的合作伙伴关系,共同促进学生的良好发展。

(二) 家长会主题的来源

1. 根据家长提供的信息来拟定主题

家长是孩子成长必不可少的参与者,家长会是家长向教师传达信息的重要平台,为了能够让家长更好地了解自己的孩子,教师应该指导家长在家长会之前对孩子的发展状态有明确的解读,同时列出自己想要告诉教师的有关孩子的事情,以便在家长会中和教师进行有效的交流。受到传统家长会习惯或者观念的影响,家长们很多时候倾向于倾听而不是倾诉,或者受"家丑不可外扬"观念的影响,导致目前家长会容易出现教师的"一言堂"。所以教师在家长会前可以利用学校的网络资源,建立一些论坛让大家畅所欲言,这样能及时了解家长的问题。还可以通过问卷、学生家庭备忘录上的留言等间接的形式让家长反映自己的想法和观点。教师平时与家长应多交流,了解家长在家庭教育中的独特经验或是困惑与烦恼,从中选择出共性问题或典型经验作为家长会的主题。

2. 根据学生存在的共性问题来拟定主题

在平时活动中,教师常常会发现在学生群体中存在一些共性问题。而这些共性问题的预防与解决,如果能得到家长的帮助,就会取得事半功倍的效果。比如寄宿或午托的学生,出现严重挑食、偏食情况,教师对其进行教育时孩子甚至会说"妈妈从不让我吃这个",这时就可以召开以学生的健康为主题的家长会。又如初高中寄宿的学生,易出现违规或过度使用手机而导致严重影响睡眠和学习状态的问题,此时可以拟定"手机管理"为主题的家长会。教师要培养解读学生成长需要的能力,通过对学生的细心观察和综合分析,也可以结合有针对性的书籍,发现或了解学生在不同发展阶段的特点,分析其发展的可能并引导学生的发展。如此,家长会上教师和家长的交流能够更有针对性,更加有实效,更加有助于共同推进学生的发展。

四、选择合适的家长会形式和时间

家长会的形式可以丰富多样,如何选择更加有利于学生成长需要的家长会形式,关键是把握家长会的本质目的——促进家校沟通和共识,为学生的健康成长提供良好的家校环境。家长会的时间,可以因不同学校、不同年级、不同班级的实际情况而定。多元化的家长会形式,大概有以下几种:

(一) 介绍沟通式家长会

通过校领导对本校情况和学期工作的介绍,班主任和家长交流班级情况和学期工作,学科教师介绍学生学习情况和学习经验等,可以使家长更加了解学校和班级的情况,认同学校文化、班级文化,共同落实相关教育措施。

(二) 展示式家长会

要成功召开成果展示式家长会,需要老师,特别是班主任平时多开展以提高学生综合素质为目的的课外活动和班级竞赛评比活动,在丰富多彩的活动中注重积累学生的素材,并建立好学生的成长档案。家长会上,班主任首先向家长汇报本班素质教育的情况和取得的丰硕成果,然后家长自由观看学生的素质成果展(学生成长档案、习作、书法、绘画、手工、摄影、手抄报、班级荣誉、学生荣誉等）。成果展示式家长会能增强家长的育人意识,增强学生的自信心,也使教师、学生、家长之间的关系更加和谐。

(三) 对话讨论式家长会

就一两个突出的问题进行亲子、师生、亲师的对话。例如可以就良好的学习习惯养成问题、如何陪孩子适应初(高)中生活问题,家长和学生在教师的主持下各自发表自己的观点,从而使家长更加了解孩子的状况,选择适当的教育方式。教师也可以给出具体的建议。还可以就教育中的共性问题进行理论和现实对策的探索,或做个案分析,或开经验交流会。如请几位在家庭教育、个性培养、学习指导等方面有成效的家长或者表现优秀的学生介绍经验,与其他家长共同交流。

(四) 参与动员式家长会

可以邀请家长参与班级某项主题活动开展的策划、动员,如学生文艺汇演、游玩、军训、外出研学等活动。有了家长的参与、献言、支招,更能增强家校、亲师间的凝聚力。

(五) 分类分层式家长会

班级学生根据成绩和行为可分为若干层级和类属,各层级和类属的学生都有共同的特性。如:优势层的学生最受瞩目和关注,但往往对失败充满恐惧;边缘层的学生最受孤立,他们处处感到低人一等,自卑感强,常以抵触情绪抗争;中间层的学生最易被忽视,他们缺乏主见,盲目追随,欠缺学习方法,学习动力不足,等等。根据这些特点,可以考虑分类分层召开临时的小型家长会。这种家长会主题明确,目标具体,针对性强,作用十分明显。

(六) 网络媒体式家长会

有条件的学校可以利用网络媒体组织家长会,使家长可以通过互联网与学校或教师进行互动。这种家长会信息量大,反馈及时,操作方便,家长之间、家长与教师之间随时可以交流。

多元化的家长会形式需要教师有意识地把时间和空间让给家长,让他们成为家长会的主角。这样家长们可以有机会拓宽对孩子关注的角度与视野,参与班级的教育工作;这样有利于教师和家长的沟通,有利于学校和家庭的合作,把家长会真正建成一座家校共育的桥梁。

五、做好家长会的后续工作

家长会后,校方、教师、家长都应对此次家长会及时进行总结与反思。学校及时汇总会议情况,以改进校内教育教学工作,把会议内容落实在实际工作中。教师应与家长继续加强联系,如可以及时写一封感谢信给家长,在信中,教师要对家长们的出席表示感谢,并总结与重申双方在家长会中形成的共识,鼓励家长付诸行动。家长也可以对此次家长会进行及时的反馈,提出对班级建设、孩子发展、下次家长会的期望等。只有学校、教师、家长坚持高效良性的双向沟通,才能保持和提升相互信任及亲师关系,使家长积极主动地为学校贡献自己的聪明才智,使每次家长会成为改进学校与教师工作的动力,最终促进每个学生的进步与发展。

经 验 分 享

某中学高一(9)班第一学期期中家长会

整体思路:围绕"如何陪孩子适应高中""如何陪孩子过好高中生活"的主题,通过微信在线研讨、电话沟通、问卷调查等方式,循序渐进地从学生、家长方面获取信息,最终确定集体家长会的主题为"陪孩子过好高中生活",形式是对话讨论式。

时间:为期一周。传统家长会往往只限于一个上午、一个下午或一个晚上,形式往往只局限于集体家长会,较难实现家校双方充足、有效的双向沟通,达到较为全面、客观、成熟的家校共识。故本次家长会设定时长为一周。

一、家长会的会前准备

(一) 学校和高一年级部的筹备会议

参会人员:校长、德育主任、年级部行政、年级部教学副主任、年级部德育副主任。

会议内容:

□ 确定此次家长会的目的:促进家校合作,增进家长对新高考方案变化趋势的了解;增进家长对学校办学理念、办学宗旨、规章制度的了解与支持;与家长共同探讨如何陪孩子过好高中生活,以期达成共识。

□ 明确分工:校长统筹指导;德育主任负责编辑和印刷家长会通知;年级部行政负责研究、制作新高考政策倾向的解读视频,并做解读主讲;年级部教学副主任负责准备期中三校联考的各种数据分析、奖励各类学生的名单;年级部德育副主任负责科任老师的安排,培训和指导班主任开展新式家长会的各个流程。

注:提前一周发布家长会通知。

(二) 发放家长会通知,家长接到通知,开始做准备

某中学高一年级家长会邀请函

尊敬的家长:

您好!

真诚地感谢您一直以来对我校各项工作的关心、支持、理解与信任。我们深知:孩子的成长离不开家庭、学校、社会的共同努力。家长会是我们与您共同合作教育孩子的重要途径。通过您,我们将更多地了解您的孩子,这将有助于我们改进您的孩子的成长计划。

此次家长会,我们将结合高一第一学期期中测试的情况、高一新生适应高中的现状、新高考模式下选科走班的初步解读,逐步深入地共同探讨孩子成长的话题,以便进一步加强家校合作和沟通,为孩子的成长提供更好的平台。诚挚期盼您的全程参与和积极反馈,一起深入探讨您的孩子的成长话题。

参加集体家长会前,请您按班主任发布的通知,逐步参加各种探讨活动。感谢您的合作!

一、线上家长会时间: 11 月 15 日前。

班主任在家长微信群发布视频链接(关于新高考政策倾向的解读视频)。

各班可以围绕其他相关话题开展线上研讨。

二、集体家长会时间: 11 月 17 日(星期六)上午 9:00 至 12:00。

地点为各班教室。

三、温馨提示:

1. 敬请各位家长填写回执单;

2. 为了避免学校外车辆拥堵,请家长把车辆统一停放在学校门口指定的停车场;

3. 若会议开始后才到达教室,请您听从各班司仪安排就座。

某中学高一年级部

××××年 11 月 10 日

家长会回执单

是否参加家长会? □是□否

班级: _____　　　学生签名: _____

家长签名: _____　　　家长联系电话: _____

（三）班主任准备班级各种总结、各科成绩、各类奖状奖品，制作精美的课件

班级总结覆盖德、智、体、美、劳等方面，展现"自主、和谐、共同发展""为学生的终身发展负责"的办学理念。成绩包括三校期中联考的对比数据，本校、本班的成绩分析。奖状包括"德育先锋""惜时之星""鼓励天使""学习解疑明星""星级宿舍""优秀班干部""优秀课代表""优秀小组长"。奖品的设置与班级家委会商议。在实践中，各班可根据自己的班级特色、实际情况设置不同的奖励项目。

（四）班主任设计和发放两份线上调查问卷，回收、整理问卷数据并分析结果

集体家长会签到表

1. 请问您是哪位孩子的家长？＿＿＿＿＿＿

2. 请问这次来参加现场集体家长会的是孩子的：

　　父亲（　　）母亲（　　）父母双方都来（　　）

此份问卷的意义在于：能了解到集体家长会的到会人数，酝酿集体家长会的座位空间布局。

学生基本情况汇集·家庭背景文化

1. 您孩子的姓名是＿＿＿＿＿＿

2. 孩子周末回家后有继续学习吗？

　　完全没有（　　）几乎没有（　　）半天学习（　　）一天学习（　　）一天半学习（　　）

3. 孩子周末回家后有空与您一起放松、参加户外活动吗？

　　有（　　）没有（　　）

4. 孩子周末回家后会主动跟您聊在校学习与生活吗？

　　主动聊（　　）被动聊（　　）不问不聊（　　）完全不聊（　　）

5. 您和孩子周末一般会有怎样的特殊时光（一对一，一起专注做同一件他喜欢您也接受的事）？

　　没有特殊时光（　　）一起运动（　　）一起下厨（　　）一起聊天（　　）

　　一起看电影（　　）一起玩游戏（　　）其他（　　）

6. 孩子周末有另行补课吗？

　　有（　　），补习科目是＿＿＿＿＿＿　　没有（　　）

7. 现阶段您在与孩子相处过程中遇到哪些困惑和挑战？

8. 您和孩子的沟通水平是？

　　不沟不通（没有沟通）（　　）沟了不通（沟通困难）（　　）一沟就通（沟通顺畅）（　　）

---

9. 您感觉孩子有哪些优点？具体表现是什么？是否受到了爸爸或妈妈的影响？

10. 您感觉孩子有哪些缺点？具体表现是什么？是否受到了爸爸或妈妈的影响？

11. 孩子是否受爷爷、奶奶、外公、外婆的影响？具体表现是什么？您感觉孩子还曾明显受到哪位家庭成员（叔、姑、舅）的影响？具体表现是什么？

12. 您感觉现在的家庭氛围哪些对孩子的成长有利？哪些对孩子的成长不利？（描述越详细越好）

此份调查问卷的作用在于：可以了解到每个孩子的亲子关系质量，父母陪伴情况，在家学习、休息、运动调节的情况，有助于班主任在此后的德育工作中，更有效地针对不同学生的情况尊重差异、因材施教；可以了解到现阶段较普遍困扰家长们的问题主要是高中适应、学习方法、手机管理等问题，基于此，集体家长会的研讨话题有了更明确的方向。

二、线上家长会

（一）班主任在家长微信群发布视频链接（关于新高考政策倾向的解读视频）

视频主讲：学校行政领导。

视频简介：全国各地高考改革时间表、选科模式的变化与建议、招生录取模式的变化、家长如何指导孩子面对新高考政策的变动。

视频的意义：以方便、高效、快捷的方式，让家长了解最新的高考政策动态，以便与孩子的高中成长趋向同步；不用在集体家长会中安排全年级集中的家长会，可以留足时间给家长和班主任、科任老师们进行沟通交流。

（二）"高一(9)班家校共育"微信群在线研讨

班主任抛出话题："家校共育在线研讨会'如何看待孩子的考试和成绩'：期中测试后，孩子有跟您聊吗？您主动问吗？是否预想过孩子的这次成绩？您和孩子做好面对这两天成绩出来后的种种情况了吗？历年来，在'如何看待孩子的考试和成绩'的话题上，您有什么困惑需要大家帮忙解忧吗？您有什么经验可以分享给大家，促进本班家校共同成长，为孩子们后半学期营造更优质的情感支持系统？欢迎大家热议畅聊，谢谢！"

在家长分享的过程中，班主任适时致谢、总结提升、继续鼓励。对于认知水平较高、分享价值高的家长言论，归纳概括，鼓励其他家长回看学习。例如有些孩子考后主动跟父母说不带手机回校以减少干扰；某家长客观、理性、多角度地看待孩子刚入高中半学期的学习状态与成绩;某家长在积极倾听、共情理解、接纳支持、有效鼓励、启发孩子内力成长方面的详细示范;某家长认为孩子的学业成绩与身心健康并重;等等。

最后,班主任结合家长们的研讨内容和自己的经验,对"期中测试后如何与孩子聊成绩"提出自己的建议供家长参考,在家长后续的研讨中,形成对这个话题的初步共识,展望有关这个话题的后续研讨方向。

通过此次在线研讨,班主任可以初步了解家长从过去到现在是如何对待孩子成绩的。班主任可以看到家长对孩子的关注、对研讨主题的热情,可以看到一些正向积极、理性客观的言论,可以看到这个话题上家长的困扰:怎么说才能既不给孩子增加压力或导致逆反,还能增加孩子的信心? 如何减少手机对孩子学习的困扰? 孩子周末回家不肯学习,也不肯跟自己多说几句话怎么办? 这些困扰只靠在线研讨无法达成共识,但却为集体家长会补充了更具体的视角,为家长和教师在现场面对面更深入地探讨做好了铺垫。

（三）逐个发布期中测试成绩,一对一线上家长会

班主任发布成绩条给每个家长,接受家长问询。有些家长借此机会询问孩子过去半个学期在校在班的表现情况;有些家长反馈孩子在家的表现,很利于班主任进一步加深对孩子的了解;有些家长只根据对孩子这次成绩的满意与否来谈……不管是哪种线上微聊,这种一对一的探讨,让家校共同商讨了大量个性化的问题,为集体家长会提供了更多思考的触角,也减少了阻力,提升了向心力。

三、集体家长会:"陪孩子过好高中生活"

时间、地点、空间布局:9:00 至 12:00。班级教室。把桌椅分为 5 个区域,每个区域摆放两列桌椅共 10 至 12 座,可坐两间宿舍的学生家长。

第一部分:9:00 至 9:20,由两位同学主持 20 分钟,对照班主任精心准备的课件,分享学校和班级成绩,班级各种总结、表彰,并颁发奖状。

第二部分:9:20 至 10:00,由分派到本班的三位科任老师分享他们眼中的 9 班、本学科特色与学习方法建议、对家长的期待,现场答复家长的问询。

第三部分:10:00 至 11:30,开展主题为"陪孩子过好高中生活"的对话交流会。

　　□ 班主任先作开篇导言:"感谢家长朋友们过去一周在工作之余抽空积极参与在线研讨、问卷调查、一对一的在线家校沟通,为今天集体家长会做了充分的准备。"

□ 班主任总结《集体家长会签到表》问卷的结果：参会父亲、参会母亲、参会双亲各占多少的比例；是否全员参与；问卷结果说明了什么意义；基于这些结果和意义，肯定家长对集体家长会的重视，从而为这次集体家长会的下一步活动做好铺垫和动员。

□ 班主任发出对话交流的邀请：邀请家长围绕着"陪孩子过好高中生活"的主题，结合微信在线研讨内容、问卷调查的结果分析，分别进行三个视角的交流。每个视角先由每组家长自由交流 6 分钟，然后每组一位家长自愿向班主任分享自己的看法或本组讨论的看法。班主任在黑板上用一大张白纸总结家长看法的要点，然后抛出自己对该视角的看法和建议，供家长再议，并在另一张白纸上总结出大家再议得出的共识。

视角一：如何看待高中第一次期中测试？

对于孩子的成绩，有满意的，也有不满意的；有的家长反映高中知识太难了，孩子很辛苦；有的家长反映跟孩子聊成绩却让孩子很烦，向班主任和其他家长请教方法；有的家长分享跟孩子聊得很顺畅的具体做法；有的家长分享怎样鼓励孩子；有的家长说孩子考差了也不影响自己对孩子的认可；有的家长回顾了在线研讨"如何看待孩子的考试和成绩"的感想和收获。班主任最后根据大家的讨论，总结有关"期中测试后如何与孩子聊成绩"的共识：

孩子的成绩重要，身心健康更重要。

面对成绩，父母应以聆听、共情为主。

孩子若成绩喜人，家长应给予欣赏、肯定。

孩子若成绩不理想，家长可以聆听情绪、接纳理解、鼓励引导。

关注孩子学习和成绩之外的方面，如心态、情绪、意志力、人际交往等。

视角二：如何引导孩子利用好周末？

班主任分享《学生基本情况汇集·家庭背景文化》问卷的统计与分析结果，重点提及孩子周末那部分的结果，邀请大家组内讨论，家长自愿代表本组发言。有的家长说孩子周末作业太多了，感觉休息时间不够；有的家长说高中课程难度提升了，有些孩子需要在周末补习一些科目才跟得上；有的家长说自己忙着生意或上班或应酬，周末没太多时间陪孩子；有的家长说孩子的事情，基本上交给妈妈管；有的家长说孩子回家经常不做作业，即使做，做得也很少；有的家长说孩子回家就喜欢钻进自己房间，不知道怎么陪伴孩子。

班主任中途重申本校周末放学安排的理由（即周六上午 10 点放学，是为了让孩子们在学校集中专注做尽可能多的周末作业，以确保回家后有更多的时间充分休息和放松），以期获得家长们的理解与支持,在这一点上达成共识。然后播放春晚小品《真假老师》、讲讲奥巴马怎么陪伴孩子的故事,邀请家长二次讨论与分享小组的想法。最后,班主任总结大家讨论中的共识:

引导孩子利用好周末,需要老师和家长的合力。需要引导孩子提高回家前做作业的效率,以确保周末有充足的时间休息和运动。

面对高强度的高中学业,父母有必要尽量保证周末陪伴孩子的时间,陪伴孩子的方式和时间是可以多样化的。(班主任分享问卷调查结果中显示的各种陪伴方式)

教育孩子是家校双方、父母双方共同的责任。

是否补课、补哪些课程,应由家长与孩子商量,也可咨询科任老师是否有必要,最终由孩子决定。

视角三:如何引导孩子管理好手机?

分组讨论和家长代表发言中,有的家长认为学校应该禁止孩子带手机上学;有的家长认为严禁带手机是不可行的,理解学校的做法;有的家长想请班主任代收代管手机,在孩子需要使用时才拿给他;有的家长拗不过孩子,允许孩子带手机;有的家长建议学校多安排生活老师晚上巡查,严抓睡觉时间玩手机的孩子。班主任重申学校手机管理的特殊规定,以期进一步获得家长的理解与支持,然后总结:

学校允许带手机的目的是让孩子学会管理手机,因此制订了手机管理条例。

学校和班主任会持续引导孩子有效管理手机。

手机管理是自制力的表现,父母和孩子是手机管理第一责任人。

父母有必要与孩子民主协商手机管理的话题,达成共识,做好约定。

第四部分:11:30 至 12:00,集体家长会散会,个别仍有困扰或有需要的家长可以留下和班主任、科任老师继续交流沟通。

四、家长会的后续工作

学校学生处在"微课掌上通"发布通知,总结与感谢家长。高一年级部负责人汇总各班各种形式家长会的成果,在班主任例会上和全年级教师群里分享,以期落实此次家长会中行之有效的共识。

班主任感谢家长,在家长群发布提前准备好的《家长会反馈意见表》,收集整理问卷结果,总结与重申家校双方在家长会中形成的共识,鼓励家长付诸行动。

家长会反馈意见表

1. 本次家长会让您满意的环节是：＿＿＿＿＿＿＿＿＿＿＿＿＿＿＿

2. 您认为下阶段学校工作需要加强的是：＿＿＿＿＿＿＿＿＿＿＿

3. 您认为下阶段班级工作需要加强的是：＿＿＿＿＿＿＿＿＿＿＿

4. 您准备下阶段在家怎么做：＿＿＿＿＿＿＿＿＿＿＿＿＿＿＿＿

5. 您下阶段需要老师合作的地方是：＿＿＿＿＿＿＿＿＿＿＿＿＿

家长对家长会进行反馈，对老师们表达谢意，提出对班级建设、孩子发展、下次家长会的期望。

学校德育处撰写家长会简讯，发到校园网和"微课掌上通"，让更多家长了解此次家长会中形成的共识，增强家长对学校、对班级、对孩子、对家长会的认可。

五、经验汇总和注意事项

（一）敢于突破，创新模式

案例中，从学校到年级部、从班主任到科任老师和家长，全员参与为期一周的准备工作，分线上家长会、分散家长会（一对一）、集中家长会三步走。案例中的教室会场布置也打破学生座位表，以宿舍为单位分5个方阵围坐，可以促进教师与家长、家长与家长的相互交流。在实践中，还可以根据家长会不同主题、活动的需要，把桌椅摆放为方框型、圆形、半圆形等等。

（二）角色明确，定位精准

案例中，不管是学校、年级部，还是班主任、科任老师、家长都各司其职。《某中学高一年级家长会邀请函》开宗明义："家长会是我们与您共同合作教育孩子的重要途径。"一开始就把家校双方定位为平等的合作者，没有了"配合""协助"等字眼，从而避免家长产生当配角、当听众的感受。在之后的各个流程中，始终从教师和家长双方可以做些什么和双方可以促进孩子获得什么等立场来开展，提升了家长的主人翁意识和主体地位，有效激发了家长全程参与家长会的积极性。

（三）内容丰富，主题应时

案例中，集体家长会的探讨主题并非只是基于学校、年级部、班主任的丰富经验的一厢情愿，而是在主题的大方向下，通过微信在线研讨会、家庭背景问卷调查等，逐步生成三个新的相关视角，且不唯成绩论，关注学生的全面发展、劳逸结合，彰显素质教育的理念。大主题与小视角相辅相成,贴近高一新生或整个高中发展的实际需要。

(四) 良性互动,双向沟通

案例呈现出家长会"共同探讨"的优势和实效,家长会不是"你说我听"的单向信息传递活动,家长和老师都可以在不同形式的家长会上主动问询、了解、分享自己感兴趣的话题和想法,从而在"头脑风暴"中达成共识。

(五) 善始善终,总结反馈

案例中,学校、年级部、班主任、科任老师、家长,不同层次、不同角色都对家长会进行总结反馈,有效提升了家长对学校、班级、家长会的价值感、归属感。家校双方携手共进,匹配学生的成长步伐,方可共赢。

第三章 ❀ 新媒体在家校沟通中的运用

案例导入

"叶主任,今天我们班的体育老师打了三名学生,较严重。现在家长在群里议论,群情汹涌。体育老师虽然在群里道歉了,但诚意不足。那三名学生的家长情绪比较激动。想请教一下,现在该怎样来紧急处理? 如何安抚家长的情绪?"

林老师是某中学初二某班的班主任,此刻他班的家长微信群像炸开的锅,为的正是体育老师打学生之事。三名被打学生的父母正在群里兴师问罪,声讨体育老师呢。他们说体育老师打了他们家的孩子,打得脸都红肿起来了,打到孩子晚上睡觉时做噩梦。群里其他家长纷纷过来围观,你一言我一语,猜测的猜测,谴责的谴责。也有替体育老师辩护的,说体育老师平时挺负责任的,一定是事出有因,还是先去学校找老师了解情况,这种事情最好还是到学校当面解决。体育老师也在群里,他出来解释,承认自己当时太冲动,学生不守纪律,他动手打了他们,这是他的不对,但同时他又说,这几名学生对待他的态度很恶劣,一直在顶撞他,他承认是给了他们各一巴掌,可不像家长说的,打到他们脸都红肿起来,没那么严重! 此言一出,立刻引来三位家长的辱骂,他们骂他不配当老师,并且放言说,如果学校不给他们一个合理的解释和处理,他们肯定不会就此罢休。

林老师是早上才看到这些信息的,此前他并不知道此事。看到群里家长反应这么强烈,他吓了一大跳,怎么处理才好? 事关老师与学生、家长之间的矛盾,事关老师、学校的责任,他不敢贸然在群里说话,而是一面打电话向体育老师了解情况,一面发信息向学校管德育的叶主任汇报,请求指示。于是就有了开头我们看到的那一段话。

这是家校沟通中运用新媒体后,在林老师所带班的班级家长群里,发生的第二起大的家校沟通的矛盾冲突了。

第一起发生在前一年所带的初三某班,时间是国庆节后的第一天。当事双方是语文老师和一名学生家长。

那天,检查完学生国庆作业之后,林老师班的语文老师照例把没完成作业的学生名单发布在群里。自从有了家长微信群,他们学校的老师基本上都用这一招来对付不认真完成作业和不守纪律的学生,以此通知家长,让他们帮忙督促教育学生。

语文老师是个老教师,人很负责任,也好强,很重视学生的成绩,书教得不错,对学生要求严格也是出了名的。那一天,语文老师特别生气,又是这几位学生,国庆作业完成得一塌糊涂。他们基本没做,做了的,写的字又看不清楚。叫家长签字也不签。一气之下,他不仅在群里公布了这几位学生的名字,还把他们潦草的作业拍了照传上去,并特批了几个字:"鬼画符!请家长们认认。"随后,还把那几个没完成作业被罚站在黑板前耷拉着头的学生的照片也传到群里,同时写了这些话:"从作业完成的情况可以看出学生这七天在家完成作业的态度,也可以看出家长督促检查的情况,还可以预见孩子中考的状况。"他想以此刺激一下学生和家长,让他们不再对此无动于衷。

信息一出,果然有效!有几位家长就在群里回复他:"收到,以后定从严管教!谢谢老师!"然而,一位学生的爸爸却是另外一种反应。他的情绪很激烈,回复说:"为人师表,有你们这样教育学生的吗?我就看不惯你们老师这种行为!什么事都图省事!动不动就把孩子的名单和视频上传,你们这是对孩子的侮辱,对我的侮辱!你们不配当老师!我要去学校告你们!我要去教育局告你们!"

此位家长一向认为书读得好不好并不是很要紧,最要紧的是在社会上要有关系。他经常在家长群里发一些观点比较偏激的链接文。初一时,还曾当着老师的面说过:"像我,虽然以前书读得不好,但现在,不是照样比当时读书读得好的同学赚更多的钱?"他儿子深受爸爸这种思想的影响,平时也不把学习放在心上,作业一向随随便便。

语文老师下课后一看这位家长的回复,可想而知是什么感受,他立即回复道:"行,要告你去告!你有本事!这孩子以后我不管了,你自己管吧,以后你儿子就不用来上我的语文课了,他的语文作业也不用做了!"

这事在班里闹得沸沸扬扬。后来还是林老师出面,线下花了不少时间和精力协助学校和他们沟通,才让他们彼此道了歉,勉强和解。可这事,明显影响了老师与家长的关系,影响了孩子。

想起这事,林老师还心有余悸。现在,家校沟通又出问题了。

用微信群与家长沟通目前已成为班主任与家长沟通的主要方式,林老师早已习惯也很依赖这种沟通方式。可说真的,好多时候,在微信群里与家长沟通,林老师和家长体验到的都是烦。

现在班里出现了老师打学生，家长大闹微信群，这么大的事，究竟该怎么处理？这真是考验林老师和学校领导的能力和智慧了。

内 容 解 释

案例中林老师运用微信群与家长沟通遇到的问题，一定程度上反映了当下学校教师在运用新媒体进行家校沟通时存在的典型问题。原本是家校沟通、及时传达信息的工具群，一不小心就变成了广告群、晒娃群、攀比群、负担群……还产生出种种家校矛盾来。这些运用新媒体沟通时产生的问题，是什么原因引起的？如何合理规范运用新媒体，让家校沟通更顺畅？这是新时代班主任必须要积极面对的新课题。

一、新媒体在家校沟通中存在的主要问题

学校教师和家长的沟通是家校合作的基础，也是促进家校合作的重要途径。在日常生活中，教师，特别是班主任与家长经常接触和沟通。家长通过与班主任沟通，了解孩子的在校表现、了解学校的办学理念和工作情况；班主任通过与家长沟通，了解孩子的在家表现。若班主任与家长的沟通存在问题，不仅影响家校合作的效果，还可能导致家庭教育和学校教育的矛盾，出现"5＋2＝0"的结果。目前，教师在运用新媒体进行家校沟通时主要存在以下问题。

（一）无效沟通多，有效沟通少

由于网络平台技术设计的缺陷和社交平台的功能局限，以及教师忽略了互联网群组的管理，使得虚拟空间里信息繁杂，无用信息多，有用信息少。比如老师发各种各样的学校和班级事务性通知信息，科任老师发作业布置和检查情况；家长拉票的、晒娃的、做广告的……各种各样有用无用、重要不重要的信息掺杂在一起，有时几百条信息让人无所适从、抓不到重点，带给人阅读的负担和不舒服的交流体验。新媒体的家校沟通群组环境缺乏规范管理，乱象较多。而且教师由于教学工作繁忙，时间精力有限，沟通时更多采用一对多的沟通方式，即群发信息，很难有针对性、分层次地满足家长的个别需求。运用新媒体时多采用文字

表达，文字的精简化，也使得沟通效率不高，甚至因用词不当或歧义而引发误会。

(二) 随意性沟通多，计划性沟通少

新媒体沟通的即时性和随时随地，在方便教师和家长沟通的同时，也让教师在家校沟通中变得随意。教师模糊了生活和工作的边界，沟通碎片化，家校沟通缺少明确的目的和具体的规划，而且更多是在处理偶发事件和突发事件时才想起沟通，计划性、主题性、学习性的沟通却很少。

(三) 浅层的事务性沟通多，深层的情感性、理念性沟通少

目前，多数新媒体工具都只是被老师用于处理日常事务，如学校和班级各种事务的通知，或老师布置作业及发布作业完成情况、考试成绩等，对学生的兴趣、爱好、习惯，在校在家的情况和心理状态，以及深层次的教育观念等，很少涉及，也少见家长把学生在家的情况和对教育的看法与老师沟通。家校较少运用新媒体工具在情感上、思想观念上有更多的沟通交流。沟通的内容反映了当前学校教育和家庭教育的唯智化倾向，以及学校对家庭教育指导的忽视。

(四) 操控性的单向沟通多，一致性的双向沟通少

目前，多数家校沟通都是教师占主导的单向沟通，即只有老师的"传递信息"而少有家长的"反馈信息"。在教师与家长的关系上，教师占主导的强势地位，把握着互动的方向与速度，家长则通常处于被动、从属的地位，二者的沟通多是假相倚和非对称性相倚，即教师多用操控性的单向沟通，少有顾及家长感受和需要的真正意义的一致性双向沟通。部分教师的师德和人文素养不高，在运用新媒体跟家长沟通时高高在上，只依平时工作惯性，任意在虚拟家长组织的公共空间里批评学生，像案例所说，教师把学生犯的错误拍照传到虚拟家长公共空间里，给学生和家长造成了心理上的伤害。对学生来说，虚拟的家校沟通空间变成了作业的公告牌、"超纲"的作业本，和教师向家长告知不良行为的渠道。而部分家长也把微信群称为"负担群"。究其原因，则是部分教师利用网络工具平台来操控学生和家长，加重了学生的课业负担，把成绩压力转嫁到家长身上，把家长当助教，过度使用家长和公共空间去教育学生，错误地延展学校的教育功能，导致家庭教育学校化，令学生和家长倍感压力，不胜其烦。

(五) 情绪化沟通多，理性沟通少

由于教师和家长彼此的角度不同、理解不同、对孩子的评价不同，因此在解决具体问题上存在差异在所难免。加之新媒体沟通多用文字表达，淡化了语音语调，容易因用词不当、理解有别而引发误会。当观念有分歧甚至冲突的时候，部分教师和家长的沟通处理是情绪化的。有的忍气吞声，隐藏自己内心真实的想法，当面不敢说，却在背后抱怨；有的利用新媒

体的公共空间,把私人问题公开化,借助新媒体社交平台的传播功能,发泄内心的不满,扩大矛盾;有的甚至语言充满暴力,彼此以自我为中心,自以为是、妄加评判,进行人身攻击,少有考虑对方的感受、需求及其行为的深层原因,去理性面对彼此的差异,以致家校无法从促使孩子健康成长的育人高度来达成共识。

另外,家校沟通时学生主体的缺席,部分老师过度依赖网络,沟通表达的形式单一,等等,都是当前运用网络平台进行家校沟通存在的普遍问题。

二、新媒体在家校沟通中产生问题的深层次原因

当今中国,家校沟通困难是一个不争的事实。北京师范大学的研究团队发布的《全国家庭教育状况调查报告(2018)》用大量实证研究的数据展示出家校沟通的真实状况:95.6%的四年级班主任和97.4%的八年级班主任表示与家长沟通遇到困难。并且,四年级和八年级家长与班主任沟通最多的内容均为学习习惯和考试成绩,很少围绕孩子其他方面的发展相互沟通。那么,运用了新媒体工具进行家校沟通,情况是否就好些呢?答案是否定的。近期,有关"微信群家校矛盾"的报道频频见于媒体。

新媒体虚拟空间的沟通环境和媒介的沟通方式,有别于物质的现实空间和面对面的沟通方式,它的不受时空限制、平等开放、互动融合的特点,带给学校和家长更多的沟通机会,让家校有更多的机会拉近彼此的距离,增进彼此的了解。可为何运用新媒体工具进行家校沟通时还会造成那么多的家校矛盾呢?

(一)家校沟通目的不明确,教师和家长均缺乏沟通能力

沟通是人与人之间、人与群体之间思想与感情的传递和反馈的过程,以求思想达成一致和感情的通畅。因此,真正的沟通包含以下几个重要元素:(1)思想的传递与反馈;(2)感情的传递与反馈;(3)在传递与反馈中寻求能够在思想上达成一致的部分;(4)在过程中保持感情的通畅。满足上述四个元素的沟通才是真正的沟通。家校沟通的目的是让学校和家长保持同步,让家校形成合力,共同促使孩子健康成长。苏霍姆林斯基认为:"教育的效果取决于学校和家庭的教育影响的一致性。如果没有这种一致性,那么学校的教学和教育过程就会像纸做的房子一样倒塌下来。"没有家庭教育的学校教育和没有学校教育的家庭教育都不可能完成培养人这一极其细致和复杂的任务。教师和父母都是无可替代的孩子的教育者。学校教育要有家庭教育的密切配合,良好的学校教育是建立在良好的家庭教育基础之上的,它们是相辅相成、互相促进的关系。家校沟通正是为了促进这种学校教育和家庭教育密

切配合的关系,保持对孩子影响一致的效果。但现实中,学校老师与家长沟通,往往忘了此目的。平时少沟通,等发现孩子有问题才沟通。沟通时,多数人又缺乏真正的沟通能力,不是心平气和一起来找原因、想办法,共同来促使孩子健康成长,而是互相推诿,互相指责,不懂得换位思考,也没有同理心,只在行为、观念层面上争对错,缺少对自身和他人深层次的内心感受和需求的理解;易受他人的言语伤害,多以情绪反应和操控来代替真正的沟通。

一致性沟通是需要能力和方法的。一般而言,沟通的具体方法分为以下几个步骤:(1)看到并接纳对方的感受;(2)表达自己的感受;(3)听到对方的观点,从对方的观点中发现对方的深层需求,尽自己的能力满足对方的需求;(4)表达自己的观点与需求,邀请对方在有可能的情况下满足自己的需求;(5)在双方的需求都坦诚呈现的前提下,寻求双方可以达成一致的地方。对照一下,不难发现,现实中能这样去沟通的老师和家长并不多。可见,多数人还缺乏真正的一致性沟通能力。

(二) 当今社会价值多元,家校沟通缺乏宽容的氛围

当今社会处于重大变革时期,新老观念交接,价值多元,人与人的沟通容易引发观念的冲突。社会竞争激烈,人对未来普遍充满担忧和焦虑,多数家长重视孩子的教育,而社会优质教育资源短缺,令家长对教育公平格外敏感。不少人对教育的本质缺乏认识,导致社会价值取向功利化,教育发展短视化,重智轻德、重分轻能现象层出不穷。还有些教师和家长只考虑自身目前的利益,不能从他人的角度,从未来社会发展的角度看待家校的沟通合作,故无法从更高的育人层面去寻求共识,家校沟通整体缺乏宽容的氛围。这是造成家校沟通矛盾的深层原因。

(三) 学校教师自身的职业素养不够、媒体素养不高

部分教师自身的职业素养不够,对自身的职业身份、角色任务不明,对家校沟通和新媒体的本质特点认识不清,新媒体素养不高。在运用新媒体与家长沟通时,忽视教师职业赋予自身的规范和要求,没有牢记"学高为师、身正为范"的师德规范,不能站在立德树人的高度,不能从指导和服务家长的任务出发,而是以一种师本位的思想,希望家长"为我所用",用一种居高临下的姿态命令、操控家长,令家长备感焦虑和压力。也有教师在错误的育人思想的指导下,与家长在错误的方向上达成共识和同步,比如过度看重孩子的成绩,但忽略了与孩子的沟通,忽略了教育主体的感受和需要,这样,老师和家长"不谋而合"的错误教育观念就加重了孩子的课业负担。这样的家校沟通不仅无法促使孩子健康快乐地成长,反而会危害孩子的身心健康。

（四）新媒体开放的沟通环境带给学校和教师的挑战

随着新媒体的不断发展，它给人们的生活和工作带来了无限便利。由于它全面渗透到现代人生活和工作的方方面面，教师在运用它与家长沟通时，往往会不由自主地混淆生活和工作情境，不能从教师的职业角色、从家校沟通合作的角度考虑自身的沟通行为对家长和学生的影响。新媒体的广泛运用，促使整个社会成为一个更加开放与平等、虚拟与现实高度融合的舆论场，可大部分教师还不熟悉新媒体在信息传播、事件发酵、舆情形成等方面的机制和特点，也缺少管理网上组织的经验和应对网上突发事件的沟通能力。从沟通的心理机制来看，教师运用新媒体工具在家长互联网群里与家长沟通时，所发出的每一条信息和每一次的沟通反应，都会被不同行业、不同成长背景、不同性格、不同观念的家长从不同的角度去解读。不同的家长有不一样的解读，部分家长对某些词敏感，而新媒体沟通多用文字表达，文字信息的简约更易导致传达的失真。而新媒体沟通又不像面对面沟通那样可以及时反馈和求证，因此若教师在表达上较随意，有时可能无意间牵涉到个人隐私，极可能伤害家长和学生的自尊心，若家长处于不理智状态或对信息误读或对教师有苛求，就很容易产生矛盾。这样，技术工具的运用不仅不能拉近彼此的感情距离，反而放大了现实的弊端，加剧了家校之间的矛盾。

技术是把双刃剑，运用得好坏取决于运用背后的人和观念。新媒体技术增强了家校的沟通时效，可如果学校和老师的育人观和家长观落后，也会为学校教育侵占家庭教育的空间提供技术上的可能。新媒体技术在家校沟通中的运用，更需要教师具备高尚的职业道德、更高的专业素养和媒体素养。一个具有高尚的职业道德，热爱学生，人文素养、专业素养和媒体素养高的老师，在与家长沟通的过程中，会更容易得到家长的信任，并在发送信息作出沟通反应时，事先考虑到家长和学生的感受；而在被家长误解时，能用慈悲之心，看到家长行为背后的深层动机，也会用更高的姿态、智慧的沟通方法，化解家长的误会，取得家长的理解，在为了学生健康快乐成长的育人层面上，正确指导和引领家长与学校和自己达成同步，形成教育合力。

工作要求

教师在充分运用新媒体开展家校沟通时，应该明确利用新媒体开展家校沟通的使用原则、安全知识、界限范围、内容和方式方法,为有效实施家校沟通提供有力的理论指导和坚实的保障。

一、新媒体在家校沟通中运用的原则

(一)基本原则

首先,要遵从网络道德自由原则。在网络空间里,家长和教师都有根据自己的意愿充分表达自己观点的自由,教师不得干涉和压制家长的言论自由权,妨碍家长自由表达的权利。其次,要坚持网络道德平等原则。即教师在网络沟通时不刻意贬低某些家长、抬高某些家长,每位家长的家庭隐私都应得到平等的尊重。再次,要坚守网络道德无害原则,即在通过网络进行家校沟通时,不传播违背社会主义核心价值观的言论,不伤害任何一方,应秉着共创商量式沟通氛围、共建和谐班级文化的心态进行双向沟通。

(二)发言原则

1. 因时制宜原则

在使用网络媒体与家长沟通时,应根据时间原则制订班级群群规,帮助家长养成请假、收发信息的习惯,提高沟通效率。此原则要求教师和家长遵守网络发言规范,不在他人休息的时间发信息,不频繁发消息打扰他人,做到守时守规,和谐沟通。例如:非紧急信息尽量不在中午休息时间(12:00—14:00)、晚上就寝时间(22:00—次日 7:00)在班级群内发布,常规信息规定好每天 20:00 收发。

2. 文明传播原则

无论是教师还是家长或学生,在网络空间里,特别是在公共沟通与资源群发表言论和转载信息时应遵循文明传播原则,不发表不文明的言论,不转发与家校沟通无关的信息,不恶意言语攻击、讽刺他人。例如:不转发游戏信息到群内,不在群内公开发表对某某同学的评价和看法。

(三)沟通原则

1. 眼中有人,心中有爱

要了解并尊重家长的沟通需求,耐心解答家长提出的问题,回复要及时,即使不能马上解决问题,也要在回复中表明自己会时刻关注并尽快回复,有事迟回复要先说明原因并道歉。上线和下线要留给对方一些心理准备的时间。入群发言前要先留意一下群里的信息,看看合不合适。当大家在全神贯注讨论一个问题时,若要转换话题,要先征求大家的意见。

要保护学生和家长的隐私，谨防因个人信息的泄露给双方带来不必要的麻烦，甚至心理上的伤害。要区分好谈话的公共空间和私人空间，不要在公共空间里随意点名批评学生。一般的原则为，表扬、赞美可以在公共空间里，而批评、投诉一般在私人空间中。要学会换位思考，关注家长和学生的感受，让家长和学生感到温暖。这就需要老师和家长做到眼中有人，心中有爱。

2. 理性沟通，注意言论文明

处理家校矛盾时，原则是先处理情绪后处理事情，看到对方行为的正面动机。网络沟通有一种永久性的保存功能，发信息前要先问自己一个问题："如果接收信息的家长就在我面前，我还发吗？"如果回答是"不会"，那么最好在发送之前再仔细考虑一下。

3. 真诚沟通，注意信息公开透明

以家校合作的视角来看，建立网络互动平台的目的是便于教师和家长之间能更方便地交流学生的教育信息，信息公开透明，减少家长与教师之间的信息不对称，以加强家校互信度。除了要在平台上及时发布信息之外，还要注意态度的真诚，信息的准确、公开、透明。

4. 谨慎表达，保证信息传递的准确度

在家校合作中，教师使用新媒体的最大挑战，不是在技术使用层面，而在于如何运用技术合理、有效、规范地传递信息。网络沟通，特别是在公共空间，更多使用文字。用语言文字传达信息更精简，但文字在被阅读理解的过程中，容易出现失真、理解分歧、误读、误解的情况。所以，教师在语言表达上要字斟句酌、仔细检查后再发布，尽量减少病句、错句以及一些错别字。涉及情感情绪类的沟通，应避免使用一些家长在乎和敏感的词；有误解时，要线上线下多方求证后才下定论，以免出现沟通不畅、情感疏离的情况。另外，因为网上存在着海量信息，很难辨别信息的真假，为了保护自己，更要核实网上看到的信息，先思考再发布，做好媒体的把关人，切不能随意发送无关教育的信息。

5. 多元呈现，全方位有趣生动传递信息

新媒体传递信息突破了传统媒体传递信息的单一性，实现了信息传播的图文声一体化，它将文字、图像、声音、视频、音频等完全融合。在微信、微博、QQ等各种新媒体技术平台上，教师不仅可以用文字向家长传播学校、班级信息，还可以运用图像、图表、视频、音频、动画等载体，将学校及学生的各类信息进行可视化表达。比如体育节和艺术节等节庆活动、入队入团等仪式活动、学习准备期等，越来越多的一线教师会用图文来捕捉、记录学生在校的这些关键性事件、关键节点表现，并在各种新媒体技术平台上对家长进行现场直播、交流互动，实现了家校沟通的即时双向互动，家长也成了学生成长的见证人。这些可视化表达，不仅将信息及时传播,同时能够将信息表达得更加明确,更加生动有趣。相比长篇累牍的单一文字信息,图文声一体化的可视化表达使得整个信息传达的过程十分轻松,能激发家长的阅读兴趣,给家长留下更为深刻的记忆。

二、新媒体在家校沟通中运用的安全注意事项

社交媒体平台因为信息承载量大、信息获取成本低、与个人生活工作息息相关等特点而被广泛利用,重要性日益凸显。在与家长沟通的时候,很多教师喜欢分享图文消息或自己的一些总结、感悟供家长进行交流和学习。但与此同时,信息保密问题也相伴而生。主要为两方面:泄露学生或家长个人信息和泄露学校信息。为此,在使用网络媒体进行写作或家校交流时,应注意以下几点。

(一)保护学生和家长信息

进行学生案例写作时应注意保护学生隐私,使用化名。在班级群进行信息接龙时应保护家长信息,隐去手机号码信息和家庭住址信息。老师应该对一切学生和家长的隐私保持敏感,以免让不法分子有可乘之机。

(二)保护学校信息

在社交媒体上进行写作和与家长沟通时,对于学校的信息,如学校的日常时间表、学生姓名和班级、任课老师姓名、学校规划等,应明辨信息发布的情景是否有可能导致信息泄露,对此应保持慎重的心态。

(三)禁止转发与家校沟通无关的信息

现代网络病毒无孔不入,很多病毒以图文消息或链接等方式存在。这要求教师和家长都不随意转发与家校沟通无关的信息或链接到网络班级群,共同营造文明和谐的班级群氛围。

新媒体对生活的全方位渗透,甚至对用户的身体和精神健康也产生了一些负面影响。比如长期上网对眼睛的损害;比如人们长期关注社交媒体朋友动态,疲于应对,忙于互动,对学习和工作的效率产生了巨大影响,甚至出现了"社交焦虑"。社交媒体已经形成了对人的隐形控制。新媒体只是有效地帮助人们完成任务,而不是让人们沉浸其中难以自拔,我们必须要有这种网络健康的意识。作为教师,对于学生和家长不健康的网络行为,也要做出相应的行动:

1. 树立个人的威信,用专业赢得家长的信任,让家长能够相信自己,这是营造有利于沟

通的环境的前提。一个有爱心、责任心而且专业的教师，本身就具备了一种可以让人信任的人格魅力。

2. 多些赞赏、肯定和支持的沟通，营造鼓励性的沟通氛围。

3. 包容不同的观点和情绪。带着同理心和善意去理解家长，看到家长行为背后的正向动机。

4. 合适的自我建设。自我建设是与他人发展亲密关系最常用也是最有效的办法。

5. 能够积极主动地倾听和采纳家长的意见和建议，并且给予他们积极的反馈。

6. 多用协商的言语，如用也许、可能、大概等协商性的词语进行沟通。

7. 目标导向，避免威胁面子的行为，减少防卫性的反应，对事不对人。

三、新媒体在家校沟通中运用的使用范围和方式

教师与家长进行沟通交流的网络平台有：学校平台，第三方平台（如微信、QQ）和公共自媒体平台（如博客、微博、公众号）。对于不同的平台，教师在使用时应该明确每个平台的使用范围和规范。

（一）学校平台

学校平台是代表学校的官方平台，教师在该平台上发表的言论代表学校，其使用范围为：发布通知、布置作业、表彰学生、发布班级动态、发布班级活动方案。方式多为文字加图片，如班级动态有好人好事、班级文化建设、班级趣事等图文内容，班级活动方案则以策划书文档的方式发布。

（二）第三方平台

第三方平台借助其方便快捷的特点，成为家校沟通的主要阵地，其使用范围为：班级事务管理，如请假；家校沟通与主题讨论，利用班级群与家长进行及时沟通和进行相关主题的讨论；班级事务商议，针对班级近期的发展需要教师组织的讨论。

（三）公共自媒体平台

公共自媒体平台是教师实现间接与家长沟通的平台。它一方面能够方便家长了解教师的教学观念，另一方面能够帮助教师自我提升。在使用公共自媒体平台时，应注意不泄露班级和学校的隐私，不通过直接或间接的方式挖苦或嘲讽班级的学生或家长，秉持着家校共同成长的态度发表言论和文章。

四、新媒体在家校沟通中运用的使用内容

教师通过网络媒体与家长沟通，主要有三方面的内容：各种通知、话题讨论与突发事件的处理和指导。如何有效通知，哪些主题适合讨论，如何有计划地实施讨论，如何进行突发事件的处理，这些都是在使用新媒体进行沟通时的重要问题。

（一）各种通知的内容

通知分为学校任务通知、班级事务通知和紧急通知。通知发放的关键是时效，一方面要保证通知的及时性，另一方面要保证通知能够准确让每位家长知晓并行动。学校任务通知是指学校官方发布的事务性通知，如放假通知。班级事务通知是指和班级文化建设有关的通知，如亲子活动通知。紧急通知是指关于突发事件的通知，如因恶劣天气放假的通知。通知发布应规范化。随着通知数量的增多，若不对通知的内容和性质进行归类并有计划地发布，就会让家长的行动效率降低。应做到紧急通知紧急发，学校通知及时发，班级通知定时发。紧急通知和学校通知可以请班级家长组长协助，确保每位家长都能收到；班级通知定时在主题讨论之后发布。

（二）话题讨论的内容

1. 话题讨论的意义

话题讨论是家校网络沟通的核心，它解决了沟通目的性不强、随意性大、事务性沟通多等现实问题，为教师和家长提供了一个相互理解沟通的机会，更为孩子的健康成长提供了坚实的保障。

2. 话题讨论内容的确定

话题讨论的内容主要有三方面：一是班级常规类的话题，如习惯如何养成、如何看待孩子的交往、如何建立良好亲师关系等；二是关键节点类话题，如小初衔接、初高衔接、考试前如何为孩子营造良好的复习环境等；三是教育政策时事和重大节日类话题。教师需根据所教班级进行话题内容的计划。

3. 话题讨论的方式

通过固定的讨论方式进行讨论，可以达到事半功倍的效果，步骤如下：

（1）抛出讨论话题，教师阐述本次讨论的内容；

（2）表达看法，教师首先表达自己的看法，可以借助图文消息或者语音消息的方式表达；

（3）进行讨论，设定一小时时间，每位家长进行发言讨论；

（4）总结和反馈收集，教师在群内进行总结，最后由家长进行讨论成果整理，形成文档。

4. 话题讨论仪式化

由于每位家长的空闲时间不一样，所以每次话题讨论没有办法让所有家长同一时间参与，但可以通过仪式化的规定，让话题讨论变得高效。首先，定期开展话题讨论，提前公布话题讨论的内容和时间，让家长有所准备。然后，请家长组长在话题讨论后的一周之内收集所有家长的反馈，确保每位家长都有所学，有所思，有所悟。最后，将家长的反馈进行整理，形成班级文化成果。

（三）突发事件处理的内容

通过网络处理校园危机事件，如学生在校园里意外受伤、和同学发生矛盾等，需要注意及时性和隐私性两方面。校园危机事件一旦发生，教师应首先评估危机事件的严重程度，然后迅速联系家长。例如，若学生意外受伤，教师应首先评估其受伤程度是否是校医能解决的。若校医能解决，则马上告知家长学校已经处理完毕；若校医不能解决，则马上告知家长孩子的受伤程度和受伤原因并建议家长立即来学校带孩子去医院就诊。关于隐私性，如同学发生矛盾吵架，同样先判定矛盾程度，若在调解范围之外或造成了相应人身财产损害的，教师应联系双方家长来校进行调解，切忌公开发布。某些教师为了杜绝这种行为再次发生而公开在班级群内发布学生打架的事情，以警醒和告诫其他学生，这种做法是不尊重学生隐私的行为，是错误的。

经 验 分 享

黄老师是某学校一年级的班主任。第一次当一年级的班主任，班级管理经验不足的他深知在开学初建立良好家校关系的重要性，在开学之初他就利用家长会的机会组建班级家长群，方便彼此沟通。

建立了家长群后，黄老师就不知该怎么办了。除了日常事务通知和请假，群里就没什么动静了，而且黄老师还发现，群里一旦有学生请假，就会跟着有其他学生请假，特别是准备放假那天下午请一节课假提前放学。这样的群并不是理想的家校沟通平台，一定要有规范。黄老师经过思考，制订群规范和群公约，公约内容如下：

为更方便彼此交流,我们班组建班级家长群,请大家严格遵守群公约:

☐ 本群用于信息发布和家校沟通,欢迎大家分享与孩子成长有关的资讯和图文,大家一起学习和成长。

☐ 与孩子有关的事务(如请假等私人事务)需私聊或致电班主任,请勿在本群发言。

☐ 请勿于休息时间(12:00—14:00 以及 22:00—次日 7:00)在本群发言。

公约制订之后,确实没有了群内乱发言的情况,但也变成了除了老师发通知,没有家长在群内发言。这时黄老师想,能不能在群内主动引出话题,供家长讨论并实践,比如班级文化建设中的教室布置,就需要家长的支持。周日晚上 8 点,黄老师在群内抛出话题:"各位家长大家好,我们今天一起来讨论一下怎么携手优化我们的班级环境,让孩子更有归属感。"话题一抛出,就有很多家长响应。有的家长建议布置一个文化墙,有的家长建议购买一些植物。黄老师看了大家的讨论后,直接授权给某位家长组织,接着家长们马上就在群内进行接龙活动。过了两天,班级文化建设的材料就准备好了。

有了这一次的经验,黄老师发现通过班级家长群进行主题讨论能大大增强家校沟通的效率。于是他决定结合班会,在班级家长群每月开展三次主题讨论活动,时间为周日晚上 8:00—10:00。这一学期一共举行了十次主题讨论,分别是:

第一周:班级文化建设讨论。

第二周:亲子自我介绍接龙。

第三周:孩子家庭作息安排。

第四周:描述性赞扬孩子。

第五周:锻炼孩子的家务能力。

第六周:如何培养孩子的时间观念。

第七周:课外阅读书目推荐。

第八周:家庭亲子活动介绍。

第九周:假期注意力培养计划。

第十周:假期安全大家谈。

经过这十次主题讨论,家长对班级文化更加有认同感,教师对学生也有了更加全面的了解。对于下学期的主题讨论,更有不少家长出谋划策,提出了自己的好想法。

总的来说,利用网络进行沟通和家长教育指导并不难,前期建立好群公约,定期参与主题讨论,家校沟通就会变得非常高效。

《教育部关于加强家庭教育工作的指导意见》中提出，充分发挥学校在家庭教育中的重要作用，加快形成家庭教育社会支持网络，推动家庭、学校、社会密切配合，共同培养德智体美劳全面发展的社会主义建设者和接班人。家庭教育社会支持网络的建立，首先是学校与家庭网络的建立，而构成这张网络的一个关键是连接学校与家庭的媒体。随着现代网络科技的发展，当前连接学校与家庭的媒体主要是现代网络媒体，尤其是微信，每个班级都有家长微信群。由于微信的快捷方便，现在学校与家长之间的联络几乎主要依赖微信群，而传统媒体，比如书信、《家校联系手册》等在学校家庭教育指导中的使用却被大大减少了。虽然现代网络媒体方便快捷，但是在实际使用中也暴露出一些问题。

案例导八

大多数学校每年秋季都会举办各具特色的体育艺术节。A 学校也不例外，已连续五年成功举办了五届体育艺术节，今年是第六届，而今天正是各项体育赛事决赛的日子。

15 点 05 分，德育处王副校长接到一个紧急电话，体育老师在电话里慌张地大喊："校长，有个孩子跑步晕倒了，您赶快来！"王校长一听，紧张又慌忙地喊道："你们立刻采取急救措施，快打 120！"边喊着边向操场跑去。原来五年级的小 B 同学在跑完 400 米决赛后突然晕倒在跑道上，一直在现场待命的校医、体育老师正在对小 B 进行心肺复苏。15 点 20 分，救护车到达现场，医生马上对小 B 采取急救措施，随后立即将其送往医院抢救。医院的医生尽全力抢救小 B，可事发三天后，小 B 还是因抢救无效去世。在此期间，学校一直派行政老师在医院陪同家长，同时垫付了 8 万元的医疗费。小 B 的家长、亲朋好友及老师、同学都陷入了悲痛中，前不久还活蹦乱跳的小 B 就这样离开了。

小 B 乖巧懂事，学习成绩一直优异，身体也不错，平时也没发现身体有何异样，这样的意外让小 B 的家长和亲属非常痛苦,一时无法接受。

意外发生后,学校第一时间积极为孩子救治,还垫付了部分医疗费,但毕竟小 B 人不在了,家长悲痛万分。在后续的责任划分、如何处理、医疗费用结算等方面,家长与学校产生了严重分歧。家长要求学校赔付 120 万元。学校主管德育的王副校长坚持说开运动会之前,已一再要求班主任通知参加比赛学生的家长,务必带孩子进行体检,确保身体没问题才可以参加比赛。并且在事发后学校第一时间组织抢救、拨打 120,因此学校无明显过错。学校从人道主义方面考虑愿意补偿家长部分费用,但是如果家长漫天要价,学校坚决不同意,建议走司法途径解决。而家长坚持说没收到要求体检的通知。后来调查得知,班主任是通过家长微信群发的通知,恰逢体育艺术节,微信群里的照片、文字信息太多,发出的通知很快被淹没,家长由于工作忙,没有及时看微信群的信息,这个通知就这样被错过了。

由于家长、学校双方无法谈妥处理方案,最后家长到法院起诉学校,要求学校赔付 120 万元。主审法官在审理此案时,发现这次悲剧的发生,学校、家长都有责任。因为学校安全教育没做到位,安全措施不力,要负主要责任。法官解释说,虽然学校确实做了一些工作,但如果在开运动会前,对学生进行相关(体育运动)的安全教育,并且有书面证据证明安全教育做到位了,学校的责任才会减轻。但是学校提供不了具体的证明材料,单纯群发的信息指向性不明,因此证据力不足。另外,学校安全管理做得不细致。虽然学校确实发通知给家长,要求运动员必须先体检再参赛,可学校通知中并没有明确指向参赛学生及家长,没把安全措施做细致、做具体。如果学校给家长下发了"关于运动员比赛前进行身体检查的通知(一封信)"之类的书面告知,在比赛前也回收了有家长签名的身体健康体检表,并对每个孩子的身体状况进行核实,只允许体检没问题的孩子进行一些竞争激烈的运动,这样学校就尽到自己的最大责任,那么就可能避免悲剧发生。

当然,小 B 的家长也要负一定的责任,家长没有定期带孩子进行体检,没有掌握孩子身体的真实情况。孩子跑步猝死,说明孩子的心脏或者血管可能存在一定的问题,后来的尸检也的确证明这是孩子猝死的主要原因。

这起悲剧看似偶然,可是从全国来看,却是每个学期都有类似的悲剧在发生,其原因就是一些家长、学校对孩子的安全教育不够重视,安全管理不到位。学校的安全教育、安全管理需要进一步规范、细致,并且要有证据证明安全教育、安全管理做了,其中《家校联系手册》《致家长的一封信》等传统媒体就是最好的证据。

内 容 解 释

传统媒体是相对于近几年兴起的现代网络媒体而言的、传统的大众传播方式，即通过某种机械装置定期向社会公众发布信息或提供教育信息的媒体，主要包括报刊、户外广告、通信、广播、电视、书信等。在学校教育教学中所使用的传统媒体大致有：《家庭教育指导手册》《家校联系手册》《致家长的一封信》《关于……的通知》、家书、家校联系卡等。这些传统媒体在理论与实践层面都经历了较长的历史发展，积累了经过时间积淀与检验的独特优势。同时，传统媒体也有明确的运作机制，绝对不是随便就可以对外公布的，需要经过层层审核把关。正因为这样，传统媒体具有一定的权威性与公信力，这些也是最正式的文本，收发双方都会高度重视，这是现代网络媒体无法比拟的。

现在的学校教师都把微信作为与家长沟通交流的主要工具，微信具有方便、快捷、时效性强等特点，但也暴露出一些问题。包括沟通的随机性；文字编写的随意性、个性化等；在整个教育过程中呈片段式、碎片式，不易保存。同时，现代网络媒体在沟通中缺乏严谨性、深刻性和权威感、正式感。所以现在的家校联系中，单纯依赖现代网络媒体是片面的、不足的。

传统媒体的核心竞争力在于长期形成的权威性、原创性，以及公信力的深远影响。而现代网络媒体所具备的较强时效性、伴随性，内容更新速度快、报道全面、检索方便、互动性强、资源共享快速等特点，使其表现出前所未有的活力和渗透力。综合分析二者生存与发展的态势，传统媒体具有现代网络媒体所无可比拟的优势，即较强的公信力和证明力，而现代网络媒体拥有先进的技术支撑，二者各有优势和劣势。在教育高速发展和社会公正文明演变、媒体网络技术革新、沟通方式转型的背景下，传统媒体与现代网络媒体的融合使用注定成为当下学校家庭教育指导支持系统建设与发展的方向。

从上面的案例可以看出，传统媒体在当前学校家庭教育指导的使用中存在着如下问题。

一、传统媒体在学校家庭教育指导支持系统中被大大弱化了

现代媒体由于方便快捷，在各个行业中广泛流行和使用，学校也不例外。每个班级、年级都有家长微信群、家委工作群等。学校、班主任、任课老师有什么事、有什么活动，甚至作

业的布置与检查等都在使用微信。

几乎所有的通知现在都是使用微信来发布，很少使用书面通知。以前的家长会、见面会、讲座等都是用书面通知，《致家长的一封信》几乎每月都有，但现在基本被微信代替了。而且，当前不少的《致家长的一封信》是面向整个班级甚至整个学校的家长而发，没有针对性，千篇一律，只是作为一个告知的任务去落实。实际上，《致家长的一封信》可以多样化，可以针对每个学生单独写信，也可以针对某个学生群体、某个学生的某件事来写，当然最好手写，这样才能真正展现一封信的作用。

《家校联系手册》被很多学校取消了，改为微信、微信公众号、专门APP用于家校联络，孩子的一切信息包括学业情况、在校表现甚至上课迟到等都可以用手机收到，大有彻底取消传统媒体的意味。科技有其方便性和时效性，但传统文字的很多功能是科技无法取代的，如老师手写的评语，字里行间显露的不仅仅是老师对孩子的评价，更是浓浓的关爱之情，这样的情感能温暖家长和孩子，激发孩子积极向上，努力进取。

能够促进学生与学生之间交流的书信也几乎没有了。十几年以前，初中生及高中生能够收到同学、朋友、家人的来信是一件非常兴奋的事情，在书信里，一切烦恼、郁闷都可以聊，可以写，可以畅快地发泄，可以洋洋洒洒抒发自己的感情。现在微信盛行了，沟通方便了，个人郁闷发泄的途径却变少了，情感上的交流贫乏。多年前笔友的盛行，也是靠写信进行交流，写信不但促进了情感的交流和情绪的发泄，在一定程度上也提高了孩子的写作水平。写信时，写什么、怎么写（是写诗歌还是散文）都得思考琢磨一番。现在用微信，基本就是想到哪里写到哪里，具有很大的随意性，没有什么文采可言。

能够传承家教家风的家书已不见踪影。在2015年春节团拜会上，习近平总书记强调：不论时代发生多大变化，不论生活格局发生多大变化，我们都要重视家庭建设，注重家庭、注重家教、注重家风，紧密结合培育和弘扬社会主义核心价值观，发扬光大中华民族传统家庭美德，促进家庭和睦，促进亲人相亲相爱，促进下一代健康成长，促进老年人老有所养，使千千万万个家庭成为国家发展、民族进步、社会和谐的重要基点。

家书，是指一个不在家的人与家里人相互来往的书信。信中除了包括自己在外的事、家里的事等，较多的是问候、思念及报平安。在现代网络普及之前，家书是主要的沟通方式之一，是维系家人情感的一种联系方式，其中包含着浓浓的亲情。正所谓"烽火连三月，家书抵万金"，可见家书在人类发展中的重要性。历史上许多家书还成了家庭教育的典范，如《曾国藩家书》《傅雷家书》。"六尺巷"的典故之所以成为历史佳话，也是源于一封家书，它不但解决了邻里之间的矛盾，还让这种邻里之间和睦相处、你敬我让的为人之道传承下来，"六尺巷"至今仍然鼓励着人与人之间要相互谦让。

然而在忙碌的今天,人们总是感觉被事务裹挟,尤其是随着现代媒体(如微信)的强势流行,几乎没有家长给孩子写家书了,导致很多家长和孩子之间的沟通存在着这样那样的问题,父母与孩子之间缺乏心灵的沟通。而家书是能够加强情感交流,更能够走心的一种沟通方式。所以,当学校发现家长与孩子之间沟通有困难的时候,可以建议家长给孩子写信,这种信可以是聊天、拉家常、给孩子说说家里发生了什么、家里要做什么事需要征求孩子的意见等。少说批评的、说教的话,多陈述事情,以引起孩子的共鸣,在潜移默化中影响自己的孩子。特别是当家长误会了孩子的时候,当面不好意思向孩子道歉,完全可以用书信的方式向孩子"表白",不仅可以消除误会,而且这样的正式感更能感动孩子,更容易得到孩子的谅解。可以说,家书是拉近孩子与父母之间的距离、加深沟通的一个很好的方式,能够引导孩子健康成长。家书、家信写得多了,坚持久了,慢慢地家风、家训就形成了。

家风是在一个家庭或家族内部形成的具有道德约束的行为规范。它不是一朝一夕形成的,有较长的时间延续,或代代相传,传承性是其最重要的特征。在家风的传承过程中,家训是极其重要的一环,而家书是家训的书面表达,并与家谱、家训、家约、家礼、家规等环环相扣,互为补充,更为家风增添丰富的内涵。当今社会,因为家风家训的缺失,导致我们的孩子在成长中没有方向,没有目标,从而产生这样那样偏离人生轨道的事情。所以在学校家庭教育指导中,学校要主动引导、建议每个家庭开展家庭读书活动,加强学习,多读书,读好书,丰富自己的思想和文化内涵。同时,倡导日常生活的交流与沟通多用书信来表达,进而引导家长通过写家书的形式加强与孩子的沟通与交流,积极引导家长利用恰当的时机,主动利用家书营造一种家庭文化,在一行行的文字中,在一页页的信笺中,慢慢沉淀着家训、传承着家风,让良好的家训家风得以建立,得以传承,这样就能够在孩子心中播下一颗颗种子。在心中播下善良的种子,收获的是一生的幸福;在心中播下规则的种子,收获的是一生的顺畅;在心中播下成功的种子,收获的是美好的愿望。

二、目前学校家庭教育指导中使用的传统媒体主要是告知式的、单向的

虽然也有很多学校仍在使用《致家长的一封信》《家校联系手册》《学生素质报告手册》等传统媒体,但主要形式是告知式的、单向的,缺乏双向沟通交流,这也是时效性强的微信沟通比传统媒体受欢迎的一个重要原因。

《致家长的一封信》只是发给家长看,信的内容主要是告知家长学校要做什么事,需要家

长怎么配合等,没有征求家长意见,同时也没有家长的回信。缺乏双向沟通,家长就是有更好的建议也无法表达,最多只能发发牢骚,然后按要求配合而已。

现在的《家校联系手册》《学生素质报告手册》,很多都是一学期发给家长一次,最频繁的也就是一个月发给家长一次,缺乏时效性。虽然也有"家长意见"一栏,但就算有事想与老师交流也已经过了一个月了,意义不大。

目前的《致家长的一封信》《家校联系手册》等缺乏家庭教育的内容和引导,内容过于单一,语言组织缺乏艺术性,陈述形式缺乏创新性,一般难以引起家长的兴趣和共鸣。

三、学校家庭教育指导忽视了我国传统文化的纽带——文字的力量

我国的文字历经了鸟虫文、甲骨文、各种篆文、隶书、章草、楷书及行草各体,还有各种印刷体,现在又有各种各样的数字化变形。数千年来,伴随着不断更新的文明程度、政治制度、世态人心,文字的字形在变、用法在变、读解在变,但它们的根本意义却没有变,这是汉字文化的生命力和生存力。

每个汉字背后都是有故事的,有感情色彩的;汉字能组成优美的诗歌,又能呈现可歌可泣的故事。学校作为教书育人的基地,更是家庭教育的引领者、主阵地,不应该仅依靠科技,更应把汉字这种中国古老的文化传承下去,引领老师、家长、学生多用汉字,多写汉字,多写优美的文章;老师、家长在用汉字表达时,应该细细琢磨,让字里行间表达出自己内心的意思,以达到深入沟通的目的。但随着现代网络媒体的广泛运用,文字的作用被大大削弱了,动手写字的机会也越来越少。其实,一个词的表扬与肯定,一句话的赞美与弘扬,都可以大大激发家长和孩子的积极性。在家庭教育中,家长可以在以下方面重视用文字表达:

第一,随着社会的发展、网络的普及,现在的学生知识面越来越广,在不少地方懂的比家长还多,然而很多家长却还是采用原来的教育模式。沟通方式的单一导致与孩子的沟通越来越困难。其实,一封信、一张便条、一句留言都是家长与孩子用文字交流的阵地;一副对联、一首诗、一篇优美的散文都可以成为连接家长与孩子的媒体,文字可以净化孩子的心灵,促进孩子健康快乐地成长。

第二,家庭教育的核心就是在尊重孩子的基础上与孩子进行平等对话式的交流沟通。现在的学生尤其六年级以上的孩子,他们的自我意识开始发展,迫切希望在各方面证明自己长大了,而且往往不愿轻易表露自己的情绪、情感和心理需求,对父母的情感需求也由儿童

期的显性亲密转为隐性依恋,渴望获得来自家长主动的情感关照和理解。家长要放下架子,把自己放在与孩子平等的位置上,努力寻求与孩子心灵上的沟通与默契。比如遇到不方便与孩子面谈的一些事或者与孩子发生矛盾冲突时,家长完全可以采取用文字的方式跟孩子沟通。实际上,用文字与孩子沟通更有仪式感,更有针对性,孩子会更兴奋。家长可以利用作业本、便笺纸,一封信、一首诗、一副对联、几句优美的话都可以鼓励孩子,让孩子领略和感受优美文字带给他们的美。爱孩子,尊重孩子,使他们从中感受到父母的爱和自身的价值,并由此学会尊重父母、尊重他人。

四、传统媒体的运用缺乏系统性、整体性,缺少保存纪念价值

传统媒体在学校家庭教育指导中的运用,往往是针对某件事、某个活动、某个年级、某个班级设计,因此存在如下问题:

第一,由于教师与家长文化素质不同,对教育的认识不同,沟通起来本就不容易,再加上当今社会的快节奏和激烈竞争,使教师和家长都处于紧张的工作、生活状态。教师的教学任务繁重,又背负着沉重的升学、晋职、学生管理、家庭等压力;无论处于什么地位的家长,也都担负着来自工作、生活、家庭等方面的压力。教师和家长都是整天忙忙碌碌的。一方面,教师很少顾及与家长的交流、反馈和沟通,更不能经常进行家访,就连请家长到校进行交流的机会也很少;大部分家长也无暇到学校去了解孩子的情况。这样,教师和家长在教育理念、方法以及孩子情况、未来目标等方面很难达成共识,缺乏认同。

例如,现在的《学生联系册》上往往记录着孩子每天的家庭作业。每天放学后,孩子都会写上家庭作业情况。《学生联系册》上偶尔还有老师记上的孩子在学校的情况:"今天上课说话较多""希望家长晚上和老师通个电话"等。而在每一天的记录后面,家长都要签名。许多家长对签字这个硬性规定怨声颇多。《学生联系册》无形中给家长布置了功课:辅导、把关、签字。家长签字就像例行公事,在一定程度上,老师将责任转嫁给了家长。很多家长刚签名时还很慎重,后来渐渐感觉是一种负担,是在例行公事。碰到忙的时候,只会随口问孩子一下,然后草草签个字。一些工作较忙的家长无奈地将签字"任务"转给祖父母,上了年纪的老人们只能戴着老花眼镜,迷迷糊糊地签名。也有家长索性让孩子"代劳"。这本连接家长和老师的《学生联系册》似乎正在变味。

第二,学校及班主任给家长写的信、《家校联系手册》没有形成系列,不具有整体性,缺少顶层设计。没有上升到把一封信、《家校联系手册》作为家庭教育指导的内容去进行顶层设

计,更没有把《家校联系手册》作为一所学校整个学段学生的心理成长、变化以及学习特点来整体设计,没有形成系统。教师有什么意见和要求写在《家校联系手册》里,由学生带给家长,家长随便签阅意见后再由学生带回给班主任,平时由班主任存放。《家校联系手册》没有达到真正全面反映孩子在校和在家的情况的目的。

《家校联系手册》作为学生成长的记录档案,内容收集必须要丰富,要记录学生喜欢的作品与成果,或者他们愿意留下来、认为有重要价值的材料或作品。手册的内容可以由教师、家长和学生共同拟定,但必须让孩子们自愿选择,并在所选作品上标明收集的时间、选择的理由。应让《家校联系手册》成为学生成长的美丽记忆,将来成为美好的回忆。只有这样,学生和家长才会更加珍惜这本手册,也会不自觉地将其作为成长档案保存。

工 作 要 求

"互联网＋"时代,人与人沟通的形式越来越多样化,家长和老师的沟通也不可避免地在时代的洪流中多元起来。家校共育的目标决定了老师与家长的沟通必须呈现出多元化,像QQ群、微信群、微课掌上通、博客平台等就是具有"互联网＋"时代明显特征的家校共育实践路径。然而,据不完全统计,现在家长与老师、学校之间的有效沟通呈下降趋势,家校矛盾呈上升趋势,其最重要的原因是家校之间的交流过多地依赖了微信、校讯通等网络媒体,老师、家长当面交流的机会大大减少,书信文字交流的机会是少之又少。人与人之间问题的产生往往是因为沟通不畅、信任度不足造成的。因此,在发挥好新兴媒体在家校联系中作用的同时,不应该忽视传统媒体的良好作用。

在这样的"互联网＋"时代背景之下,让传统媒体在家校共育中更好地发挥其应有的作用,需要做好以下几个方面的工作。

一、提高认识,明确作用,转变观念

(一) 学校层面要提高传统媒体在家校合作共育中的权威性和信赖性这一特定作用的认识

学校与家长之间利用传统媒体的沟通具备天然的正式性,学校层面应该充分借助传统

媒体的权威性,重视传统媒体在家校传播中的信赖性,增强家校沟通的效率。例如:规范《家校联系手册》《给家长的一封信》《家校共育手册》,结合学校特色与家长对学校教育、家庭教育的需求,打造独具学校特色的传统传播媒体,增强传统媒体的权威性。同时,创新传统媒体的沟通内容,通过问卷调查方式统筹家长的根本需求,明确传统媒体的靶向,重点编制《家校共育手册》,保证传统媒体在传播中的效果。例如:家长需要通过《家校联系手册》反映孩子不同年龄阶段的表现以及自己的教育方法,学校老师根据家长的反映和学生身心发展规律做好学生的心理分析,总结心理引导与教育方向,将教育的方法与内容通过《家校联系手册》及时传达给家长,家长可以及时翻阅,指导自己的家庭教育。

就家校之间的关系而言,应该是相互理解、非常亲密的,不应存在任何的矛盾冲突。因为家校的目标是共同的、一致的,都是为了促进和实现孩子的健康成长。但环顾现实,我们看到家校之间发生矛盾、导致对立的现象并不少见,何以会出现这种反常的情形?其中一个根本性因素在于缺乏平等的沟通,更多时候和更多情况下彼此只顾站在自身的立场和角度来考虑问题、处理事情。表面上看,家校之间的关系是平等的,但事实上学校往往处于主导支配的地位,家长更多的只是处于配合从属的境地,因为学校往往占据和掌握着教育培养孩子的主动权。在这种情形下,很多家长即便对学校的一些做法和规定心存不满,也不敢敞开心扉、开诚布公地提出来,担心因此给自己的孩子带来不利的影响。综上所述,为有效地避免家校矛盾冲突,学校、教师要加强学习和研究,充分认识当前加强与家长联系、沟通、交流对做好学生教育工作的促进作用,要尊重、理解、平等对待家长,服务于家长,从实际出发,不断探索家校联系新途径。学生是教师和家长沟通的桥梁,教师要发自内心地爱学生,并将这种爱通过学生传递给家长,通过联系册、书信等多种途径,开通与学生家长联系和互动的通道,创建融洽、和谐的交流氛围,全面优化家长和教师的关系,形成家校联手、共谋教育的合力。

此外,即便出现家校矛盾,由于有传统媒体这一家校沟通过程中的"证据",也能还原事情真相,有利于化解矛盾。避免因"空口无凭""死无对证"而出现更激烈的家校矛盾冲突。

(二)班主任老师要利用传统媒体的情感性来促进家校沟通的真情度

在互联网发展背景下,教师与家长的沟通更多的是手机与手机之间的对话。QQ、微信、校讯通等软件为家校沟通开辟了新途径,在一定程度上保证了沟通的及时性,但是简短的文字的沟通效力是有限的,并且简单停留在电子设备层面的沟通,也直接降低了家校之间沟通的热度。长此以往,学校的信息会成为家长每天可有可无的提示,家长与教师契合性降低,将大大影响家长对于孩子教育的知晓程度,影响到家庭教育作用的发挥。将传统媒体运用到教师与家长的沟通中,能够直接增强家长与教师之间的凝合度。例如:针对个别学生在学习中存在的问题，教师主动给家长写一封信，用心与家长交流，让家长感受到教师对孩子的良苦用心，不仅可以缩短家长与学校的距离，还能增进家长与教师的情感。文字是美好的，文字中透露出的情感是真挚的。利用传统媒体让家长感受到教师教育的温度，能够直接提升家长对孩子教育的重视程度，让家长主动参与到学生教育中去。

（三）帮助家长认识传统媒体对改善亲子关系、建设温馨家园、家校共育孩子的促进作用

学校在《家长联系手册》或者《致家长的一封信》中将学生的实际情况、学习状况反馈给家长，家长可以充分重视意见反馈栏，而不是简单签个名字表示知晓了事。家长应该将自己的意见与建议及时反馈给学校，实现双向交流的目的，更好地把握孩子的教育方向。例如：在《致家长的一封信》版面设置上，增加"家长意见回执"，学校将自身的观点、意见与建议反馈给家长，家长填写回执栏，表达自身的观点与意见。利用这种书面双向来往的方式，重视双方情感的沟通与交流。

"回音"是沟通效果的重要体现，是家长对学校教育反馈的重要手段，也是学校制订下一次传统媒体沟通的依据。家长重视传统媒体双向沟通，根据交流信息不断提升自己的综合素养，就会提升家庭教育的能力，增强家庭教育实效。

1. 从学生的角度来看，《致家长的一封信》或《家校联系手册》体现着某一段时期以来教师对学生、家长对孩子的分析评价和期待企盼，是学生品德行为、学习发展的导向。《家校联系手册》中的语言融入师爱、家爱，写进真情，走进孩子心灵，它不仅能帮助学生正确了解自己的长处和不足，还可以帮孩子树立信心，让他们在今后的生活中扬长避短，越来越优秀。同时，《家校联系手册》中，学生的自我反思也能更好地引导孩子不断总结学习、生活、成长中的经验，抒写自己的困惑、困难、疑虑等，为孩子发泄自己心中的郁闷提供一个出口，减少孩子心理问题的沉积。这样也可为家长、老师及时掌握孩子的心理动态提供依据，为后面的教育、引导、沟通指明方向。

2. 从家长的角度来看，家长每一刻都希望关注孩子的进步，家长也希望教师能及时把孩子在校的各种表现反馈给自己，以便对孩子采取更适合的教育。通过一封信或《家校联系手册》与家长交流，教师把家长需注重的方面，以及自己的想法或孩子近期的表现分门别类、清楚有条理地写给家长，让孩子带回家，家长阅读后还可以直接在上面回复和反馈。这样，简便直接、近距离地与家长接触，是非常有针对性和实效性的。

3. 从家校合作共育的角度看，组织开展"家长和孩子在纸上谈心"的书信活动，家长们在感受爱的同时，更感受到了书信在教育孩子及与孩子沟通交流方面所具有的独特作用与效果。家长与孩子、孩子与老师、老师与家长，这样多向沟通顺畅了，就能建立更亲切的关系，家庭会更加和睦、温馨，家校关系会更和谐。家校共育合力形成，师生关系亲密无间，孩子就能健康快乐地成长。

二、创新形式、丰富内容、凸显传统媒体的优势

传统媒体可以在现有的基础上，完善其形式，丰富其内容，拓展其宽度，挖掘其深度，达到形式精美，内容丰富，宽度适当，深度合理。

大部分学校都有《致家长的一封信》，但目前这封信往往是通知类的，如关于注册缴费的通知、关于研学的通知等，往往只是表达学校要做某件事，需要家长配合，并没有起到指导家庭教育的作用，只是为活动而活动。其实家长和老师是亲密合作的关系，家校的目标都是为了培育孩子成才，目标一致，很容易贴近彼此的情感，融合性很强。因此，《致家长的一封信》虽然是学校发给家长的，是一个单位经过深思熟虑作出的决议，用一封信来表述，有很强的权威性，但是不能因为有了权威性而减弱了情感性。学校在发出《致家长的一封信》时，形式、内容要更加人性化，能够走进家长的心里，形成内心深处的共鸣，起到很好的互动作用。《致家长的一封信》要成为家长愿意接收、喜欢阅读，读后有感触、有共鸣的沟通媒介。同时，要设置家长意见或建议的反馈区，形成家校互动，把更好的、有价值的意见或建议整理出来，形成具有教育行政部门权威性、书面交流情感性以及家校双向交流互动性的文字材料，作为今后工作改进的依据和参照，使工作更有效、更顺心。

学校及班主任给家长写的信、《家校联系手册》要形成系列，具有整体性，要把它作为家庭教育指导内容进行顶层设计。学校在规划家庭教育指导时，要统筹考虑全年级、全学段的孩子的年龄特点和家长需求进行整体规划，分段实施，形成一个不断递进的、升级的、完整的系统，从而可以引导家长由浅入深、层层递进地学习家庭教育知识。学校对家长、家庭教育的书面指导要系统设计，按照年级分阶段指导实施，同时要结合当前家庭教育突出的问题有针对性地提出指导意见、解决办法等，有的放矢，这样才能有效地指导家长解决家庭教育中、孩子成长中的问题，不同阶段解决不同的问题。

《致家长的一封信》《家校联系手册》要用心设计，增加有教育意义的内容，如果封面、内页设计更专业，印刷精美，富有纪念意义，那么则更具保存价值。孩子的成长是家长最为关心的，从幼儿园、小学到初中、高中，几乎每个学段都有《家校联系手册》《素质报告册》等，如能形成一个系列，完整记录孩子的成长过程，升华成为孩子成长的一个档案，孩子和家长偶尔翻翻过往的书信和《家校联系手册》，回忆美好时光，岂不美哉乐哉！

三、掌握应用文写作的方法和技巧

《致家长的一封信》的应用范围相当广泛：向家长谈谈近期学校的学习活动和德育活动安排情况、近期学生的心理状态；征询家长对某件事的意见；就某具体事件谈家庭教育等。信的针对性还可以很强，可以针对一个人来写，也可以针对一个现象来写，因此它的内容是有的放矢的，有利于促进家校关系和睦，有利于孩子身心健康成长。

写正文时要注意，表达的感情要真挚，条理要清楚，语言要平实、流畅。运用的口气要适合收信对象即家长的口味。现在学校的书信往往开头是"尊敬的家长"，然后指向所有的家长；如果是针对某个或者部分家长，可以直接称呼为"××家长"，指向准确。如果要说的事情很多，那么最好一段一段分开写，一件事写一段，另一件事另起一段，要叙述得清清楚楚。要尽量用口语，多用短句，语言表达尽量人性化，而不是一味地用官方语言，让家长看了不舒服。要像对方就坐在你对面，你与他（她）进行交谈一样。如果写的是回信，则应先回答对方来信中所提出的问题，然后再向对方谈学校的事情。对对方有什么要求或希望，可以在正文部分的最后简明扼要地写上几句，如"拜托之事，请尽量早办为感""望您在百忙之中抽空来信为盼"等。

下面以《关于家长在教师节进行尊师重教活动的一封信》为例进行剖析。（见附件 5）

▢ 明确写信的主体：学校、学校办公室、德育或教导部门。

▢ 明确写信的对象：全校家长。

▢ 写信的背景：近年来，关于师生矛盾的报道屡见报端，甚至有愈演愈烈之势。近期，在百度中搜索"师生冲突新闻事件"，相关结果高达 142 000 条。这已经成为当下教育教学中不容忽视的问题。

▢ 写信的动机（目的）：唤起全社会尊师重教的共识，让家长在家庭教育中从小教育孩子树立尊重老师的意识，并落实到具体的行动中。全党全社会要弘扬尊师重教的社会风尚，努力提高教师的政治地位、社会地位、职业地位，让广大教师享有应有的社会声望，在教书育人岗位上为党和人民的事业作出新的更大的贡献。

▢ 写信的原则：

写信的态度：是平等的交流和传授，而非命令式的指手画脚。

写信的内容：要写得清楚明白，让家长一看就懂。要告诉对方什么事情，要求对方做什么事情，或者回答对方什么问题，都要写得清楚明白，一目了然。话怎么说，信就怎么写，朴实无华,本色本香。

写信的思路:要写得简洁利索,条理清晰,让家长一看就能抓住要领,并能明白书信的主要目的。

写信的文采:要写得优美得体,让家长一看就深感真挚可亲。《致家长的一封信》是学校与家长之间的谈话。因此,除信的语言简洁利索之外,还要注意道德风尚,讲究文明礼貌,能够通过这封信,反映出学校老师的精神面貌和整个学校的风貌。

□ 写信的意义:要引导家长跟孩子一起尊敬师长,引导家长具体做一些事情。比如跟孩子一起画一幅画或制作一件手工作品,送给老师作为礼物,让老师感受到孩子、家长对他们的尊重。又如,带着孩子去看望自己的老师,力所能及地帮老师做点事情,把尊师重教落实到行动上,为孩子树立榜样,正所谓上所施下所效也。

□ 写信的创新:在信的末尾设计一个"家长反馈区",内容有"家长在家里说了什么? 做了什么? 效果怎样? 孩子受到什么教育和启发? 对尊师的认识和行动"等等。让孩子将信带回学校,一方面达到一种双向交流的目的,另一方面可以让班主任及时了解孩子在尊师重教活动中的表现,并加以存档。

经 验 分 享

"又到星期五了,又可以看见孩子的《家校联系手册》啦!"家长常常这样期盼地说。是啊,每到周五放学的时候,每个学生的手上就会有一本《家校联系手册》。在这本手册里,班主任将学生一个星期以来在学校的表现向家长作详细汇报。星期一回校上课的时候,学生再把《家校联系手册》带给老师,家长将孩子在家两天时间里的表现和对他们的要求反馈到《家校联系手册》里。这本《家校联系手册》就像一道彩虹桥一样,搭建起学校与家庭的联系。

一、《家校联系手册》架起了家校共育的桥梁

家庭、学校一直以来都是影响学生成长发展的两大重要因素。《家校联系手册》作为家庭、学校沟通的桥梁,逐渐被广泛应用于教育工作中。《家校联系手册》在家庭教育上的另一大作用,就是教给家长一些科学的教育观念,使他们认识到家庭教育的重要性,并用正确的

教育方法引导孩子健康成长,从而与学校一起共同担负起教育孩子的重任。

《家校联系手册》是给孩子用来记作业情况的,也是老师把学生每天(每周)在学校的学习、行为表现及时向家长反映,同时家长也可以把孩子在家中的学习、生活表现告之老师的纽带。家长通过查阅《家校联系手册》,可以及时快捷地了解孩子的在校表现以及作业情况,并针对孩子出现的状况进行有效的指导。对于教师而言,可以通过《家校联系手册》全面了解每名学生的状况,与家长进行沟通,一起促进孩子的健康发展。

为了记下孩子的表现,家长将不得不抽出时间亲近孩子,陪伴孩子,观察孩子。不知不觉中,家长陪孩子的时间多了,孩子更信赖父母了,与父母关系更和谐了。《家校联系手册》记录的是孩子的点滴进步,留下的却是父母永远的关爱。每一位家长都坚持记录《家校联系手册》,就能在家长和孩子之间架起一座最美的亲情彩虹桥。

与传统评价方式相比较,《家校联系手册》有其独特之处。即通过学生的亲身体验,培养其自我反思和自我评价的能力,提高其学习积极性和自我诊断能力。实践表明,大多数学生对"通过《家校联系手册》能够更好地认识自己"的观点是比较认可的。可见,《家校联系手册》对于学生成长的有效性是存在的。

二、《家校联系手册》的设计

《家校联系手册》的封面设计首先应体现学校特色,封面可以是学校的校园风貌,如宏大气派的学校大门、美丽的校园风景一角、最具特色的校园标志(物)、能反映出学校特色的人或物等等。其次要有体现学校办学宗旨(理念)的校训等。再就是有学校名称,以及学生的个人信息,如姓名、学号、班级、哪一年度第几学期等内容。总之,封面设计要给人眼前一亮、特点鲜明之感,既简单明了,也端庄大气。

《家校联系手册》的栏目设计主要以表格的形式呈现,要体现出科学性和全面性。《家校联系手册》分为两大部分。一部分由班主任、科任老师反映学生在校各方面的表现,以及学校、班级教育教学的要求;另一部分由家长反馈学生在家的情况以及家长对学校、班级管理的意见和建议。常规栏目可以分类设计出三大板块。

第一大板块,在校表现栏:每日(每周)仪容仪表、文明礼貌、课堂表现、作业情况、快乐交往、安全意识、体育锻炼、取得进步等。

第二大板块,老师寄语栏:老师对学生当日、当周在校表现的综合评价的文字表述、对家长的期望和建议、先进教育理念分享。

第三大板块，周末在家表现栏（文明礼貌、家务劳动、家庭作业、户外活动）和家长寄语栏（家庭教育期望和困惑）。

《家校联系手册》的特色设计，要体现出班级个性化和节日特点。第一，《家校联系手册》的特色设计会令人赏心悦目，体现班级管理的个性化。班主任可以根据自己班级的情况设计属于本班的《家校联系手册》。如：设计"班主任园地""科任老师园地"等栏目，主要用于向家长们汇报孩子们在校听课、作业、与人相处等情况；"小刺猬"栏目，用于指出孩子的不良表现，期盼家长给予纠正；"感人一幕"栏目用于表扬班级的好人好事；"我们的做法"栏目主要是向家长介绍班级在教学、管理中的一些新举措，让班级建设透明化；"家长空间"栏目主要是通过设计一些具体的、家长能够配合老师完成的内容，达到家校联手、共同教育的目的；"校园动态"栏目向家长传达学校最新的教育教学信息等。这么做的目的在于让《家校联系手册》更具有针对性，也能让家长更细致、更全面地了解孩子在学校的方方面面。

第二，《家校联系手册》可以体现出人文关怀的一面。针对一些特殊的日子，如开学的第一天以及各种节日，可以设计彩色版面和特色栏目烘托特殊的节日氛围。"心意"栏目就很适合各种节日，如母亲节、妇女节、教师节等，多用于抒发温馨的节日祝愿。如妇女节的"心意寄语"，老师可以请学生对家长深情朗读"心意寄语"。

三、《家校联系手册》的制作

《家校联系手册》作为家校互动的工具，在制作上也要注重鼓励学生参与其中。"我想说"栏目就是老师特意为学生量身定做的。"我想对_____老师说：_____""妈妈（爸爸），我想对您说：'本周我最自豪的事情是_____'"，孩子在这样的交流平台里自由抒发自己的真情实感，畅所欲言。孩子和师长间心灵沟通的距离被拉近了。

没有固定的栏目，也没有一成不变的设计。但是，务必要处处彰显温馨和细致，利用《家校联系手册》灵活的特色，最大限度地让家校间的信息无阻碍地交流。只要在《家校联系手册》的制作上倾注心血，高质量精心打造，家校合作共育的效果一定是喜人的，家长们对《家校联系手册》一定是赞誉有加的。

四、《家校联系手册》的使用

要充分利用《家校联系手册》这一沟通交流平台，有效指导家长开展家庭教育工作，以达到家校合作共育的目的。

　　老师要重视家长意见和建议的反馈。不少家长在家长留言处表达了对老师的感谢以及对《家校联系手册》的认可，也有一些家长通过这个平台向老师们咨询家庭教育中发现的一些问题。如："孩子在家时叛逆心大，学习上不听我们的安排。老师，我该怎么办？"有这样困惑的家长不在少数。于是，老师需要查阅资料，并结合自己的经验，写出一些相关的阅读材料，印发给全班家长。老师们也能从家长反馈回来的问题中，总结出家长需要怎样的家庭教育指导，并利用家长会的机会开展专题研讨和经验交流活动，让家长从中受益。

　　《家校联系手册》制度的推行，真的很重要。老师把学生平时在校表现中的有代表性的倾向或事例随笔记下来，一个孩子一两行字，就足够成为写评语或者与家长交流时最有力的依据，大体上是优点先说，缺点后说。同时，可以指导家长，在写家长评语或意见时，以事实为依据，以点带面，突出正面激励。

第五章 ❀ 家庭教育档案建设与使用

2015 年,《教育部关于加强家庭教育工作的指导意见》提出,充分发挥学校在家庭教育中的重要作用,要完善家庭教育工作保障措施。学校教师为促进学生的健康全面发展,要主动深入了解学生的家庭教育状况,以便有的放矢地与学生家长沟通,并把家庭教育指导过程中收集和记录的信息归档,最终实现家校共育。家庭教育档案,其实施的主体是学校,记录更多的是家庭教育方面的内容,包括学生性格心理分析、家庭教育大事件、学生家庭背景、父母性格分析、突发事件处理、谈话过程记录等。按照不同形式,我们可以将其分为电子类、纸质类以及声音图像类档案。家庭教育档案是学校有效开展家庭教育指导工作的重要信息资源,建设和使用好家庭教育档案是实现家校共育的有效保障。

案例导入八

王老师是某中学语文老师,今年学校安排他担任初三(3)班班主任,这可让王老师犯愁了。只要说到初三(3)班,老师们都直摇头。这个班纪律、学风较差,学生问题较多。担心王老师有顾虑,学校德育处主任也找他谈话,一是希望王老师能迅速把班级学生问题的底摸清,二是希望他能转变班级的班风学风。

王老师牢记着这两项任务,为了更好地了解班级情况,他拜访了前任班主任李老师。他原本打算要一些学生的资料,特别是特殊学生的档案。没想到李老师摇了摇头,说她之前并没有建立纸质类档案,只能简单口头介绍班级情况。

李老师所说的情况,王老师都记在心里,遗憾的是没有文字材料供他好好分析。看来,只能等正式接手后在实践中去好好观察,再去找解决问题的对策。

可刚走马上任,他就遇到一件棘手的事:班上学生小斌,课间休息时躲在学校一个偏僻的角落抽烟,刚好有同学路过,因为害怕被发现,小斌在翻越护栏逃跑时摔伤了。

王老师第一时间把孩子送到医院救治,也及时通知了家长。家长赶到医院,看到受伤的儿子,先是感到意外和吃惊,接着脸上满是心痛。见此情景,王老师赶紧做家长的安抚工作,好不容易,家长的情绪算是暂时稳住了,后来小斌的伤情也在慢慢恢复。

原以为风波慢慢平息下去了,没想到事情却越来越复杂了。

小斌痊愈没过几天,他的父母拿着厚厚一沓费用收据找到学校。他们要求学校赔偿所有的医药费,并需额外赔偿 10 万元。理由是学校没有起到相应的看管的责任。另外,家长对孩子在学校吸烟成瘾等违纪情况毫不知情,班主任也没有及时向家长沟通反馈。

学校开始了与小斌家长的沟通交涉,王老师心里更是觉得委屈苦闷。于是,他又找到前任班主任李老师,想寻求一些对策。

据李老师介绍,其实,小斌躲到学校偏僻角落抽烟的事情,已经不止一次发生了,也有同学知道。她曾多次向小斌家长通报这一情况,并指出这一行为的重大安全隐患。她还要求小斌当着家长的面向她保证以后不再吸烟,也不到危险偏僻的地方逗留。这些情况,家长是没有理由不知情的。

随即,王老师就这一点向家长作出说明,反驳他们所谓不知情的说法。可家长不依不饶,一口咬定李老师并没有说过,除非她能拿出证据来证明。无奈之下,王老师询问李老师有没有留下当时与小斌家长的谈话记录。遗憾的是,对小斌的教育过程,李老师并没有留下任何纸质的记录材料。口说无凭,纵使王老师一肚子的理,在胡搅蛮缠、无理取闹的小斌的家长面前,也只能留下一声无奈的叹息!

受此事的启发,王老师又找到学校其他班主任,询问有无建立家庭教育档案的习惯,结果让人失望。没有老师牵头去做一些家庭教育档案方面的尝试,学校也没有这方面的要求。有些老师怕麻烦,完全没有建立类似的档案,有些老师压根儿就没有这个概念。

王老师感到非常痛心。等小斌的事情平息下来之后,他找到学校德育处,向学校提出给每个学生建立家庭教育档案的建议。德育处主任表示,学生的学籍档案等资料学校是齐全的,没必要另外建立所谓的家庭教育档案。王老师以小斌事件为例,极力言明家庭教育档案的作用。学校勉强同意,但认为只建立问题学生的家庭教育档案就足够了,没必要全面铺开,德育工作主要靠实践,不是弄一本家庭教育档案就能解决得了的。对此,王老师真是哭笑不得。在王老师的极力建议之下,学校终于同意从初一年级开始试行为学生建立家庭教育档案。但是,德育处将班主任制作的家庭教育档案收集起来一看,发现很多班主任并不清楚家庭教育档案是什么。他们只是把学籍档案进行简单的复制,上面的内容也只是一些简单的学生信息,诸如姓名、家庭住址、兴趣爱好、特长、目标、计划等。王老师越看心里越没底了,他不禁想,这样的档案,与他当初提议创建家庭教育档案的初衷吻合吗?对学生的成长和发展帮助大吗？

转眼又过了一年，学校推行家庭教育档案制度也已一年多了。当学校再次把档案收上来检查时，王老师发现，很多班主任并没有往档案里面添加新的内容，档案缺少后续资料的补充，很多学生心理发展的新动向、家庭教育的新举措并没有在档案中得到体现。看来，班主任只不过是把去年交上来的档案再次上交充数罢了。王老师希望看到的家庭教育档案，难道就是这个样子的吗？

内 容 解 释

从上述案例中可以看到，在家庭教育指导上，很多学校把主要精力用在家委会的建立、家校活动的开展等方面，而家庭教育档案建设方面的关注度、重视度并不高，问题主要表现在以下几个方面。

一、学校普遍没有建立家庭教育档案

认知是行动的先导。当前，学校建立家庭教育档案意识较为薄弱是普遍存在的问题，同时也是制约信息化档案管理发展的重要因素。目前，很多学校没有建立家庭教育档案，学校管理者都将注意力放在家长学校建设、家长助教的发动、亲子活动和家长会的开展等方面，最多是把这些活动过程收集归档而已，并没有专门的家庭教育档案。他们认为家庭教育档案可有可无，真正通过了解学生家庭教育状况来帮助和促进学校德育工作发展的还是比较少的，目前德育工作中更多的是要家长"配合"老师来开展，像案例中的小斌家长这么"难缠"的毕竟也是少数。而且，家庭教育档案建立需要人力物力，建档过程较为复杂，落实档案的收集、保管、检查、归档等方面伴随着规范性、有效性、科学性等问题的产生，导致很多学校觉得家庭教育档案的建立不仅麻烦且费力，只要做好家校沟通、开展好家校活动的工作就可以了。即使要建立，也只是针对少数问题学生来建立，其目的就是为了避免家长不理解、不支持所带来的麻烦，明显带有教育的功利色彩，忘记了档案存在的价值就是为更好地解决问题和避免问题的发生提供事实材料的保障。

二、想建立可又不知道如何建立

首先,学校对班主任建立家庭教育档案缺乏系统的指导。家庭教育档案不同于普通的工作档案和学生档案,更不是把学生学籍档案中的姓名、家庭住址、兴趣爱好、特长等内容进行简单的复制就可以了。家庭教育档案是有效开展家庭教育指导和家校共育的重要信息资源,档案的设置是根据家庭教育指导的项目进行的,如果缺乏培训和指导,一线班主任是有心无力的,想建立也不知道如何建立,只好各自为政,最后的结果也五花八门。这就影响了家庭教育档案的使用,甚至导致无法使用。

其次,班主任对家庭教育档案的建立目的和内容也不太明确。现在,学校的家庭教育工作开展得如火如荼,亲子活动、班级家委会及个别辅导有序地进行,如每学期一至两次的家访活动、每学期一次的亲子活动、每年一次的研学活动等,主题鲜明,活动丰富,内容具体。但是,很多班主任不知道怎样对这些资料进行整理、归档保存,做到合理、无遗漏,并保证有序清晰,以方便查找、复核以及援用等。要想查找相关资料时,又要从头再来,不但少了借鉴与参考,而且增加了工作量,也使学校家庭教育档案工作陷入不必要的被动状况。此外,有些问题学生的谈话记录、问题处理记录,甚至与家长的沟通协调记录,很多班主任认为过于繁琐,不必记入家庭教育档案中。殊不知,这些资料在学生的应急问题处理中是极为关键的。

三、为了建档案而建档案,缺乏有效应用

有些学校为了建档案而建档案,档案的整理工作经常较为简单,缺乏统一管理,家庭教育档案凌乱分散、内容不全、过于简单,又没有分门别类,而且学校缺乏监督检查和有效指导,导致家庭教育档案在收集管理过程中没有标准化、规范化,出现这样或那样的问题,如记录事件简单化,每年的活动方案千篇一律、材料缺失等。此外,没有根据学生的身心发展和家庭教育的变化而添加最新的资料,档案的时效性不强,对家庭教育指导意义不大,对促进家校共育帮助不大。家庭教育档案设立的初衷就是促进家校共育,共同托起学生的身心健康发展。特别是问题学生,一旦出现安全责任事故,家庭教育档案是一项很重要的证明材料,不仅有助于对事故的处理,而且有利于针对性地开展家校沟通,使教师和家长同心同德,家校合作做好学生的思想和心理工作,共同努力帮助学生解决问题,促进学生健康发展。但还是有不少学校设立家庭教育档案是流于形式,为建而建,或为了完成任务而建,不懂得利

用家庭教育档案来开展家校共育,提高德育的实效性。

工 作 要 求

建立家庭教育档案是学校教师为了促进学生的健康全面发展,主动深入了解学生的家庭教育现状,以便有的放矢地与家长沟通,并把这个过程中收集和记录的信息归档,最终实现家校共育。具体而言,可以从以下五个方面来完善。

一、制订档案管理制度

俗话说"没有规矩,不成方圆"。要做好家庭教育档案工作,必须有章可依、有规可循,有一套比较完整的管理制度以及强有力的执行渠道。家庭教育档案制度的制订不能脱离家庭,要家校结合,档案的基本内容要规范且有持续发展性,便于收集、整理、立卷和归档,能提高家校共育管理工作的效率和质量,形成一种良好的共育文化。例如,制订《学校家庭教育档案管理实施细则》《部门移交档案指南》《学校专兼职档案员工作手册》《家庭教育档案借阅利用制度》等一系列管理规范,制作《各部门上交档案的操作视频教程》《家庭教育档案整理视频教程》,建立档案工作 QQ 群,增强工作的指导性和时效性。

二、家庭教育档案的内容

完整的家庭教育档案关键在于内容,主要包括:

□ 基本信息。学生姓名、性别、出生年月、籍贯、民族、身份证号码、特长爱好、个性特点、家庭住址、学习经历、家庭主要成员情况、家庭合照等。对于这些基础数据的采集,在学生自行填写完毕后,应由班主任予以严格审核,初步建立基础档案。基础档案建立后,班主任通过与学生单独交流、家访、与家长沟通等方式全面了解学生的家庭背景、家庭环境(物质环境和人文环境)、家庭类型和家庭教育现状等重要信息,这些信息是家庭教育档案的重要内容。其中,家庭类型和家庭教育现状为重点,要详细填写。家庭类型包括核心家庭、主干家庭、联合家庭、单亲家庭、重组家庭。核心家庭是指已婚夫妇和未婚子女或收养子女两代组成的家庭。主干家庭又称直系家庭,是指由两代或两代以上夫妻和未成年孩子,也就是祖父母、父母和未成年子女等直系亲属三代甚至四代组成的家庭。联合家庭是指包括父母、已婚子女、未婚子女、孙子女、曾孙子女等几代居住在一起的家庭。单亲家庭是指由离异、丧偶或未婚的单身父亲或母亲及其子女或领养子女组成的家庭。重组家庭是指夫妇双方至少有一人不是第一段婚姻,并有一个或多个前次婚姻的子女或夫妇重组的共同子女的家庭。家庭教育现状包括过度保护溺爱型、否认拒绝忽略型、惩罚干涉专制型、关爱理解民主型。过度保护溺爱型是指家长对子女的溺爱使子女越来越依赖父母,阻碍了子女独立个性的发展。否认拒绝忽略型表现为家长总是倾向用否定的眼光看子女,否定子女的一切努力,把子女看得一无是处,却看不到子女的长处和进步。此外,忽略子女的正常物质需求,控制得十分严格,不能满足子女的物质需求。惩罚干涉专制型是指父母对自己的子女要求十分严苛,在子女身上寄予过高的期望,常常忽视子女的权利与自尊。关爱理解民主型是指家长对子女的态度是理解和接纳的,他们首先表现出的是对子女的关心,在关心和考虑子女想法的同时表明自己的观点,并向子女解释必须遵守某些规则的道理。有了这些信息,家庭教育档案就有雏形了。

□ 健康信息。健康信息包括每个学生的生活习惯、血型报告、饮食禁忌、以往病史、诊治情况、家族病史、现病史、体检结果及疾病的发生、发展、治疗和转归的过程等内容。

□ 班主任开展的家庭教育个别跟踪指导信息。班主任在某个时间对学生及其家长进行的沟通和跟踪指导的相关信息,包括时间、地点、人物、问题表现、指导过程、指导措施和指导效果等,除了文字记录,最好要有图片或音视频。

□ 家长成长变化信息。家长在家长学校、家长会的学习心得体会、教育感悟、笔记等,也包括班主任在与家长沟通过程中感受到的家长的成长变化事件。

三、家庭教育档案的收集

家庭教育档案的分类是家庭教育档案工作的基础,而家庭教育档案的收集与整理则是这项工作的核心。

首先,选择合理的归档材料。按照档案管理的相关规定,归档材料应是比较耐用或相对耐用的纸张。学校要严把归档材料的质量关,做到统一印刷,统一发放。其次,完善归档材料的收集制度。归档材料收集时应明确规范,做到合理有序地收集。具体来讲,学校应让班主任负责指导学生填写基本信息,并根据教育发展过程不断收集和完善信息。

收集家庭教育档案材料,可分三个阶段进行。一是学生入校时填写后立即着手收集;二是日常有规律地收集学生在校期间所形成的师生之间、老师与家长之间的谈话等互动材料;三是毕业之际收集对学生在学校、家庭里的总结和评价的材料,例如班主任及科任教师对学生的评价表、家长对孩子的评价表等。随着办公自动化的普及,学生数量剧增和档案内容不断增加,传统的手工操作已远远不能适应现代改革的需要,我们要与时俱进,可采用电子文档的形式进行收集和管理。如果有条件,还可以开发实用、高效、功能大的家庭教育档案管理信息系统,使档案的管理更加简便化、易保存,也方便查询。

家庭教育档案的收集和积累也不是固定不变的,班主任可根据本班实际情况、学生之间的个性差异、家庭成员之间的关系,采取灵活多样的有效方式进行积累和收集。收集的材料既要全面反映整个家庭教育活动、家庭成员的个性特点,还应有重点地收集有较高保存价值以及反映家校共育特色的材料,以确保家庭教育档案的完整性、代表性、针对性。

四、家庭教育档案的管理

做好家庭教育档案工作,具体来说是对家庭教育档案进行全面收集、科学分类、系统整理,这些工作都必须建立在完善的工作制度之上。管理中要做到组织机构落实、人员落实、库房落实。

首先要理顺管理体制,做到机构落实,细化管理台账,配备专人(或兼职工作人员)负责家庭教育档案的管理工作,制订明确的专人(或兼职工作人员)操作规范,规范其行为,保护学生个人隐私。此外,对学生进行动态管理的同时,还可以满足使用部门的实际需要。一般而言,过程性的动态管理由班主任负责,一学期结束时或一学年结束时交给学校档案室进行终结性管理。

其次要实行集中式管理。由学校档案工作管理委员会直接管理到分层管理的办法,自上而下形成学校、职能部门、级部管理的格局,以及覆盖整个家庭教育档案馆的网络体系。例如,家庭教育档案管理可以分四个层次(如下页图所示)。第一层次由学校档案工作管理委员会统筹协调,对全校的家庭教育档案工作予以部署和监督。第二层次由学校德育部门负责落实各项任务要求,如统一安排、统一部署和统一监督检查,对档案资料进行登记与统一,建立健全档案接收、整理与管理体系,确保全校学生家庭教育档案工作都能够有序进行。第三层次由各年级各班负责,主要内容是学生家庭教育档案材料发放、组织学生填写、材料整理归档等。第四层次是设立家庭教育档案馆(室),由专职人员或兼职工作人员负责,主要内容是对各阶段形成的档案材料进行及时收集与传递,这样既有利于家庭教育档案材料的及时收集归档,又有利于材料收集过程中的保密与安全。

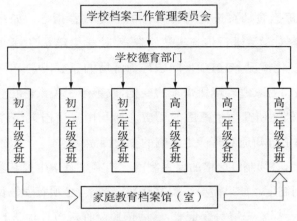

家庭教育档案管理示意图

一个年级各班的家庭教育档案收集完毕后,就要把它们进行装盒。条件允许的话,每位学生一个档案盒。如果受条件限制,可五位学生一盒,用夹子分类整理,标明学生的具体情况,及时、准确、系统、完整地提供满足档案服务工作需要的档案。

装盒注意点:对每盒材料要逐份进行检查,破损或残缺不全的应进行修补,内容不清楚的应加以注明。对盒内材料按时间或相互联系排列顺序,并在每份材料的右上角用阿拉伯数字编上顺序号,以固定次序。盒内的文件材料一般应编写目录,其内容为顺序号、学生姓名、文件标题或内容、文件形成时间、备注等。卷盒的标识应尽量醒目美观。卷盒的正面要填写案卷标题,标题应概括盒内文件的内容。卷盒脊的上方应竖写"家庭教育档案"六个较大的字,标明盒内是家庭教育档案;下方应贴有三格的纸签(口序纸),第一格写卷盒的流水顺序号,第二格写本卷盒所属类别,第三格简要写明本卷盒的内容。

此外,要制订详细合理的家庭教育档案归档方法。通过细化档案的目录,可以使建档人清晰地了解家庭教育档案的分类,方便资料归档和查询,提高利用效率。

五、家庭教育档案的使用

家庭教育档案是有备查价值的文件材料,是一个学生成长变化和学校家庭教育指导过程的足迹,要善于利用,充分发挥其在家校协同共育中应有的作用。

1. 班主任(或者任课教师)在日常班级管理等相关工作中遇到问题时,要注意从家庭教育档案中找依据。要了解是什么家庭原因造成学生出现这样的情况,多找根源来处理问题,避免出现头痛医头、脚痛医脚的状况。

2. 要注意利用家庭教育档案进行有针对性的家庭教育指导。如:通过了解家史档案,利用家风家训相关内容对学生进行传统美德的教育,让学生继承良好家风;通过了解家庭环境档案反映出的生活变化情况,知道学生问题行为背后的家庭因素,更有针对性地指导家长和学生相互理解,共同面对家庭环境所带来的变化,改善亲子关系,树立更积极的人生观。

3. 利用家庭教育档案研究学生家庭的历史。如利用家谱档案,弄清学生家族的历史渊源,通过对原生家庭的了解知道对其产生影响的重要因素。

对于家庭教育档案,必须制订严格的保密制度。档案里有学生及其家庭的隐私,所以查阅者必须遵守严格的查阅制度。如果需要查阅家庭教育档案,必须有学校德育部门的证明信息,才可以查阅;任何查阅者都要先填写登记表,然后依照流程规范性地进行查阅操作;查阅过程中,要严谨保护档案,不得在档案上涂改书写;如要借出查阅,须按照时间及时归还并归放原位。

家庭教育档案的建设与使用,对学校管理者了解学生家庭成长规律、家庭教育水平,有的放矢地开展家校协同共育工作,使家庭教育与学校教育协同一致,同心同德保障学生健康全面发展有着非常重要的作用。只要坚持不懈地做好这项工作,必然会促使家校共育工作的全面发展。

经验分享

制订家庭教育档案管理制度对做好家庭教育档案工作有着极大的促进作用。我们可以形成制度汇编,然后以制度为指导,主动配合家庭教育各方面,做好建档、存档、使用工作。

首先,制订《学校家庭教育档案管理实施办法》,要有计划地组织实施,制订时要注意分章节,包括总则,家庭教育档案管理体制、职责划分及要求,家庭教育档案材料的收集与整理,家庭教育档案材料的归档要求,家庭教育档案材料的使用,附则等内容。(见附件7)

接着,制订《部门移交档案指南》(见附件8)、《学校专兼职档案员工作手册》(见附件9)、《家庭教育档案借阅利用制度》(见附件10),完善部门内部的各项管理和岗位职责,确保家庭教育档案工作能够顺利实施。

第二篇
家长参与谋共育

第六章 ❀ 家长委员会的建设

早在 2012 年，教育部就发布了《关于建立中小学幼儿园家长委员会的指导意见》，要求中小学幼儿园成立家长委员会。家长委员会，顾名思义就是由家长代表成立的群众性自治组织。人员来自本校的学生家长代表，目的是增进家长与教师、家长与家长、家长与孩子之间的沟通，同时也是支持和监督学校各项教育教学工作的顺利开展。

家长委员会应在学校和家长之间扮演"沟通桥梁"的角色：将家长的意见和诉求反馈给学校，把学校的"最新动向"转达给广大家长。家长委员会成立的初衷是好的，的确一些家长委员会也很好地履行了自己的职责，收到不少成效，但在实际运行中也存在一些问题。

案例导八

这天，德育处李主任心急火燎地走进德育副校长办公室，跟梁副校长汇报工作："梁副校长，上周，401 班家长对学校管理和班级管理不满意，出现几方面的投诉。一是教师轮换太频繁，学生无法适应；二是学科教师太年轻，班级管理经验不足，教学质量无法保证；三是教师有罚抄题目的现象，学生害怕老师，导致成绩下滑；四是教师不理睬家长的诉求，家长又不敢当面跟教师提出，怕报复。这可怎么办呢？"

"别急别急，事情总有个处理过程。"梁副校长不紧不慢地说，"这两年国家放开二孩政策后，教师产假、病假多，大大影响了学校的教学工作，从这点出发跟家长解释，家长还是可以理解的。"

"唉，我也是这样教年级组长回复家长的，可是，那个班级的家长还是吵得很凶。我看，何不成立家长委员会来协调家校关系呢？"李主任带着乞求的目光望着梁副校长。

"这个，我不反对，也不支持，因为未必有用。你没听说吗，某小学他们去年就设立家长委员会了，也依然有这样那样的投诉。"梁副校长说完，匆匆开会去了，留下李主任在那儿发愣。

李主任不甘心，打了电话给在某小学担任教导主任的老同学了解情况。老同学一接李主任的电话就诉起苦来："哎呀，老同学呀。成立家长委员会后，麻烦的事情照样一大堆呢！这不，昨天学校家长委员会副会长才打电话跟我说，他们教室有一张课桌坏了，跟班主任说了两天还没解决，让我帮忙解决呢！"老同学喝了口水，没好气地接着说，"他们也经常说这个班教学质量不行，那个班纪律不好，要老师们允许他们随时来听课，来评价老师……"

"这，可能也是未来的趋势吧？"李主任若有所思地回应。

"是趋势，不过也要先把步子走稳了再说吧……"老同学激动地说。

"哦？有什么不稳妥的地方吗？"李主任这下糊涂了。

"最大的问题是，家长委员会内部分工不明确、意见不统一、操作不规范的问题。比如302班吧，他们班级家长委员会的陈会长和委员汪妈妈（其为学校家长委员会副会长）就曾经发生争执，造成班级出现不和谐的情况。"

事情原来是这样的：陈会长某天在群里说，班级活动基金快用完了，建议各位家长每人再交100元补充，让大家接龙。当时覃爸爸就回复："基金剩下多少钱没有公布，平时的花费也没有公布用途，怎么又收呀？"汪妈妈也在群里回复："对呀，又收钱干什么呀？"这下群里热闹起来了，你一言我一语，有挺陈会长的，有支持汪妈妈的……等到班主任老师下课回来，群里早成对骂状态，这边劝、那边和都无法挽回，陈会长愤然宣布辞职不干，汪妈妈也激愤地退群了……

内容解释

一、家长委员会存在的主要问题

《中国中学教学百科全书》中对家长委员会的解释是：家长委员会是由学校出面组织家长代表参加的一种群众性的社会团体。它的任务是密切联系家长，收集并及时反映家长对学校工作的建议和意见，协助并参与学校的教育工作，动员、组织广大家长努力教育好自己的子女，对个别家长的子女教育工作进行帮助和指导。由此我们不难看出，家长委员会是由学校出面组织、家长代表参加的一种群众性教育合作组织，其具有主体性、自治性、可持续性等特征，不从属于学校领导，主要作用是维护家长参与学校教育和管理的权利，代表学生家长群体,反映家长和社会的要求,支持、监督、协助参与学校的教育工作。同时,学校可以通过这一组织为学校教育创造良好的外部环境,帮助学校发展,协助做好家长工作。这种群众性的教育合作组织是学校的有力助手,也是家长进行自我教育、互相帮助、互相督促的好形式。

当前,在国家的方针政策引领下,各个地方教育行政部门都作出部署,要完善现代学校制度,推进学校民主管理。家长委员会的建立成为必然。但是,目前随着各学校家长委员会的建立,其暴露出来的问题也越来越多。我们发现,目前家长委员会在实施过程中还存在较多问题,并未能够真正发挥出其应有的作用,主要问题有以下几个方面。

(一) 应付上级检查,选举程序不规范

目前一部分学校建立起来的家长委员会是为了应付上级的检查而建立的,相关的制度章程虽成文,但多数是不健全的,而且有的学校并没有相应的规章制度,多数学校的家长委员会也只是仅有章程和工作制度。在这样的情况下更不用提学校应有建立和管理家长委员会的工作指导小组,并提供专门的办公场所和必要的办公条件了。当前这样的问题还需要从制度上抓起。

制度的不健全会使得家长委员会在操作上出现不规范的问题,目前家长委员会的选举基本上是一种指定式的选举,由班主任指定或者直接推荐给学校,学校也无需多加考虑,按计划安排就决定了,在这一过程中并没有问过其他家长,也没有征求过其他家长的意见。正因为这样的"选举制度",导致家长委员会成员对自己这个"代表"的头衔感到来得有点莫名其妙,不知道家长委员会成员需要做些什么,具体的权利和义务又是什么,感觉自己与其他家长并未有什么不一样的地方,这种全然不知的情形必然导致家长委员会在职能履行方面出现问题。

(二) 家长委员会制度不健全

一方面,大部分学校按照上级要求成立了家长委员会,但在具体落实过程中,上级未对学校采取强制性的政策措施并进行监督,同时教育行政部门也未对家长委员会下达科学规范的硬性考核标准,所以很多学校并没有把家长委员会的工作纳入学校整体的教学工作计划之中。另一方面,有些家长把参与家长委员会工作视为一种自觉自愿、可有可无的活动,因此参与的随意性较大;工作忙没时间,也成为制约家长参与的重要因素。此外,家长委员会本身的建设存在着先天不足:家长委员会不是明确的具有法律意义的管理机构,也没有制度的保障,导致其缺乏权威性,这也是制约其发展的因素之一。制度的缺失导致无法保障家长应有的监督权、建议权、参与权,从而极大地挫伤了家长的积极性。如果有严格的制度作保证,相信家长委员会可以更好地发挥其职能。

（三）没有定期召开家长委员会会议和参与学校例会

家长委员会并没有定期地召开会议,也没有主动参与学校的校务讨论会。而且,基本上对于学校的管理和教育问题不过问,更不必说开会讨论。家长委员会不过问学校的事务,家长有问题也不找家长委员会,而是直接找学校,从而使该组织机构形同虚设。同样,学校在召开重大会议的时候也会忽视家长委员会,会议不邀请家长代表参与,对学校的教育和管理决策依然是学校说了算。

（四）徒有虚名,无实质作用

现实中,无论是组织家长利用自身优势和特长、利用自己的社会关系和资源为学校的工作提供方便,或者是协助学校做好家长的工作等,家长委员会在这些问题上发挥的作用微乎其微。学校在开展活动时如果需要帮忙,基本上也无需通过家长委员会,班主任可以直接联系到能提供帮助的家长。学校若需要做家长的工作,一般也是由班主任来做,家长与家长之间基于不熟悉的关系也不适合做思想工作。所以,当前不少学校设置的家长委员会基本上是徒有虚名的,没有起到什么实质性的作用。

二、家长委员会出现问题的原因

当前家长委员会出现的这些问题是一环扣着一环、一环影响一环的,也许只是当中的一个环节出现了问题,但会影响到整个家长委员会职能的履行。目前,大部分学校在家长委员会的建设上、在其职能的履行中确实做得不太理想。因此,针对目前家长委员会在职能履行中所出现的问题,将从以下几个方面来探求问题背后的根本原因。

（一）教育行政部门方面

1. 缺少家校合作的相关规定

我国家庭教育发展较早,但家校合作自20世纪80年代才逐渐开始步入正轨。1989年,国家教委《关于进一步加强中小学德育工作的几点意见》中强调:"教育行政部门和学校要主动争取家庭、社会各方面的支持和配合。"有关家长要参与学校教育的相关规定最早出现于1995年的《中华人民共和国教育法》,在该法第六章"教育与社会"中的第四十六条提到,国家鼓励企业事业组织、社会团体及其他社会组织和个人通过适当形式支持学校的建设,参与学校管理。至此,包括家庭在内的各种组织、团体在学校建设与管理方面的参与才有了国家的法律依据;但在该法中,也没有明确家庭在参与学校教育中的地位与作用。我国对家校合作的推动主要是在教育理论学者对国外及中国港澳台地区家校合作经验的引进与借鉴中进行的,在国家层面仍缺乏权威性、系统性、全面性的相关规定,更鲜有家长委员会的相关法律规定,以致家长委员会从建立到实施都缺乏规章制度的保障。

2. 缺乏对学校家长委员会的指导

家长委员会作为一种家校合作的方式,在 20 世纪 90 年代的时候已经初露端倪,已经有学校走在前列成立了家长委员会。到现在,应国家出台的教育规划纲要以及各地方教育行政部门的要求,没有家长委员会的中小学校也基本上在筹备成立家长委员会。家长可以并应该参与学校的教育监督、教育管理决策;可以独立存在这样一个不属于学校管理却能参与学校教育教学等方面的组织机构。这些措施让我们看到当前中小学所成立的家长委员会被赋予了更多的内涵,它更符合 21 世纪的家校合作的要求。然而,也正因为目前的家长委员会承担了更多的责任,被赋予了更新的内涵,才需要教育行政部门对其正常运作给予精心指导,使得家长委员会这棵"幼苗"长得更加健康苗壮。

3. 缺少相应监督机制

监督与评估机制的缺失是家长委员会无法有效运行的直接原因,监督包括对组织运作过程与结果的检查与评估。根据家长委员会制度所涉及的相关机构与人员,教育行政部门、社会与家庭以及家长委员会自身对其发展与运行都负有监督职责。

首先,家长委员会缺少内部评估制度。表现为:没有监督、评估以及奖惩机制的相关规定,没有严格的规章制度,管理松散,内部人员对自身任务与职责不够认真与重视,参与学校教育教学事务的积极性不高,各项活动的开展随意性强,成效甚微。其次,缺乏家长与社会等外部人员的监督。家长委员会作为家校合作的基本机构,为广大家长代言,其成效如何应当接受家长的监督。再次,教育行政部门未完全履行督导职责。教育行政部门没有制订对家长委员会工作效果的评估、监督等相关政策、规定,也未将家长委员会的运行效果纳入对学校的评估细则中,这样就很难引起学校对家长委员会工作的重视,家长委员会也无力行使其对学校的咨询、监督职责。

(二) 学校方面

1. 学校重视程度不够,教师的认识存在偏差

首先,学校对家长委员会的重视程度不够。目前,有一部分学校成立家长委员会是迫于上级的要求,上级布置的任务,学校不好不完成,于是就急急忙忙地凑足名单,成立了家长委员会。如此的家长委员会是徒有虚名的。案例中,梁副校长对德育处李主任提出的成立家长委员会的建议,既不反对也不支持,认为未必有用,可见一定程度上是学校对家长委员会不重视,进而导致缺乏对家长委员会的认识,而使家长委员会没有发挥出其应有的作用。学

校管理者对家长委员会的认识和态度是影响家长委员会运作的一个重要的主观因素,是他们在带领着学校进行教育改革,如果他们对家长委员会没有一个正确的认识,没有把家长委员会放到一个关键的位置,那么也不可能产生实际的效果,更没有什么实效性可言。

其次,教师对家长委员会缺乏了解,对家长委员会的认识存在偏差。一方面,教师对中小学家长委员会这一机构的性质不清楚,对其涉及的相关问题不明白;另一方面,部分教师知道有这么一个组织机构存在,但是却不知道其在具体问题上的操作方法。究其原因,中小学家长委员会在学校中尚未得到重视,学校管理层的不重视就会直接导致对该工作的忽略,使得教师对家长委员会的相关问题知情率不高,不能够有效利用其为教育服务。

2. 对家长委员会的宣传不到位

很多家长不清楚学校是否成立了家长委员会,有的只是听说有,但没有参加过会议,原因有以下两方面:一是,对家长委员会的宣传不到位,一些学校即使召开了家长委员会的相关会议,家长委员会的成员也没有及时地把会议内容报告给其他家长;二是,多数家长委员会的成员是指定的,并不是由全体家长选出来的,所以很多家长不知道谁是家长委员会的成员。

3. 缺乏对家长委员会工作的引导和指导

案例中,教导主任提到了家委会内部分工不明确、意见不统一、操作不规范的问题。学校对新成立的这一组织机构没有给予工作上的引导和指导,使得家长委员会难以步入正轨。家长委员会中的各位家长之间大都不熟悉,有的甚至是每学期学校召开家长会的时候才会见上一面。让这样的群体在一个不受重视的组织机构中,在缺乏中间人引导和指导的情况下进行家校合作,其困难程度可想而知。加之学校和教师的传统观念,结果就会把家长拒之门外。家长本身是希望能够通过合适的方式参与到孩子的教育教学中来的,然而如果缺乏指导,再好的社会关系和资源也不能够拿来为学校所用。既然双方都有同样的想法,学校作为一个组织主体,很显然应该做好指导的分内之事。

(三) 家长方面

1. 对家校合作认识不到位,建议太微观

持传统教育责任分工观念的家长认为,孩子送到学校,学校教育就只属于学校的事情,而自己只是孩子的第一教育责任者。孩子一旦入学,家长便不再负责孩子的教育,只是负责孩子的衣食住行,这才是家长的责任。当然也有相当一部分家长认为:教育的责任应由家长和学校教师共同承担,在提高孩子学习以及促进孩子成长方面,家长与教师是伙伴关系。持这种观点的家长视教育为家庭和学校的共同事业,他们自觉配合学校检查、督促孩子的学业,补充和丰富孩子各方面的知识和经验,并与学校的要求一致,与学校形成互助共赢的关系。很显然,从以上我们可以看到,保持责任分离观念的家长将不利于家校合作,而认为学校和家庭二者之间是互助共赢关系的家长则会有利于家校合作。因此,受传统观念的影响,家长对家校合作的认识不到位,与学校对孩子的教育相脱离,将直接影响家长委员会的正常运作。

目前,有的家长委员会成员所提的意见基本还停留在微观的层面。大多数家长只会关心自己孩子的考试分数和在学校的生活,其他包括学校所组织开展的活动和管理新措施一概不关注,更不用说关心其他的孩子。作为家长委员会的成员,不仅是代表自己,还应该代表整个家长群体,应当站在一个更为宏观的角度上来提建议。自己的孩子只是当中的一分子,孩子出现的问题是否具有代表性,是否具有普遍性,是否值得作为问题提出来,这都是作为一个家长委员会的成员在发言之前需要认真思考的。

2. 缺乏主动性,参与学校事务不积极

家长不主动参与学校的事务管理,不主动对学校的教育献计献策,原因有来自学校和教师方面对家长走进学校的排斥,同时也有家长对学校事务缺乏主动性的因素。家长的不主动,事实上背后也存在着原因。当前,在我国市场经济和体制改革的大背景下,作为孩子的父母,他们面对着前所未有的压力,工作、人际交往等方面的问题都在困扰着家长,或许有部分家长是希望能够与学校联手参与到孩子的教育中来的,但是当自己被生活、工作等方面的事情纠缠的时候,主动性会逐渐减少。

工作要求

如何通过行使家长委员会的职能,带动、组织、协调学生家长,充分发挥家长的积极主动性,让家长参与到学校的教育和管理中来,形成学校、家庭、社会三位一体的教育合力,共同推进学校的发展? 我们认为要想使中小学家长委员会能够真正发挥其作用,成为家校合作的主要渠道,推进学校民主管理的发展,需要从以下几个方面来齐抓共建。

一、提高认识,加大宣传

(一) 学校要充分认识家长委员会的重要意义

学校要在思想上充分认识到家长委员会是建立现代学校制度的基本条件,是实现学校民主管理的基本形式。学校对家长委员会的组织和正确引导是家校合作的保证,是家长委员会职能充分发挥的保证。在教育孩子的权利上,学校和家长具有平等的地位。家长委员会不是学校的群众组织,也不是学校的行政组织,它是独立于学校、自主存在的一个群众性组织,学校对家长委员会不具有领导权。学校要增强民主治校、依法治校的意识,要提高对家长委员会在民主管理中的重要地位与意义的认识,应该把家长委员会作为家校合作的主要并且是关键的形式来看待,认真对待家长委员会所提出的建议和看法,并及时处理家长委员会所反映的问题,自觉接受来自家长方面的监督,并为家长委员会的正常运作提供硬件方面的保障。

(二) 提高家长的认识,转变家长的教育和管理观念

首先,学校要通过广泛的宣传,提高家长参与管理的意识。家长要认识到参与家长委员会是自己的权利与义务,建设好家长委员会对学校和学生都有很大好处,要认识到家长委员会的意义,具备迫切参与的愿望。一直以来,家长和学校的关系是不对等的,家长处于服从地位,学校处于主导地位。因此,有必要使家长认识到:家长和学校的关系应该是对等的,管理和教育学生不完全是学校的责任,而是家长和学校共同的责任,家长和学校应构建以合作和服务为核心的新型关系。其次,学校应采取措施调动家长的积极性,争取家长的理解与支持。学校可以通过广泛的宣传,并且以实际行动使得家长相信家长委员会能够真正地代表家长的利益。

二、规范管理,完善机制

(一) 加强对家长委员会的指导

学校加强对家长委员会工作的指导是家长委员会正常履行职能的保障。学校应根据教育教学的实际情况,制订指导家长委员会的工作计划和工作发展规划,坚持完成计划工作,保证逐项落实。在加大指导和引导力度的同时要注意抓典型、作宣传,善于总结好的工作经验和做法,不断创新和完善家长委员会工作机制,定期将家长委员会工作纳入学校常规制度建设的重要内容中,并加以不断完善。学校应提供单独的家长委员会办公室和必要的办公条件,并成立学校家长委员会的工作指导小组,加强对家长委员会工作的指导,加强对家长委员会工作的督导检查,及时发现问题,指导解决问题,将家长委员会的工作实实在在地开展起来。

(二) 制订家长委员会章程,明确家长委员会的性质与职责

学校的家长委员会应该在校领导的指导以及相关处室的协助下开展工作,并严格制订

组织章程,明确家长委员会的宗旨、成员的权利和义务等。只有在章程的约束下,学校教师及家长才会有一个共同需要遵守的准则,教师才会摒弃传统的高高在上的权威意识,接受来自家长方面的监督。家长委员会旨在促进家庭和学校形成教育合力,促进孩子成长发展,家长委员会通过组织实施家长学校、亲子活动等家长教育活动,提高家长的教育素养,提高家庭教育的质量,让孩子自由快乐地成长。家长委员会的性质决定了其主要职责,包括参与学校监督和管理、参与学校教育教学以及组织家长协助学校做好家长工作等。因此,通过制订家长委员会章程,明确家长委员会的性质和职责,才能使家长委员会履行其应有的职能。

(三) 健全家长委员会的组织管理体系

家长委员会的功能能否有效发挥,不仅受到外在的政策法规、家长和学校的认识水平以及其他社会力量的影响,更受到来自组织内部的决定性制约。组织结构的健全与否直接决定家长委员会的执行力和影响力。构建完善的内部组织机构关系到家长委员会各项工作的组织落实,是家长委员会建设不容忽视的一个关键环节,每所学校都应该根据本地、本校的具体情况建立起家长委员会的组织结构。家长委员会的常设机构包括家长代表大会和常务委员会。此外,还可以有下设机构,比如专业委员会、专业部门、工作小组等,具体机构设置可以依据学校实际情况而定。学校也可以在校级家长委员会的基础上成立年级家长委员会、班级家长委员会,建立起学校内部的组织结构体系,明确分工,层层落实,共促家长委员会工作的顺利开展。

三、各方监督,发挥职能

(一) 拓宽家长委员会外部监督渠道

家长委员会组织的有效运行还需要内外部各方的监督,才能真正保证组织自身职能的切实发挥。一方面,教师要经常与家长沟通交流以了解家长的意愿,学校要通过校务公开与开通征询家长意见等反馈渠道获取家长的意见、建议,家长委员会要通过内务公开、发行内部刊物、征询家长意见活动、开通网络沟通渠道以了解家长的反馈意见。另一方面,要鼓励家长自愿组织各类团体,参与家长委员会具体工作,同时实施监督职责。

(二) 融合资源,促进学校发展

家长委员会要定期召开家长委员会会议,听取学校关于发展规划、教育教学工作安排等方面的情况介绍,就学校发展中的重要问题进行研究,为学校的发展献计献策。同时,建立家长委员会和学校定期沟通协调的议事机制，就学生家长、学生、社会等反映的有关问题及时与学校沟通协商，为学校发展创设有利环境，帮助开展家庭教育工作。家长委员会还可以选派家长委员列席学校校务、教务等会议，与学校一起组织家长听课、家长接待日，参与对学生和教师的评价，帮助学校改进和完善教育教学工作。

经 验 分 享

在实际工作过程中，学校领导要重视家长委员会建设，同时也需要对家长委员会加以规范管理，才能更好地开展家校合作工作，促进孩子健康成长。

一、提高认识，重视家长委员会建设，搭建工作平台

首先，校领导与教师要高度重视家长委员会的工作，做好该工作的周密准备和细致指导。在家长委员会成立之前，学校需做好以下几项准备工作。

（一）组织构架

在学校层面成立德育副校长或德育主任为组长，家教专干为副组长，相关的行政、年级组长或班主任为组员的家校合作领导小组，为指导家长委员会工作提供强有力的保障。

（二）调查了解

学校可以通过两种途径对家长进行初步的摸底调查和了解：(1)调查家长。学校领导或教师可以通过家长留在学校的个人信息，也可以通过面对面的方式，有目的地物色家长委员会相关人选。比如值日行政每天关注学生上学和放学期间，家长的晨送、晚接情况，那些接送准时、主动交流、表达清晰、态度从容的家长就可以再度深入了解。(2)问询班主任。通常，班主任对学生家长相对比较了解，所以学校可以通过问询班主任，了解本班家长中符合接送准时、主动交流、表达清晰、态度从容这四个条件的，推荐他们作为家长委员会的备选人员。

（三）候选名单

以学校、年级、班级为单位，学校家校合作领导小组对备选人员进行深入了解，从时间、能力、人品、表达能力和个人意愿等方面，拟定三级家长委员会候选名单。

（四）确定时间

确定三级家长委员名单后，就可以确定召开成立家长委员会的时间了。

（五）设立办公室

学校提供合适的场所，悬挂牌匾，作为家长委员会的办公室，为工作的开展做好充分的准备。

（六）召开成立与选举大会

分别召开校级、年级、班级三级家长委员会的选举工作，通过无记名投票的方式选出会长、副会长和下属机构的部长（行政部、执行部、宣传部、外联部、后勤部、财务部）、组员若干，颁发任职荣誉证书，目的是人尽其才、分工合作。同时，宣读章程与管理制度（可参考附件14、15、16），做到制度化、规范化。

（七）召开第一次全体会议

家校合作领导小组召集当选的家长委员会成员，重新学习章程和制度。同时，商讨制作家长委员会的会旗、会徽、会服，创作会歌，设立基金。家长委员会基金可通过学校拨给和家长自筹等方式进行，家长自筹方式可通过每人等额或自愿捐赠两种方式进行，筹集的资金专款专用，定期公布，结余自动转入下一届。

二、三级评价促进家长委员会建设务实共赢

（一）家长评价学校

家长委员会最重要的工作职能就是支持和监督学校工作，可通过以下几方面全面、深入开展：

1. 定期召开例会

在学期期初、期中、期末等重要时间点，召开例会，了解学校工作开展情况。

2. 巡视校园

在巡查过程中，把学校管理中的亮点和不足记录下来，反馈给学校领导，作为学校工作改进的依据。

3. 食堂陪餐

参观学生食堂饭菜制作过程，翻阅消杀记录，陪伴学生用餐，把意见反馈给学校。

4. 重要事件表决

学校发展规划、学生研学活动方案、教师校本研训方案、校服购买、食堂及校车费用等都

可以充分听取家长委员会的意见,并表决通过。

5. 参与家长开放日的组织

在家长开放日活动中,家长委员会成员组织家长分时段观摩课堂教学、课间操、眼保健操等,并收集家长观摩后的意见和建议,及时向学校反馈。

6. 及时反馈家长意见

家长委员会成员如发现全体家长中有意见未能解决的,可及时向学校家校合作领导小组反映。

7. 利用传统媒介宣传

家长委员会充分利用画册、折页、书刊、杂志等传统的模式,大力宣传各项活动,同时建立档案,保管好相关文件。

8. 利用新媒体宣传

新媒体具有及时高效的特点,如微课掌上通、微博、微信、QQ群等,都是即时便利的有效宣传途径。家长委员会可通过这些新兴媒体,大力宣传学校的护学岗、大课间、家访、捐款活动、敬老活动、助学活动等,传递学校正能量。

(二) 学校评价班级

1. 以评促发展

学校可以通过评选"家校和谐班级",促进班级家长委员会工作的快速发展。

2. 家长征文评选

家长育儿过程中的得失可以通过征文的形式进行总结,不断提升家教的水平,增强幸福感。

3. 开展亲子活动

学校《家校和谐班级评比方案》实施过程中,亲子活动的开展是其重要指标,以此促进班级家长委员会积极组织班级亲子活动。

4. 家长送课活动

家长送课旨在发掘家长中的优质资源,丰富学校教学内容。送课家长的主题选择、内容确定和方式方法的运用可以发挥班主任和家长委员会的集体智慧。

(三) 孩子评价家长

家长委员会协助学校开展"家长学校"的授课与评价工作。家长学员的作业可以由家长委员会批改,更可以让自己的孩子批改;家长学员结业考核,要由最有发言权的孩子来评价,结业典礼上,提倡孩子给家长颁发结业证书。这可以令孩子体会长大的感觉,也可以让家长给孩子树立良好的榜样，换位思考孩子的不容易，增进亲子相互之间的理解与信任。

三、三级家长委员会工作实例分享

学校成立校级、年级、班级三级家长委员会后，可以定期开展工作，如家教俱乐部、班级文艺汇演、美食分享会（参见附件17）、班级文化布置、校运会义工、家长旗袍队、依法治校研讨会等。一方面，可以增强团队凝聚力；另一方面，可以反映家长意见，帮助解决班级矛盾。

（一）家教俱乐部

为提高家长育儿智慧，分享育儿心得，家长委员会可以定期组织家教俱乐部活动，确定主题并向家长发布，家长自愿报名，先报先得。活动以家长身边的真实家教案例为引子，以讨论的方式展开思维的碰撞，大家知无不言，言无不尽，并邀请专家进行点评引导，最后总结提炼出若干正确的、可操作的家教方法。

（二）家长义工

对学校校运会、文艺汇演、科技节等大型活动，家长委员会成员和家长志愿者提供力所能及的人力、物力支持。家长学校每月一课，家长委员会从签到、引导入座、主持、拍照、简讯写作和作业批改等方面全方位协助。同时，每天开展常规化的护学岗活动等，使得家校取得全方位合作共赢的效果。

（三）家校研讨会

在依法治校框架下，德育处组织年级组长和优秀班主任代表、校级家委会成员，与教导处、后勤处的领导一起，召开依法治校研讨会。在会上，学校法律顾问从平时家校合作过程的真实案例入手，分析案例中的法律点；德育主任做总结，明确家校合作过程中家长表达诉求的方式和途径，以及学校处理投诉的流程，增进家校合作共识，规范办事流程。

案 例 导 入

"家长志愿者"能不能不自愿？

近日，孩子在一所小学读一年级的李先生吐槽，班主任的一些做法让他颇为苦恼。

从李先生提供的聊天记录中可以看到，该老师在 QQ 群中征集家长到学校来帮助完成学籍录入工作，并明确表示："家长积极参加班级活动、支持学校工作，可作为以后评选学生各项荣誉的标准。"

李先生表示："暂且不说这些本来就是老师的分内工作，不应该由家长代劳。大家想想，老师以家长的表现作为评价孩子的标准，是不是不公平？是家长上学还是孩子上学？"据了解，让家长参与学校事务的情况并不少见。不少家长都体验过各式各样的"家长志愿工作"：在上下学的高峰时段，由"家长志愿者"来维持秩序；有些学校还要求家长到校打扫卫生、参与学校管理或帮老师组织活动等，引起不少怨言。

孩子读三年级的刘女士在朋友圈发牢骚："每天打开我孩子班级的家长群，都显示新信息'99＋'，家长排课表、家长做卫生、家长发作业、家长安排运动会……我们也有自己的工作，怎么感觉成了学校的义工？"刘女士说，孩子上小学以后，班主任连打扫教室卫生、组织运动会也都交给家长，她每个学期都要向单位至少请两次假，到学校参加活动。"班级群变成了另一个工作群，几乎每天都要在里面领任务。我工作忙，确实有点难以招架。有些工作，明明是老师和学生的分内事，为什么要家长来做？这是给家长增负来给老师减负。而且像做清洁、组织活动，其实也是教育的一部分，完全可以由老师引导学生自己尝试，无需家长代劳。"

学校给家长布置的任务，可不可以选择不去？这"家长志愿者"能不能不自愿？有家长表示,有的老师很看重家长的参与度,为了孩子,就算请假也得去。也有部分家长表示乐在其中,认为孩子成长过程中父母肯定要有所牺牲,应该尽量配合学校。

内 容 解 释

一、家长志愿者服务组织与实施中的主要问题

相关调查显示,几乎所有开展家校合作工作的学校都在轰轰烈烈地开展家长志愿者活动。家长志愿者们均利用业余时间,不计任何报酬地参与学校服务,在"统筹资源,合理运用;参与管理,合作共赢;搭建平台,提高素养"的工作指导思想下,家长们参与和协助学校日常的教育教学活动,如升旗仪式、教研活动、大型集会、社会实践活动等;参与和协助校园安全管理,如校门护导、食堂卫生检查、周边治安环境协查、大型安全演练,文艺汇演活动等;参与和协助学校其他工作,如教育教学工作检查、卫生整治等突击任务。在学校教育教学管理的方方面面,家长们转变角色,由一个"旁观者"转变为一个"参与者",履行职责,发挥作用。

然而,各校家长的参与意愿和实际参与度存在着很大的差异。在志愿活动中,除了班主任或志愿者在群里通知家长来做志愿活动的时间、活动时安排志愿者家长签到、活动后安排退签之外,家长做了什么,家长的感受怎样,志愿工作是否切实起到作用,学校从没有调查了解过,学生也不一定知晓家长为学校所做的义务服务。

结合上述案例可以看出,对于家长志愿者服务的组织与实施,容易出现以下问题。

(一) 家长方面

1. 家长对于学校组织的志愿者服务不了解、不理解,怕自己的"不配合老师"会影响孩子,被动参加

案例中,就到学校做"志愿者"而言,家长实际上持有不同的观点。学校请家长参加学校的一些工作或事务,站在学校的角度当然也有一定的道理,学校会认为有利于加强家长与教师的沟通,有助于提升家长参与教育的意识等。而一些家长有不同的看法,比如有的家长认为会影响工作、分散精力等。家长充当志愿者,每天早上、中午、下午三个时段为学校站岗执勤来维持学校门口的交通秩序,连打扫教室卫生、组织运动会也都交给家长,这是不折不扣

地替学校"打工"了,而且是完全义务的。学校虽然表示要求各位家长轮流值日,以"家长志愿者"的名义,甚至"不是强迫",但是这个"家长志愿者",有多少"自愿"的成分? 学校把给家长的任务发布在班级群中,这无形中就有一种倡导和号召的意思。而孩子们正处在一个争强好胜、积极向上的年龄阶段,这样一种形式的志愿对孩子们来说,更像是一种必须。正像一位学生家长表示的那样,"其他家长都来,你不来,孩子会怎么想? 老师会怎么想? 就算心里有想法,也不好说。"这样的"自愿"还是自愿吗? 家长终归是家长,既不是接受教育管理的孩子,也不是承担学校教育的老师,如此频繁地给家长分配"工作",会严重影响到家长们的正常工作和生活。更何况,学校针对孩子开展的一些活动,如打扫卫生、组织学生开展活动等,完全可以由孩子们自己安排解决。由家长"代劳",让孩子们失去了体验劳动和开展组织管理的机会,对孩子们的成长未必有利。

2. 家长到学校参加志愿者服务的机会差异很大,存在明显的阶层特征

学历越高的家长,参与志愿者服务的比例越高。有调查显示,小学学历的家长参与率为10%,大学学历家长的参与率则达到18.8%,几乎是前者的两倍。在职业地位、收入水平和社会关系方面也呈现类似的特征。

3. 家长参与志愿服务的"意愿"和"行动"存在差异

有调查数据显示,对于参与学校的志愿服务,有"意愿"的家长比例达到63.7%,而有"行动"的家长比例却只有14%。为什么会形成如此大的差异? 重要的原因是那些有意愿而没有行动的家长,他们的期望呈多样性甚至个性化。当学校组织的志愿活动的内容、形式、时间、地点不能满足他们的参与意愿时,如果强制,非但家校不能"合作",还可能会成为家校矛盾和冲突的导火索。

心理学原理表明,家长合作的态度取决于合作是否满足了他们在教育孩子方面的需要。当学校满足了家长的合理要求时,家长合作的愿望和热情会更高,态度也会更积极,而"家长志愿者"正是给了家长这样一个平台,激发了他们参与学校教育的兴趣与热情。所以,我们首先需要了解家长的意愿,然后精心组织家长志愿者活动。

(二) 教师方面

1. 对家长志愿者认识不足,组织时出现"乱摊派"现象

家长志愿者可以是学校教育资源的有效补充,是教师的合作伙伴,但毕竟不能替代教师,该教师做的事还是应该由教师自己来完成。例如案例中的请家长帮助完成学籍录入、安排运动会,总有"让家长干老师的活"的嫌疑。

2. 对家长情况不了解,在组织家长志愿者服务过程中有"拉郎配"现象

有关家长参与学校教育的大多数建议都是基于这样一些假设,即家长是关心他们孩子学习的,是愿意参与和支持学校工作的,而且是有能力去教他们孩子的。然而,这些假设对所有的家长来说并不全是真实的。首先,一些家长虽然关心孩子的学习,但缺乏必要的知识和技能,他们不能配合学校对孩子进行有效的辅导。其次,有些家长缺乏参与的动机,对孩子教育重视的程度不够,也懒得主动与学校联系。对他们来说,学校就像是一个免费照管孩子的机构,只要孩子保证人身安全,其他的事情几乎不主动参与。最后,也有些家长因工作繁忙,没有时间参与学校教育,或由于文化水平低、观念落后等原因而不能有效参与学校教育工作。从客观公正的角度而言,学校作为教书育人的教育机构,显然更应该多听听家长的意见和看法,而不是单方面仅考虑自己的需求,只按照自己的判断来安排家长参与学校的工作。

3. 对家长志愿者指导不到位,为保证家长参与率唯有以评价"绑架"家长

评价是指挥棒,通过评价制度来引导和推动家长参与志愿者活动是应该的,但把对家长的评价跟对学生的评价捆绑在一起就不对了,这样的"评价"不但不能调动家长参与的积极性,反而容易引起家长的反感。

(三) 学校方面

案例中的老师组织家长做事,随意性很大,基本上只考虑自己的需求,没有换位思考家长的接受能力,包括家长的时间、文化水平等能否胜任自己提出的任务。可见,学校没有起到引导和指导的作用。

二、如何解决家长志愿者服务组织与实施中的问题

当今世界各国已普遍认识到,青少年儿童的教育仅仅靠学校单方面力量是难以完成的,需要社会各方面的通力合作。正如《中共中央国务院关于深化教育改革,全面推进素质教育的决定》中所言:"学校、家庭和社会要互相沟通、积极配合,共同开创素质教育工作的新局面。"国家教育主管部门已经意识到了家校合作在现代教育中的重要作用与地位,把家长和其他有识之士纳入学校合作伙伴范围之内,形成社会教育、家庭教育、学校教育和谐共育的局面,已是大势所趋。那么,如何实现家庭教育与学校教育的有机结合? 怎样调动家长的积极性,使他们重视、关心和积极参与中小学教育呢? 怎样才能科学地利用"家长"这个教育的"活的资源"呢? 这就需要我们大胆创新家校合作新模式,明确定位,主动邀请家长中的志愿

者,组建家长服务组织,全面参与学校教育教学全过程,让家长志愿者在学校教育与家庭教育之间起到桥梁纽带作用,而且形成强大的教育合力,确保学校教育教学的实效性,促进孩子健康快乐地成长。

(一) 明确概念

志愿者是一个没有国界的名称,指的是不为物质报酬,基于良知、信念和责任,自愿为社会和他人提供服务和帮助的人。注册志愿者是指按照一定程序在团组织、志愿者组织注册登记、参加服务活动的志愿者。

志愿服务是指在不求回报的情况下,为改善社会、促进社会进步而自愿付出个人的时间及精力所作出的服务工作,践行"奉献、友爱、互助、进步"的志愿精神。

家长志愿者是指以志愿者身份参加学校各项活动的家长。据有关研究显示,从19世纪中后期美国公立学校的建立开始,一些富有远见的教育实践者就提出了家长应当参与学校教育,打破学校与家长关系的隔离状态,家长参与学校教育的意识开始萌芽。至20世纪80年代,美国的家长以"支持者""决策者""学习者""志愿者"等角色参与学校教育运动已经走向成熟,家长参与学校教育的理念已走进人们社会生活的各个方面。

(二) 了解意义

在美国,家长几乎是以志愿者身份参加学校的各项活动。一方面,家长发挥了支持学校教育的作用;另一方面,通过与孩子共同的游戏,使家长更了解孩子的发展状况,从而有效促进家长与孩子的沟通。

在我国,中小学现行管理体系中,家校互动途径可谓不少,如建立家长委员会、举办家长学校、设立校园开放日、举行家长会和家访、校园网开设校长信箱等。这些途径虽然发挥了一定作用,但由于其组织松散、时间有限,多流于表面,针对性和时效性均较差,局限性显而易见。为消除以上弊端,家长走进校园做志愿服务是一种行之有效的办法,已经发挥了积极的作用。它不仅是对家校合作方式的一种有益尝试,是家长对教育尽责的一种表现,而且是社会重视教育的进步体现,有利于教师与家长的关系协调和情感沟通,是学校朝文明和谐方向发展的重要标志。

1. 家长志愿者服务改进了学校教育管理

联合国教科文组织在其报告《教育——财富蕴藏其中》中指出:"吸收社会各方面参与决策是改进教育系统的管理方法之一,也可能是一个重要手段……应该创造条件,使地方一级的教师、家长与公众之间更好地合作。"实践中,绝大部分家长都非常关心学校的日常管理和教学,尤其是低年级家长,对学校教育教学管理表现出的热情极大。他们希望通过各种途径表达自己对学校管理和教学的意见、建议,比如通过在微信群留言、参加家长会、开放日到校参观等,有些家长则直接向班主任和校长提出建议和意见,并希望自己的建议被学校采纳。实际上,家长进校做志愿者,能更多地发现学校管理中的问题,更好地为学校工作献计献策。如某校成立家长志愿服务队一年多,先后收到建议42条,其中90%被学校采纳,促进了学校教育教学管理的优化。

2. 家长志愿者服务实现了家校教育同步

苏霍姆林斯基说:"教育的效果取决于学校和家庭的教育影响的一致性。"家长通过家长会、家访等向教师了解孩子在学校的表现是间接且不全面的。学校成立家长志愿者服务队,为家长走进学校、全面了解孩子的在校表现创造了条件,给家长和教师近距离深入交流提供了平台。通过到校从事志愿者服务,家长可以了解学校的教育教学运作情况,全方位地了解自己孩子在校学习生活的环境和状况,证实或改变对孩子的看法,增进对孩子的理解和沟通,进而更好地调整自己的教育方式。有的学校成立家长志愿服务队后,家长积极与教师探讨孩子的教育问题,支持和配合学校对孩子进行教育,从吃好每顿饭、带好每件学习用品、上好每节课、完成好每次作业、做好每次值日生入手,积极培养孩子良好的学习和生活习惯。在教育过程中,家长们充分感受到学校教育能否顺利进行,学生在校表现怎样,都与家长有密切的关系,由此形成与教师一致的教育意见,真正实现了学校教育与家庭教育的和谐统一。

3. 家长志愿者服务密切了父母子女关系

家长参与学校管理,使学生看到了父母全新的一面。共同的生活体验,为家长和学生提供了共同的话题,为双方进行深层交流和了解提供了契机。例如某学校一名学生在学习及性格发展上都非常不错,可母亲对其仍然总挑毛病,母子关系有些疏远。后来,这名母亲到校做了一名教学组的志愿者。参与班级的一些教学管理工作后,她对自己孩子的看法有了改变,对儿子宽容了、认可了,母子关系有了根本性的改善。

4. 家长志愿者服务树立了孩子的学习榜样

家长是孩子的镜子,孩子是父母的翻版,家长的言行对孩子会产生潜移默化的影响。家长到学校做志愿者,让孩子从小受到服务社会、贡献社会是每个公民的义务和责任这种价值观的影响,有利于孩子的成长。同时,家长对学校的奉献还能增强孩子的自豪感,激发孩子的上进心,对孩子的成长大有裨益。某校开展家长志愿服务一年多后,四年级一位同学对做了家长志愿者的妈妈说:"妈妈,我为您感到自豪!您在家那么辛苦,给我们做饭、洗衣,指导我学习,还要抽时间来做志愿者,很了不起!我以后要好好学习,照顾好妹妹,不让您为我们操更多的心。我还要向妈妈学习，乐于助人。"可见家长参加学校志愿者服务对孩子的良好影响。

5. 家长志愿者服务提高了学校声誉

有调查数据显示，在家长对学校的正面评价方面，启动了志愿者服务项目的学校，有96.7％的家长都给出了正面评价；而没有启动的学校，只有84.3％，两者差异显著。家长进学校参与志愿服务，除了给予学校直接的资源和劳动力支持外，还让家长了解了教师的工作，增进了相互理解，显著提升了家长对学校的正面评价，改善了学校的办学环境，可以促进教育改革和发展的良好生态形成。

6. 家长志愿者服务丰富了学校教育资源

家长文化结构多样，分布于社会各个行业、阶层，显然是一笔巨大的教育资源。学校可利用家长的个人优势，更充分高效地开发校外教育资源，使某些社会资源为学校免费或优惠使用。如擅长打羽毛球的家长进入学校羽毛球队做助教，做医生的家长为学生开设生理课、健康饮食课，做交警的家长为学生开设交通安全课，在教育系统工作的家长为其他家长开设家庭教育讲座等，不仅具有极高的专业性，而且会有很好的实效性。再如，学校举行大型活动时，许多家长志愿者自愿担任解说、摄影、摄像的工作；开展班级文化建设时，家长们主动提供各种材料，为孩子们创造学习和接受良好教育的条件；一些家长利用其职业优势和自身技能，为学校学生提供参观和活动场所。还有的学校地处城市繁华路段，学生上下学时间交通拥堵，以往学校行政、教师值班人手不够，有了家长志愿者后，他们和学校人员一起在学校大门口进行秩序管理，引导、提醒、纠正学生的交通行为，有效杜绝了学生交通意外事故的发生……家长志愿者积极参与学校教育，成为促进学生健康成长的重要教育力量。

工作要求

学生是学校教师与家长沟通的纽带，家长的义举善行理应让孩子了解且引以为荣，并从中感知帮助别人、乐于奉献是美德、是善行，是值得效仿和尊重的。所以，学校是否能将做志愿工作变得不那么流于形式呢？是否可以将志愿工作的范围再扩大一些呢？是否可以让家长和孩子们共同参与从而使孩子们明白做志愿工作的真意呢？学校是否能将家长们参与的志愿服务通过合适的方式进行宣传和表彰，进而让孩子们引以为荣，让他们从小就学会奉献自己、彼此关爱、相互帮助、感恩于心,而不是让"助人为乐"停留在学校思想品德课的课本上或口号中?是否能营造环境将家长的志愿服务所包含的爱心和社会责任感传递给我们的下一代,让他们知道帮助别人、快乐自己是人应该拥有的优良品性和美德,从而让帮助别人、乐于奉献变得自然而平常?答案都是:可以的。

一、成员招募建档

由家长委员会或者学校德育处牵头,通过充分宣传,向家长发布倡议书,以自愿原则招募家长志愿者。一般来说,家长对学校教育都具有关注的热情和参与的愿望,这是广大家长参与学校志愿者服务活动的根本动力。但家长志愿者毕竟是一项新生事物,家长对其内涵、意义、作用知之甚少。为更好地调动家长参与志愿者服务的积极性,学校需要加大专项宣传。同时,家长的参与要建立在自愿的基础上,不得以任何强制方式要求家长参与。因为受学习、工作、家庭等方面的影响,并非所有家长都有时间参与,因此,在进行家长志愿者服务活动前,要发动家长自愿报名,让家长根据自己的专业特长、兴趣、爱好、空闲时间等参加学校志愿者服务项目。

具体招募,可在每学年开学第一周召开家长会时,由学校德育处或家长委员会组织家长动员会,发放学校统一印制的报名表,在报名表中列出家长志愿服务队工作选项、服务时间选项、家长专业特长、联系方式等,由家长自愿选择。每次动员会后,组织力量将所有自愿报名的家长志愿者信息录入电子表格,建立学校家长志愿者信息资源库。最好能根据一定的标准如专业特长、预定参与时间等进行汇总归类。

要发挥家长志愿者的作用,就要全面地了解他们,不仅要熟悉他们的经历背景、知识经验、兴趣特长,而且还要了解他们志愿工作的时间和空间,发现他们独特的知识经验,他们是情愿到学校来帮忙,还是情愿在家里给学校帮助。

怎样才能更好地了解家长呢?问卷调查是普遍采用的方式。

问卷表一般包括以下三个部分:(1)指导语,如"亲爱的家长,我们需要志愿者来帮助学校实施教育方案,您可以在家里或在学校里提供帮助,和我们分享您的时间和才干"。然后再介绍家长志愿者的作用。(2)分享的活动,列举一些可供家长选择去做的事情,欢迎家长提出意见和建议。(3)家长志愿者的基本信息,如姓名、电话号码、住址、职业、兴趣特长以及孩子的姓名和班级。

二、完善组织体系

要制订家长志愿者服务章程,包括家长志愿者服务队名称、口号、组织架构、工作职责、工作内容、服务时间地点、服务要求等具体事项。要明确分管部门和责任行政人员,做好建立队伍、完善制度、具体安排、科学组织等工作,以真正发挥家长志愿者服务组织在学校教育教学管理工作中的作用。

三、组织合适的培训

家长志愿者来自各个行业、各个专业,文化层次参差不齐,因此有必要对家长志愿者做系统的培训,通过分阶段、分层次、分组,有计划、有组织地对家长进行培训,引导家长树立正确的教育观念,掌握志愿者服务基本知识、学校规章,学会听课、指导学生、值日等基本方法,明确家长志愿者的服务职责、服务要求等,提高服务质量。可采取"请进来,走出去"的方式加强专业培训,通过聘请专家、外出和其他学校的家长志愿者交流等形式,加强对家长的培训,提高家长的服务意识。方案实行之初,家长志愿者的眼睛往往只会盯着自己孩子的班级,甚至只盯着自己的孩子,因此,要引导家长树立全局观念,明确家长志愿者是为全校学生服务的,从而自觉做到按学校教育教学需要参与志愿活动,服务全校师生。

1. 培训的内容和重点

通过培训向家长志愿者提供各种信息,这些信息主要涉及学校、学生和家长志愿者这三个方面。主要有以下内容:(1)学校的基本情况、房舍安排、办学思想、办学规划等,使家长志愿者能尽快地适应学校的环境、熟悉学校的情况。(2)对学生成长规律的认识、与学生交往的规则,让志愿者知道他们和学生相处的时间、内容、程度和方式。(3)志愿者的职责任务和权利,让志愿者知道他们的角色和教职工是不同的,他们是教职工的帮手而不是取代者。(4)志愿者的监控,即他们对谁负责,他们能向谁提出问题,谁来评估他们,他们能向谁寻求帮助,当遇到紧急情况而不能到学校时,要能找到一个人来替代自己或者跟志愿者协调员取得联系。(5)做好保密工作,由于志愿者经常到学校来,他们知道学生的许多个人信息,所以必须使他们牢记,有关学校和学生的信息是不能向家庭和朋友透露的,如果学生在学校发生了什么事情,应该由教师而不是他们去告诉学生的家长。

2. 培训的时间和形式

可以集中在一天或半天进行强化训练；也可以利用一周或更长的时间，对家长志愿者进行分散训练；还可以由学校提供相关的资料，如《家长志愿者手册》，鼓励家长志愿者利用业余时间进行自培。

"先培训，后上岗""集中培训和个人自培相结合"等举措，既能使家长志愿者深入了解学校的结构和制度、课程的目标和实施、儿童的学习和发展、活动的形式和策略，又能充分发挥家长志愿者的主动性和积极性，使他们能够更好地理解自己的权利和义务、学校和教师对自己的期待，从而使学校和家庭的合作共育从必要走向可能。

四、明确服务内容

家长志愿者服务活动要根据学校工作计划，结合学校的办学理念和个人工作实际情况，采取集中与分散、定期与经常相结合的方式进行。广大家长志愿者在开展好日常的经常性服务的同时，还可以通过开展活动日集中服务、设点服务、结对帮扶服务、专题服务等活动方式，开展有组织的志愿服务。主要内容可以设置如下：

协助组织全校性大型活动类：开学礼、结业礼、文艺汇演、入学礼、毕业礼、科技节、校运会、"六一"游园活动等。

日常服务类：上学放学护校岗、爱心斑马线、巡查校园安全隐患点、食堂卫生检查等。

助教类：听课协助教研、发挥自己特长（如医生、交警等）给学生上主题课、组织课后兴趣小组等。

其他：协助做好特殊学生或特殊家长的思想教育工作、协助班主任的班级管理工作、宣传学校的教育教学理念和办学成果、协助学校开展对外服务窗口工作等；以"亲子志愿者"的形式走向社会，进行环保宣传、图书馆维序、到敬老院爱心探访等。

五、精心组织活动

每次活动，都应根据学校实际情况，制订详细的可操作的实施方案。需要强调的是，在安排家长志愿者工作时，既要根据教师的需求、学校的需求，更要根据家长的特点来安排。把他们放在适宜的岗位上，才能发挥他们的长处，提高工作效率。上面所提到的"建档"工作很重要，学校就是要深入细致地了解每位家长志愿者的优势和强项，避免使用他们的劣势和弱项。

如何激活、在多大程度上能激活不同阶层家长的意愿？满足家长多样化、个性化的参与意愿，一个重要的改进思路，就是设计适合不同阶层家长意愿的志愿者活动并提高活动质量，包括寻找方便各个阶层家长参与的时间和地点、考虑不同群体家长技能特长以及满足个性化需求等。

六、评价表彰促进

（一）对接社会志愿服务体系，实行"志愿服务记录"，让学校志愿服务成为社会公民的"加分项"

近年来，党中央、国务院对志愿者队伍建设和志愿服务活动非常重视。《中共中央关于构建社会主义和谐社会若干重大问题的决定》和党的十七大报告作出了建立和完善社会志愿服务体系的重大战略部署。《中华人民共和国国民经济和社会发展第十二个五年规划纲要》进一步提出要"广泛开展志愿服务，建立完善社会志愿服务体系"。2012年召开的第十三次全国民政会议明确指出要"探索建立公民志愿服务记录制度"。志愿服务记录，是指志愿者组织、公益慈善类组织和社会服务机构以纸质材料和电子数据等载体记录志愿者参加志愿服务的信息。相应的组织和机构会安排专门人员对志愿服务记录进行确认、录入、储存、更新和保护，并接受登记管理机关或者业务主管部门对志愿服务记录工作的监督管理。

为了肯定、激励优秀志愿者，依托志愿服务记录建立星级评定制度，是国际志愿服务管理的通常做法。东莞市志愿者协会就依据已认定的注册志愿者服务时间，实行星级认证制度和奖章授予制度，结合注册志愿者的服务业绩，推荐其参加评选表彰活动。志愿服务记录时间累计达到30、60、100、200、300小时的志愿者，可以依次申请认定为一星级、二星级、三星级、四星级、五星级志愿者。对星级志愿者认定后，由注册机构在其注册证及相关标识上进行标注。注册志愿者获得"五星志愿者"后，参加志愿服务时间累计达到500小时的，授予东莞市志愿服务奖奖章；累计达到800小时的，经东莞市志愿者协会推荐，由省级团委、志愿者协会授予奖章；累计达到1000小时的，经推荐，由共青团中央、中国青年志愿者协会授予奖章。连续专门从事志愿服务超过6个月的，可视情况直接授予奖章。

（二）学校积极对家长志愿者进行评价，提高其参与热情和动力

要保证家长志愿者的稳定性和学校发展的连续性，就必须及时对家长志愿者及其活动方案进行评价。学校和教师及时总结家长志愿者活动的经验，一方面可将有限的实践成果发扬光大，另一方面可从失败的案例中找出问题，商讨解决方案，使家长志愿者服务不断完善。学校结合国家及地方政策，相应建立家长志愿者服务登记制度，每次服务后及时做好服务表的填写；每学年（或学期）根据家长志愿者参加学校服务记录的工作量，将参加服务时间较长、工作成效优良的家长评为优秀志愿者，召开总结表彰会予以鼓励。同时，每学期初举行优秀家长志愿者经验交流会和新志愿者入会仪式，以优秀志愿者的事迹影响新志愿者，开拓学校家长志愿者工作新的局面。

一是把自评与他评结合起来。学校把家长志愿者看作评价的主体，也看作评价的客体。在实施评价时往往分三步走：第一步是家长志愿者对自己进行评价，第二步是教师对家长志愿者进行评价，第三步是家长志愿者对活动方案进行评价。在评价时，应主要引导家长志愿者关注以下一些问题：作为一名家长志愿者，你做了哪些工作？你对家长志愿者工作是否满意？你认为自己是否有充足的时间和教师一起讨论学生及其分配的任务？你是否定期来学校？你和学生的关系如何？……二是把评估和表扬结合起来。学校在评估每个家长志愿者时，十分关注他们的积极行为，认可他们所取得的成就，赞扬他们的奉献精神。学校通过给家长志愿者颁发证书和奖状来肯定他们，通过给他们写感谢信、发小礼品、举办晚会、在报纸杂志上宣传、在学校宣传栏宣传等方式来表达谢意。

总之，学校在实施评价时应注意把科学性和艺术性结合起来，使家长志愿者能正确地看待和对待自己的工作，不断提高工作的积极性和创造性。

七、积极创新做法

（一）积极调动家长的聪明才智，集思广益

就目前而言，志愿者活动的策划、组织和安排大部分是由学校的教师进行的，家长和学生起配合作用。但是这在一定程度上局限了家长的思维，也抑制了家长参与策划的积极性，所以，能够调动家长的聪明才智集思广益，对志愿者活动的长远发展有着积极而深远的影响。家长参与的重要途径是发挥他们的主观能动性，积极调动他们的热情，让他们自主思考，自主探究，自主策划。如以家庭的模式讨论活动内容、设计活动主题、操办活动安排等。让学生也能和家长一样，在这样的活动中体现自我存在的价值，感受志愿活动带来的快乐。

（二）开辟活动渠道，创新活动内容

1. 面对社区，凸显特色

社区和学校都是学生生活和受教育的主要场所，所以学校可与社区联合，根据社区的特点，针对不同志愿者的特点，开设有创新性、实用性强的志愿活动项目，如家庭生活教育结对子、文体活动义演、社区大扫除、社区知识宣传等，可以对学生的成长和社区的稳定和谐发展

起到积极的作用。

2. 灵活的服务方式

志愿者活动就目前而言大部分采用的是大规模一体式的服务,由学校统一组织安排,家长和学生自愿参加。这样的方式和方法忽视了家长和学生的个体爱好,对于一些特殊情况,如想要参加活动却因时间问题无法安排,则不能考虑周全。针对这一问题,可以采用集体活动与小组合作相结合的方式。所谓的集体活动即学校统一组织的志愿者服务活动。所谓的小组合作是指以家庭为单位自愿采用小组合作的方式随时随地地进行亲子志愿活动,这样的亲子志愿活动可以更多地考虑家庭成员的爱好、时间和特长等。活动后家庭可以向学校申报,进行记录,这样的方式既可以更加灵活多样地开拓志愿活动的类型和方式,也可以最大限度地调动每个家庭的热情。

3. 多元化的服务内容

志愿者活动要根据家长的特点和喜好深化服务意识,提高服务质量,丰富活动内容。可以进行相应的问卷调查,了解家长最喜欢的服务主体,并且由家长自行设计,如为敬老院老人表演节目、手拉手活动、爱心漂流、植树绿化、环保行动等。也可以动员家长参与到学校平时的教育活动中来,如做校园义工,给学校的日常生活提供一些帮助和支持。

4. 借鉴经验,内化提升

在志愿者活动方面,美国、日本和加拿大等国家有先进的活动经验,国内一些城市也有着较长的发展历史,所以我们目前在操作过程中应该取长补短、汲取精华,努力将志愿者服务进一步推进到学校教育的各个环节中去,在借鉴的基础上不断反思、内化、提升。

经 验 分 享

一、家长志愿者章程范例

××学校家长志愿者章程

第一章　总则

第一条　本组织定名为××学校家长绿色义工。

第二条　本组织隶属××学校，为服务学校、辅导教学业务推进工作、服务社会而设，不得对外行文。

第三条　本组织以"感恩、服务、热忱、爱心"为宗旨，以"立足校园、面向社会"为原则，鼓励我校家长关心孩子、关心学校、关心他人、关心社会，为孩子树立榜样。

第四条　本组织是由××学校志愿为学校、为社会、为他人服务的家长组成的志愿工作组织，接受学校的领导。各项活动不得涉及政治、宗教及商业活动。

第二章　任务

第五条　有计划地组织成员们开展各项义工工作。

第六条　每学年至少一次为社会公益活动提供力所能及的协助和服务。

第七条　加强和学校老师沟通，为学校的管理提供有益的建议。家长义工自愿申请，学校审议同意后，可参与学校对学生的日常管理工作（如管理两操、午休，协助监考，举行讲座，交通疏导等）。

第八条　开展家长志愿者的交流活动和亲子活动，增强孩子的社会实践能力。

第九条　为学校举行的各项文体活动（艺术节、体育节和科技节等）的组织提供协助。

第十条　为学校的家长开放日提供协助。

第十一条　对参加志愿者服务的家长进行服务监督和评优。

第十二条　树立、维护和宣传学校的良好形象。

第三章　成员

第十三条　凡是自愿无偿奉献爱心、承认本章程、遵守本组织的纪律、维护志愿者形象的在校学生家长都可以申请加入本组织，并拥有正式组织的成员证，经考察合格后即成为本组织的成员。

第十四条　成员权利

1. 有参加组织活动的权利。

2. 有以本组织的名义发起义务服务的权利。

3. 有参加本组织的业务培训的权利。

4. 对本组织工作有监督批评和提出建议的权利。

5. 有推荐非成员加入本组织的权利。

6. 加入自愿，退出自由。

第十五条　成员义务

1. 遵守本组织章程，执行本组织的决议。

2. 对承诺的服务负责任地保质和保量完成。

3. 向其他家长推广志愿精神。

4. 维护本组织和学校的声誉及形象。

第十六条　本组织每学年对优秀的家长志愿者进行表彰奖励。

第十七条　成员如作出违反国家法律、学校的规章制度或有损本组织声誉的行为，组织理事会有权决定取消其成员资格。

第四章　工作要求

第十八条　家长志愿者应有责任感，有奉献精神，关心教育，关注孩子健康成长，并乐意义务为学校提供服务。

第十九条　自觉维护家长志愿者形象，待人态度应诚恳。

第二十条　团结其他家长志愿者，做到互相合作，勇于接受批评并进行改进。

第二十一条　积极参加志愿者服务活动，服从安排，尽职尽责，因故不能参加服务活动，应及时向相关负责人请假。

第二十二条　忠诚服务，不在志愿服务工作中谋取任何私利。

第二十三条　积极协助学校进行教育教学管理，促进学生全面发展。

第二十四条　以各种方式呼吁社会各界在财力、物力上支持学校，帮助学校改善办学条件。

第二十五条　通过各种渠道了解家长对学校教育教学的要求，宣传学校教育教学成果和教育教学改革信息，形成全社会尊师重教的良好氛围。

第二十六条　挖掘各类资源，帮助学校推动有关工作。

第二十七条　积极参与志愿者培训，认真学习服务技巧，不断提高服务质量。

第五章　经费

第二十八条　本组织自筹经费。

第六章　表彰与奖励

第二十九条　家长志愿者参加学校服务工作均记录工作量，并纳入当地志愿者协会的志愿服务时间。参加服务时间较长、工作成效优良者均可评为优秀家长志愿者，学校每学期期末进行一次总结表彰。

二、家长志愿者岗位职责范例

××学校爱心家长志愿者护学岗职责

为进一步建立起维护校园安全稳定的长效机制，确保师生安全和学校稳定，促进学校教育事业持续、快速、健康、协调发展，我校自 2013 年 9 月起正式成立爱心家长志愿者护学岗，发挥家长的力量，参与创建安全、和谐的校园环境，让学校、社会、家庭、学生成为校园安全共同体，组成一张牢不可破的安全防护网，共同为所有家庭的幸福保驾护航。其工作职责如下：

1. 家长志愿者要根据学校的值班安排，按时到岗值班，做到不迟到不早退，维持好校门外管制区域的秩序。

2. 家长志愿者值班时，穿着统一背心开展工作（在学校传达室领取）。工作时间为：7∶00—8∶00；15∶20—16∶20。

3. 家长志愿者值班时要协助学校门卫、学校值班领导和教师管理好校园大门外的车辆停放工作，制止家长进入送止线以内，以便学生可以安全有序出入；随时关注学校周边环境秩序，防止社会闲散人员进入校园；发现违法犯罪行为要及时予以制止，并上报学校有关人员。

4. 家长志愿者值班时待人要态度和善，询问时要注意文明礼貌和工作方法，避免发生不必要的冲突。

5. 遇到特殊天气，在保证自身安全的前提下完成值班。家长有突发疾病或特殊情况不能按时到岗的，请与组长联系，协调相关事宜。

三、优秀家长志愿者评比范例

××学校优秀家长志愿者评比活动方案

一、指导思想

通过这一活动的开展，发现、总结我校优秀的家长志愿者，展示我校家长的良好素质和精神风貌，树立志愿者榜样，表彰先进，引领广大家长转变观念，充分发挥辐射带动作用，使更多的家长积极参与学校活动，进一步发扬"团结、友爱、互助、进步"的志愿者精神，推动我校志愿服务工作更上一层楼。

二、评比时间

2018 年 1 月 8 日至 1 月 19 日。

三、评比对象

学校所有学生家长志愿者。

四、评比荣誉项目

优秀护学志愿者 68 名，优秀助学志愿者 10 名，优秀志愿者 30 名，十佳志愿者 10 名。

五、评选条件

1. 具备与参加志愿者服务队项目及活动相适应的基本素质。

2. 有良好的道德修养和奉献精神,热心志愿服务事业。

3. 自觉维护志愿服务组织各志愿者形象,遵守志愿者行为规范。

4. 有信念、有责任感,积极自愿为学校和他人提供服务和帮助。

5. 思想积极进步,集体观念强。

6. 能够在班级、学校和志愿活动中起到模范带头作用。

7. 积极参加学校的每一次活动,在志愿服务中作出突出贡献,得到大家的广泛认可,取得良好的社会反响。

8. 每学期至少参加学校组织的志愿服务活动三次及以上,且有突出表现者。

9. 志愿服务时间长,志愿服务事迹突出,在社会上获得媒体报道,为学校赢得良好社会声誉者优先。

10. 不说损害学校声誉的话,不做损害学校利益的事,如对学校管理或教师有意见,能以正常途径向学校反映。

六、评比程序

1. 各班级家长委员会总结一年来工作情况,对照评选条件,自主向校家长委员会提出申报。

2. 班级家长委员会根据评选条件,推荐5名护学志愿者。校家长委员会组织本级家长委员,对申报情况进行逐一审核,评选出68名"优秀护学志愿者"。

3. 校家长委员会根据平时参与学校助学活动的出勤率和评选条件,评选出10名"优秀助学志愿者"。

4. 校家长委员会根据平时参与学校各项活动的出勤率和评选条件,评选出30名"优秀志愿者"。

5. 校家长委员会与学校行政从所有志愿者中评选出10名"十佳志愿者",1月22日上交"十佳志愿者"事迹简介表(见附表)到班主任处,再发给×××主任。

6. 从"十佳志愿者"中找1名或2名代表写一份家庭教育经验交流讲稿,主要内容是家校合作,在期末总结颁奖会上进行交流。(校级家长委员会安排)

七、奖励办法

颁发荣誉证书,在学校橱窗内张贴"十佳志愿者"的照片及资料。

附表：

×××学校"十佳志愿者"事迹简介表

填表日期：　　年　　月　　日

姓名		工作单位		
家庭住址		联系电话		
孩子姓名		年龄	所在班级	
生活照				
主要事迹简介				

四、家长志愿者活动组织架构范例

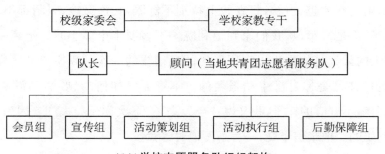

××学校志愿服务队组织架构

五、亲子志愿者案例[①]

一位妈妈的分享

早在几年前，我就很想做志愿者，并且一定要带着孩子一起。因为我觉得通过参与志愿活动，可以学会奉献，懂得感恩，帮助他人，从而培养高尚的品格，孩子长大成人后，可以更好地在社会上立足。谁不想跟一个懂得感恩、乐于奉献的人成为朋友或同事呢？

终于天遂人愿，在2016年1月17日，学校举办了第一期志愿者培训，我报名参加了。但我没给孩子报名，怕他会抵触这件事，因为十来岁的孩子，正是处于贪玩又有点儿主见的阶段。

作为一名志愿者，必须要用心、用爱才能做到真心付出，无私奉献。不然毫无意义，根本对不起“志愿者”这三个字。为了“志愿者”这三个字，我一定要他主动提出让我帮他报名成为一名志愿者。怎么做他才能向我提出他想成为志愿者的要求呢？那就是，我参加活动时带着他，让他去感受。

在我参加完培训的第四天，晴朗小组有探访孤寡老人的活动，我报名参加了，并且带着他一起。那天我们二十几人，从大朗出发到犀牛坡。在车上我吐了五六次，特难受。但到达目的地后，我一样帮老人剪指甲，陪老人聊天。他悄悄问我：“妈妈，您刚刚吐得那么难受，为什么现在还有力气做事，还有心情聊天呢？”我看着他，轻声说：“我们是志愿者，既然做志愿服务，就该开开心心地做，这样被我们服务的人，才会感到真正地被关爱。至于晕车，下车后透透气，也就舒服了，不会影响我跟老人家聊天和帮他们做一些力所能及的事。”听完后，他若有所思地点点头，拿起扫帚去帮老人家扫地了。

1月24日，我们小组有金菊福利院探访活动，他虽不是志愿者，但他是表演人员。那天天气特别糟糕，雨夹着冰雹、雪粒，打在脸上特别不舒服，又疼又冷，眼睛都不敢睁。因为我们坐的是电动车，不是汽车，从我们家到福利院差不多要半个多小时。走到一半时，他不想去了。因为当天的天气是他出生以来所经历的最糟糕的一次。我说：“虽然你不是志愿者，但你是表演人员，并且是你自己主动报名的。不管天气如何，只要活动没取消，你就得到场。”看着他噘着嘴不开心的样子，我又说：“今天去了，下次你还会去的。因为你会牵挂那里的老爷爷、老奶奶的。”他半信半疑，一言不发地看着我。

---

① 亲子志愿者服务是家长志愿者服务的特殊形式。

到达福利院时,虽然天气很糟,但却笑声一片。老人们都聚集在活动中心,等候着我们的到来。看到我们,他们好像看到自己久未回家的孩子一样,眼睛都笑得眯成了一条缝。当看到老人家的笑容时,他说:"妈妈,他们笑得好开心呀!"我说:"是呀!他们把我们当作来探望他们的孩子和孙子呀!"

轮到他上台表演了,他表演的是武术《男儿当自强》。他跟着音乐,一招一式,认真而用心地表演着。台下的老人们被他的表演深深地吸引住了,不停地鼓掌、叫好。表演结束后,他接过主持人的话筒,先对着台下的老人们深深鞠躬,然后满含深情地说:"新年快到了,我提前祝爷爷、奶奶新年快乐!长命百岁!"他下来后,很多老人拉着他的手,冲他竖起大拇指,夸他表演得很棒。他依偎在老人身边聊天,看表演,活脱脱的祖孙两代人。

快乐的时光总是短暂的,探访时间结束了,我们该回家了。当我们要离开时,有几个老人家拉着他的手,舍不得他走。老人们说喜欢他的表演,希望他有空再来看他们。他点头答应了。当我们走了很远回头看时,老人们还站在那儿,向我们挥手告别。

他看到老人不舍的样子后,眼眶泛红地对我说:"妈妈,您也帮我报名做志愿者吧!我想把玩的时间拿来做志愿服务,多来看看老人们,给他们带来一些快乐!再去帮助一些我能帮助的人。这样挺有意义的。"听着他发自肺腑的话,我欣慰地点点头。就这样,孩子成了一名志愿者。只要是在假期里,但凡有志愿活动,他都会踊跃报名参加。参加活动的时候,他再也不会因为天气恶劣等原因而打退堂鼓了。

我和孩子成为志愿者后,短短一年多时间,他的累计服务时间已经超过 200 小时。但这不是最重要的,最重要的是,他成为志愿者以后,每次参加活动,都是用心去做,发自内心地付出。这是我最喜欢的。他现在比以前更懂事和体贴,在家只要有时间,他都会抢着做家务。在学校遇到同学有困难,他也会主动伸出援手。有一次体育课他们班一个同学的脚踝受伤了,不能走路。上课铃声响了,别的同学都往教室跑去。但他却留了下来,搀扶着受伤的同学,去医务室处理伤口,然后又扶着这个同学回到教室。

看到孩子成为志愿者后,变得越来越有爱心,越来越懂得付出,我感到很欣慰。仿佛看到在他以后的人生旅途中,他的朋友和同事跟他像家人一样和睦相处。我相信一定会是这样的!

这就是我带着孩子做志愿者的幸福旅程。作为志愿者,其实做的并不多,得到的却很多:心灵的成长,面对待挫折时的淡然……这些,难道不比孩子只会读书更有价值吗?现在,我们一家四口都是志愿者。做志愿者,在帮助他人的同时,又可以使自己得到成长,所以我们会一直快乐而幸福地做下去!

第八章 ❀ 家长助教的发动与使用

家校共育是当前教育发展的必然需求。家长助教是家校共育的一种重要形式,是指通过发动和邀请有专长或有资源的家长走进学校,和教师一起参与甚至组织教育教学活动,为孩子的成长提供帮助和支持。

案例导八

为了开阔学生的视野,丰富学校的课程资源,构筑学校、家长和学生三方互动的平台,融洽亲子关系,向阳小学决定在 11 月举行"家长助教进课堂"活动。学校秉着"不一样的班级,不一样的特色"的活动理念,让班级自行规划、自行组织班级家长助教活动。301 班袁老师是刚入职的新老师,接到活动通知后,她感到无奈又头痛。因为不知如何入手,况且刚接手班级,无暇兼顾学校与家长的工作,心思都花在班级教学与管理上,甚少与家长在家长群里或者面对面进行沟通交流,对班里学生的家长情况不熟悉。然而一周后就要确定方案交给学校备案了,这让袁老师十分苦恼。她想:学校为什么不为新老师想想呢? 学校工作已经够多了,举行家长助教活动既麻烦家长,又辛苦老师,还不如自己上课!

无奈之下,袁老师把学校的通知发布在群里,让家长就自己擅长的方面进行接龙报名。看到老师发布的通知,小阳妈妈第一个提出了自己的想法:"家长进课堂这一活动内容对我来说有点难,像唱歌、跳舞、画画、手工这些我都不擅长,我都没办法教给孩子。"小乐妈妈也说:"这个对家长的技能要求挺高的,我本身就没什么能力,参与这种活动实在太难为我了。"小林妈妈也跟着吐槽道:"要是光和我儿子交流没什么问题,但要我和那么多的孩子接触,我就不知所措了。"还有好几位家长也纷纷表示没有时间。当然,也有少部分家长表示愿意参加,但自己不懂学校教育,没什么文化,不知道能教什么,同时要面对几十个孩子,怕自己应付不来,一切听从老师的安排。

　　袁老师见此状况，心里就更堵了。这时，办公室的几位班主任也聊起了这次家长助教活动。黄老师说："说起来，家长也挺忙的，他们还要上班……你要他们来做助教，要提前跟他们说，还要事先跟他们讲好怎样做，有时候他们也没那个时间。"李老师也叹着气说："其实家长不是教育专业的，平等是地位的平等，知识上是不平等的，他们不懂教育……帮不了什么。""那我应该怎么办呢？马上就要交方案了！"袁老师嘟囔着。林老师看见袁老师一脸苦恼的样子，就建议道："依我看来，学校也就是想让家长看看孩子的课堂表现而已，也不是真想让家长教点什么，你就让家长在教室里坐着，负责拍照啊、摆桌子呀，做些简单的事情，这样有些不用上班的家长，应该会参加的。"听林老师这么一说，袁老师若有所思。

　　晚上，袁老师在网上下载了一个名为"我的健康我做主"的班级主题活动方案，加以修改后发到群里供家长们浏览。方案里提出需要家长协助老师拍照、做课前准备以及在课堂上与孩子们进行互动，一起制作健康标语牌。这一次，小希妈妈等八位家长报名参加。

　　这几个家长大部分都是全职妈妈，时间也比较充裕，她们也很热心班级里的事情。活动日当天，她们很早就过来了，忙着帮老师摆桌椅、布置教室、把制作标语牌的材料摆放在每个小组的桌子上，看起来一切都很顺利。

　　正式上课了。在课堂上，八位家长坐在教室的最后一排，一边听老师讲课一边用各自的手机拍摄孩子们的课堂表现。袁老师带领学生进行了一系列活动后，进入了制作健康标语牌的环节。袁老师对这个活动进行说明后，请八位家长分别到八个小组中协助学生利用该组中的各种材料制作标语牌。家长和学生开始制作了，因为孩子们第一次开展这样的活动，都感到很新鲜，课堂上就比较吵闹，加上仗着自己的妈妈在，有几个孩子就更有点肆无忌惮了。先是小希嚷着要去别的小组拿材料，接着是小阳吵着要妈妈帮自己小组制作……妈妈们一会儿忙着哄孩子，一会儿忙着帮孩子们做标语牌……有些家长还担心孩子做得不好，全部工作都一手包揽，让组里的几个孩子看着她做……于是有几个平时就调皮的孩子闲着没事干，就在教室里随意打闹起来，整个课堂闹哄哄的。不时有学生向袁老师投诉，不是说某某同学在教室里跑来跑去撞到同学，就是说自己制作的标语牌被某某同学扯掉了一个角……开始的时候，因为有家长在，袁老师虽然一肚子火，还是拼命地忍着。但后来，小伟和小城竟因为一盒颜料打起来了。袁老师见此情况，马上叫停了课堂，让孩子们静坐，八位家长也只好扫兴而归。就这样，课堂停了，家长们回去了，孩子们被罚了。袁老师看到这样的家长助教，无奈地说："真烦。"

内 容 解 释

尽管我们能意识到家长助教对推进家校共育有促进作用,但实施起来却不尽如人意,最终流于形式。为什么会这样呢? 问题出在哪里呢? 从上面的案例中,我们不难发现,在发动家长助教活动时,容易出现以下几方面的问题。

一、家长的助教意识薄弱

(一)"我不懂教育!"

尽管现在的家长大多都很重视对孩子的教育,也明白家庭教育的重要性,大多数情况下也愿意配合老师对孩子进行教育,但对于在学校开展家长助教活动,相当一部分家长却存在着认识上的误区。一方面,会单纯地认为家长助教就是要家长充当老师的角色来学校给孩子上课,因此有的家长会觉得自己不懂教育,担心自己没经过专业训练,不够水平而不想参与。另一方面,会认为家长助教就是帮老师干活,因而只愿意当参加者,协助老师开展活动,能主动参与活动策划的寥寥无几。

(二)"学校的事情为什么要家长来?"

家长不理解助教活动的价值也成为开展家长助教活动的绊脚石。有的家长以为学校开展助教活动只是为了减轻老师的负担,没有认识到助教活动对孩子、对家长的价值,因此会对活动产生怀疑,觉得家长也要工作,凭什么要让家长充当教师的角色。

(三)"我没有做过,没有信心。"

从案例中家长们的讨论我们可以发现,对于家长助教活动,有部分家长想参加,但却觉得自己文化水平低,又没有一技之长;也有家长因为自己没有教学经验,不知道怎么教,而担心自己控制不了场面。种种担心,也让家长裹足不前。

(四)"我很忙!"

有许多家长因为忙于工作,平时缺乏与老师交流,有时甚至连家长会也无法抽空参加,对于学校的教育了解甚少,而参加家长助教活动往往会占用到他们的工作时间,因此他们参加活动的热情并不高。其实,有些高素质的家长在孩子教育方面做得挺好的,很有想法,然而,由于工作忙,往往只是在自己孩子的家庭教育中发挥作用,难以参与到学校教育中去,不能充分发挥其示范作用。同时,可能因为自己的教育观念与老师不同,又缺乏与老师的及时沟通,容易对家长助教活动产生误解,从而导致家长不热衷学校的教育教学活动。

(五)"妈妈能做的事,为什么要爸爸来?"

在实际开展的家长助教活动中,我们还注意到爸爸的参与率远低于妈妈。受传统观念影响,一部分爸爸认为男主外、女主内,自己是家庭里经济的顶梁柱,而对于子女的教育则应由妈妈全权负责,因此,学校的活动有妈妈代表就足够了。还有一部分爸爸觉得自身能力和资源有限,就算想参加也不知道自己能做什么。

二、教师在家长助教活动中没有发挥指导作用

(一)"家长不配合,我又能怎么办?"——教师不了解家长的优势

在案例中,袁老师为了让家长"配合",能够积极参与,以完成学校布置的任务,就想办法降低活动难度,让家长协助孩子制作标语牌或者帮忙拍照等,但从这些举措中却丝毫看不到家长的独特优势体现在哪里。

教师往往因为家长工作忙就会觉得问题在于家长没时间,以及家长提供的帮助不及时;又因为与家长缺乏沟通,观念有所不同,教师就会觉得是家长不懂学校教育、不愿意合作。而教师很少换位思考和主动了解家长的资源和特长,从而导致开展助教活动变得困难重重。

(二)"我只希望家长能配合我。"——教师对家长助教的工作没有妥善安排

在案例的助教活动中,袁老师虽然对前来助教的家长有所分工,但却没有妥善安排家长的工作和人数。在这场活动中,八位家长的工作只是拍照和协助孩子制作标语牌。这两项工作都没有重要的意义,家长属于从属地位,可有可无,无法凸显家长的主导作用。

(三)"举行家长助教活动既麻烦家长,又辛苦老师,还不如自己上课!"——教师的观念没有更新

在案例的整场助教活动中,教师与家长缺乏合作意识,不管是设计方案还是组织课堂活动,都是袁老师在一手策划,家长只是配合老师完成工作。在"教师为主,家长为辅"的家长助教活动中,教师起主体作用,家长只是辅助,家长不需要发挥任何独特的优势。很多时候,并不是家长自身没有长处,而是因为教师没有意识到家长助教活动的意义,只是单纯地为了完成学校布置的任务,却未能与家长合作,也未能对资源善加运用。

从以上分析不难看出,能否成功开展家长助教活动,成败的原因并不仅仅是家长的问题。教师只看到家长方面的问题却没有想到自己也可能会出现失误,这也是造成困境的一大因素。

三、学校家长助教的工作缺乏计划性

虽然很多学校认识到家长是潜在的优质资源,但在实践的过程中缺乏有规划的利用。例如,每学期要开展几次家长助教活动,每次要用什么样的形式进行,围绕什么主题开展……在上述案例中,该学校只是简单地把任务布置下去,让各班主任依据自己的教育经验来开展,并没有明确的规章制度,更没有一个明确的规划引领。大多数教师的工作本就繁忙,难以兼顾学校任务以外的家庭教育工作。

而家长方面,有些家长有相对较多的空暇时间,但缺乏当家长助教的意识,不知道能做什么,担心自己心有余而力不足,等等。同时,家长参与学校的活动大多处于被动的状态,更不用说真正参与到教育教学活动中来。家长无法认识到自己其实可以发挥很好的教育价值,只能"配合着"教师来,教师占主体地位,家长只是配合者。

因为没有更新观念和缺乏有效的指导,教师也不明白开展家长助教活动究竟意义何在,尤其是年轻教师对怎样发动家长参与活动更感困难。这就是为什么家长助教活动在教师、家长两方都不讨好的主要原因了。

凡事预则立,不预则废。运用家长助教进行家校共育的活动是一个长期的教育过程,学校对开展家长助教活动应该有一个长远的规划,只追求近期利益的短视行为非常不利于家长助教活动的良性发展。

综上所述,学校开展家长助教活动应做好以下几点:首先,学校要明确家长助教的最终目的是提高家长对教育的认识、提升家庭教育水平、家长与学校老师合作共育、共同促进孩子健康全面发展,并为此制订长远的计划。其次,学校可以邀请专家为教师和家长作相关的讲座,让教师和家长都对家长助教有全面的认识,了解其价值以及相关的活动形式。同时,也要专门针对班主任进行系列培训,教他们如何发动和正确使用家长助教,让老师尤其是经验尚浅的班主任有章可循,不至于盲目或过于被动。再次,教师在组织家长开展助教活动前可以先通过问卷调查的方式了解班里家长的基本情况,多跟家长交流,共同制订活动方案。只有常与家长沟通,充分了解家长的时间、职业、特长、兴趣等资源状况才能更好地促进家长助教。最后,要结合家长的时间、孩子的课程安排和学校的工作时间合理安排,这是保证家长助教顺利开展的基础和前提。

工 作 要 求

具体应该怎么做呢？其实，要使家长助教活动朝着良性方向发展，成为家校共育的助推力量，应做好以下几个方面的工作。

一、深刻理解家长助教的内涵

在这里，家长是指对学生起到监护作用的成年人，主要包括父母、祖父母、外祖父母等。

学者施莹（2013）对家长助教的内涵界定为，幼儿园家长助教活动是家园、家长与教师、家长与孩子等之间进行沟通的一种重要形式，是让家长参与到幼儿园的各项活动中，利用各类的教育资源，如职业专长、兴趣爱好等，协助幼儿园开展活动，以实现更全面地关注每位幼儿，让他们在活动中获得充分的信任、支持和共同进步。宋政鸿（2017）认为家长助教活动是指家长为了达到协助教师促进幼儿健康发展的目的，动用自身可利用的资源参与幼儿园各种活动的过程。路雅瑞（2018）更明确地指出家长助教是教师充分利用家长的职业、兴趣、特长等资源，邀请家长通过多种形式参与幼儿园活动，以实现家园共育并促进幼儿全面发展的一项教育活动。我们认为家长助教不应仅局限于在幼儿园中使用，它是学校以实现家校共育促进学生健康全面发展为目标，充分利用家长的各类教育资源，通过多种形式让家长参与到学校教育教学活动中。

二、了解家长助教的意义和价值，培养家长的助教意识

要想发动家长助教，需要从学校和家长两方面同时着力增加宣传的力度，让教师和家长同时认识到开展家长助教的优势和意义。

（一）丰富校本课程

利用好家长助教有助于丰富学校教育教学活动。在人力有限的情况下，学校难以开展丰富多彩的有益活动，而家长助教这股力量加入后，可以大胆设计形式丰富的活动，而且更切合班级实际，家校合作更融洽。在这个过程中，学校不再占主体位置，而是让出来给家长

主导。家长变成了教育活动的组织者、支持者和实施者,他们会引入一些新的教育想法,为学校教育工作注入新的血液,弥补教师在专业领域中的不足,使教育活动的形式更新颖、内容更多样。

(二) 调动学生参与活动的积极性

因为有自己的家长或同伴的家长参与,这样的课堂必然与平时的不一样,开展家长助教活动时,学生就会有新鲜感,也会更主动积极地参与其中。而且,不同的家长具有不同的文化背景,家长们的兴趣爱好、专业职业、技能能力也各有不同,这些都是极好的资源。如果学校能把这些资源有效地整合起来,开发出来,就能增加孩子的知识经验,丰富学习内容,帮助孩子学得更全面,增强动手能力。

(三) 密切亲子关系,提升家庭教育质量

家长助教活动为家长参与孩子的学习过程提供了平台,家长通过活动走进孩子的世界,在与学生们进行互动的观察过程中,掌握自己孩子当前的发展状况,以及与其他孩子的个性差异,为今后的教育打下基础。同时,家长参与助教活动,和孩子共同分享学习的快乐,与孩子一起成长,给孩子树立了良好的榜样,有助于提升亲子间的情感交流,使孩子更有安全感和自信心,增强自我价值感。

(四) 拉近家长与教师的距离

助教活动从策划、筹备到开展,需家长和教师充分沟通。通过交流,家长能了解到教师的性格特点、行为习惯,明白教师每天要应对特点不一的孩子,教师有教师的不容易,因此会更体谅教师。在这个过程中,教师也会更了解家长,感谢家长对教育的助力。好的助教活动不仅能在一定程度上减轻教师的负担,还能促进教师与家长的沟通互动,消除彼此间的隔阂,使家校形成合力,更有利于孩子的成长。

其实,教师和家长都有着共同的目标——让孩子更好地成长,只要他们能了解到家长助教的作用和价值,认识到这种新型的教育方式能产生更理想的教育效果,教师和家长就会达成共识。自然,教师便乐意使用家长助教,家长也愿意成为教师的助教。

(五) 有利于促进教师的专业发展

在学校的家长助教活动中,虽然家长是主导,但教师扮演的角色也很重要。教师在活动过程中要负责指导、引导,与家长很好地合作,并对活动进行传播分享。学校关于家长助教的系列教师培训和在活动过程中与不同家长的交流以及活动实施后的及时反思,这些都能促使教师不断学习,提升个人的理论水平和更新教育理念,促进教师的专业发展。

三、加大家校联系的紧密度，营造家校共育的氛围

如果学校想举办什么活动，就直接叫家长过来当助教，以这种比较生硬的方式邀请家长，难免会让家长觉得我只是"被要求"的，而不是对自己的孩子有什么益处。这样的话，有的家长可能勉强会来，更多家长可能会没时间来。久而久之，会形成低年级家长的积极性还可以，而高年级家长的积极性明显偏低。一个人的主观能动性，即是否自愿乐意去做一件事情，会大大影响事情的效果。所以，学校发动和使用家长助教，要认真考虑如何调动起家长的主观能动性，让家长愿意甚至渴望、有创造性地当一名家长助教，而家校融洽关系就是一个关键点。

为了营造良好的家校关系，开展家长助教活动前，学校需要与家长有充分沟通的过程。

（一）正式活动前的筹备会议很重要

在活动前，学校应先邀请家长参加筹备会议。在会议中，校方为家长讲解活动的意义和目的，给予家长建议权，鼓励家长说出自己的想法、自己的困难，以此来改进活动方案。只有双方顺畅地交流，达成一致，共同学习成长，家长才更乐意支持。同时，在会议中，家长会明确自己的角色与分工，这样也有利于推动活动顺利进行。

（二）建议家长做好充分的准备

教师可以协助家长把活动预演一遍，在预演中，发现不足之处并及时调整，这样能提高家长助教的组织能力，让家长有信心把活动开展好。家长助教和教师之间有了更充分的沟通，会形成更好的默契配合，使得教育教学活动保质保量地完成。

（三）自愿原则很重要

家长的付出是义务的，要结合家长自己的时间与目的，家长是否当助教要给予弹性，不强迫不要求，纯粹是自愿的选择。只有心甘情愿去做的事情才会主动想办法做好，才会让活动开展得顺利、开心，才会为活动想得更周全。学校不用担心没有家长参与，家长人数众多，总会有积极有力的支持。

四、家长助教工作的具体内容

（一）家长助教的形式

1. 家长进课堂、开展校本课程——集体课堂教学式

集体课堂教学式就是家长利用自己的专业知识或兴趣特长，选取一个主题在课室里面

向全班进行集体教学。例如,邀请担任消防员的爸爸跟孩子们讲讲消防安全知识,喜欢插花的妈妈教孩子们一些有关花朵的知识。

2. 参与布置环境、提供材料——生活协助式

生活协助式在我们平常的教学活动中用得比较多,家长一般也乐于参与。例如,收集材料丰富班级文化的展示内容,开展活动时的教室或活动场地的布置等。

3. 组织参观、户外活动——户外课堂式

在条件允许的情况下,家长助教活动也可不局限于校内。例如,可以结合家长的资源带领孩子参观家长的工作环境。在参观过程中,家长助教负责指导学生参观,同时也要维持纪律,让孩子在参观学习的过程中也学会在公共场所注意自己的言行,明确特殊场合的要求。

4. 线上互动——"互联网+"式

协助老师利用微信群或 QQ 群主持微沙龙,围绕某个育儿主题组织家长进行讨论交流,并跟大家分享自己的心得和做法,或者协助老师举办线上的朗诵活动等。

5. 参与课程设计、课程评价、活动评比——管理参与式

邀请家长参与校本或班本的课程设计,还可以请家长对学校开展的课程进行评价并参与日常的学生评比活动。例如,请家长参与文明班的评比,当班级比赛的评委等。重视家长的意见和评价,对学校和教师的提高都有积极的推动作用。

(二)家长助教开展活动的流程

1. 教育内容的确定

现在的家长大多数都很忙碌,都有自己要做的事,很少有家长能为学校考虑应开展怎样的教育活动。家长也缺乏相应的专业知识,他们不知道什么内容适合什么年龄段的学生。所以,让家长主动去思考开展什么内容是有一定的困难的。学校就得想办法降低难度,尽量让家长"跳一跳能摘到果子"。如学校可给出建议的教育内容,或者根据自身需要确定活动的内容。家长可根据学校给出的方向,结合自身特长或优势自主安排,或者根据学校给出的活动内容进行调整,由被动变为主动。

2. 方案的制订

例如,学校想将六一儿童节庆祝活动与心理拓展活动相结合,因此制订了"六一心理游园会"方案。方案包括活动主题、活动目标、活动流程、所需人员、所需道具、分工等等。确定了教育内容,接着就是制订方案,方案可以帮助大家明白活动的具体流程。方案的制订,最好由老师和家长一起商讨。

3. 组织实施

虽然在活动前的筹备会议中,家长助教们已经明确了自己的职责和活动流程,但在实际的操作中,他们可能还是要面对很多难以预料的情况,如课堂纪律的保证、指令的清晰性、学生的配合度等等。这需要老师根据家长的能力和教学的需求以及对学生的了解,帮助家长选择承担的活动环节,对家长可采用的形式作出合理性建议和专业性指导。如果是一对多的上课模式,只需要家长助教熟悉上课内容、把控课堂就可以了;如果是多人合作的活动开展,就需要讨论细节,多次演练活动流程,这样到真正组织实施时才能游刃有余。

4. 活动反思与总结

活动的开展想要一次比一次顺利,就需要每次活动后进行反思与总结。可以采用围圈式开会形式,让家长助教畅所欲言,共同讨论实践操作过程中出现的问题,把考虑不周的情况加以完善,为后期活动提供借鉴。

(三) 教师如何指导家长开展助教活动

1. 树立家长助教观念,让家长从被动到主动

要想顺利开展家长助教活动,首要前提是让家长对助教活动有正确的理解。如果家长都不知道助教活动是什么,那谈何参加呢? 因此,要让家长了解助教活动的重要性及参与方式。班主任可以在开学初召集家长进行专题讲座,帮助家长深入了解家长助教活动的意义和价值,以及家长参与助教活动的方式,或把相关内容制作成微课,利用家长群向家长讲解这方面的知识。这样家长就能透彻地了解助教活动,从而能更好地参与助教活动。

其次,在开展家长会时,邀请参与活动的家长向其他家长分享经验。毕竟都是家长,在参与活动时一定会遇到相似的问题,通过分享,有利于帮助其他家长更好地应对将会出现的问题。

第三,充分利用班级微信群或 QQ 群,经常发布一些关于助教活动的知识以及相关的活动信息等内容。同时,也要对积极参与助教活动的家长及时点赞,树立榜样,提高家长参与的积极性。

另外,教师要多支持和鼓励爸爸的参与,因为孩子的成长需要父亲,爸爸是孩子力量的源泉。研究表明,爸爸的介入有助于提升孩子的智商,培养孩子沉稳淡定的性格以及独立的人格。在平时的交流中,教师可以多和爸爸交流,在建立良好关系的同时让他们感觉到被需要和受重视,然后根据他们的特点和资源,选择适合的内容鼓励爸爸们参与。

2. 建立家长资源库,充分发挥家长的专长

在开展家长助教活动前,班主任最好先对班里的每个家庭发放《家长特长调查问卷》,从

家长的工作、专业、兴趣等方面对各行各业的家长进行资料收集,再进行分类梳理,制作出班级的家长资源分类表。班主任可根据不同的主题择优选择专业能力强、时间充裕、兴趣特长突出、职业岗位较特殊的家长进行家长助教,让其带动其他家长。

3. 合理安排助教时间,设计家长助教方案

工作忙是大部分家长不能参加活动的主要原因,因此,在助教活动的时间上,教师需要合理安排。教师可以在开学初结合学校的工作计划制订本学期的助教活动计划,将活动计划表发到班级群里,让家长选择适合自己的参与时间。如果校方没有明确的助教计划,班主任也可以在开学初与班级的家委商讨确定本学期的助教主题后,再与本学期的家长助教协商活动的时间,让双方都有足够的时间准备,保证家长更好地参加活动。

4. 善于总结,提升助教的反思能力

助教活动结束后,教师应先以肯定的语气表扬家长在活动中做得好的地方,例如课前准备很充分、总是面带微笑、很有亲和力等,让前来助教的家长体验到成功和受尊重。再用心倾听家长的心得体会和在活动中发现的问题,如果是涉及班级的一些共性问题,还要请家长把这些问题在班级群里提出来,引起重视,通过交流分享教育经验,形成一致的教育观。最后,教师还应对本次活动作出具体的评价。如果能告诉家长他的孩子在参与该活动的过程中的表现和教师的期望,相信家长就更能感受到参与助教活动的价值和意义了。

(四) 学校如何助推家长助教工作

1. 做好长远规划,使活动课程化

学校应召集家长委员会做好长远的规划工作,通过专家讲座等方式大力宣传,做好动员工作,完善、建设好校级的家长助教资源库,并在学校工作安排上做好时间上的保障,使家长助教活动的开展常态化、课程化。

2. 建立家长助教的系统支持

要系统开展家长助教的工作,学校必须有专人负责,如有的学校设立了"家教专干"岗位,专门负责家长助教工作。

当家长助教的教育教学活动充分开展后,通过文字和图片记录活动、总结活动,就会收获很多经验。这些经验包括活动方案、所需人员、流程、筹备会议开展、实践过程分享、注意事项等等。"家教专干"负责把活动组织成一个系统的校本课程,不断在原来的基础上增加和创新。这样,家长助教的校本课程就会越来越完善,家长的教育能力也会不断提高,家长也会越来越有信心参加助教活动,家长助教进校园的工作会越来越成熟。最后,形成有系统、有人员、有培训的丰富的系列校园教育活动。

经验分享

有些教师对让家长当助教进行教育教学活动有很多担心：首先,组织家长、培训家长这些工作很繁琐,有些家长还不一定好相处。其次,由家长开展教育教学工作会不会效果不好？要是出现意料之外的情况怎么办？但事实证明,只要前期工作准备充足,开展家长助教活动会让大家产生很多新的感受。比如,家长看到孩子的发展水平,体会到教师工作的复杂性；教师看到家长在演示自己的角色,从另一个角度使自己的教育观念获得启发与借鉴。家长和教师的共同愿望是希望孩子健康快乐地成长,通过一个个活动,不但能使大家留下美好的回忆,而且教师将收获更优秀的学生,家长也会收获更优秀的孩子。这样,家校关系和谐发展,让学校教育和家庭教育更顺畅,何乐而不为呢？

家校合作共育已是大势所趋,有些学校设立了专门负责家校工作的岗位,规范了家校共育活动的进展,制订了各项家校规章制度以及对班主任开展家长助教活动的奖励措施,规划引领家校共育活动的深入推进。

一、成功案例分享1

袁老师又接到了学校的任务,要求开展一次关于"接受不完美"的家校共育活动。经过第一次助教活动的"沮丧",她把整个活动过程回想了一遍,思考成功与不足之处,同时借鉴参考了其他班的成功经验和学校家教专干关于开展助教活动步骤的建议。这一次,她不再觉得这是一件"麻烦家长,辛苦老师"的事情,反而觉得是一件充满创造力的事情,同时也是一次认识家长的好机会。于是,她满怀热忱、有条不紊地开始行动了。

第一步,她先在 QQ 群上发布消息：各位家长好！近期应学校倡议开展主题关于"接受不完美"的家校共育活动,培养学生坦然接受自己的不完美、自信前行的良好心理品质,这是非常有意义的活动。本次家校共育活动需要该方面的资源和人员,如果你有关于主题的任何想法或资源,请分享在群中或私聊我,我会作个简单的整理。本次活动以自愿参加为原则,请家长根据自己的时间安排与兴趣选择是否参加,活动开展时间是下周四下午 3：00—4：00,活动前的筹备会议定于本周三下午 5：00,愿意参加活动的家长朋友们,欢迎接龙。

第二步,袁老师与自愿参加活动的家长们在教室里开筹备会议,与家长商讨活动方案。在会上,袁老师鼓励家长们大胆提出自己的想法,并尽可能让每位家长都发言。有的家长已经参加过几次家校共育活动,形成了非常好的主动性,在他们的带领下,会议进行得很顺利。

筹备会议的流程是这样展开的:

□ 确定活动内容

袁老师向大家分享了收集到的资源和想法,特别分享了绘本故事《故障鸟》。《故障鸟》讲述的是一只天生只有一只翅膀的小鸟的故事。他从小遭受哥哥们的欺负和嘲笑,当看到哥哥们可以飞翔时,他多么渴望自己也能飞上天空。他总是自我安慰、自我鼓励。他尝试了很多方法,想找到适合自己的生活方式。比如,做一只假的翅膀,看能不能帮助自己飞起来,但失败了。又如,离开森林到城市里生活,但发现城市生活充满了危险和恐惧。幸运的是,在城市里他遇见了另一只也是天生没了一只翅膀的鸟,她叫胆小鸟。他爱上了她,并带她来到森林。他们建了个温暖的小窝,生了四只可爱的小鸟。最吸引眼球的是故事的结尾:故障鸟和胆小鸟结合在一起,拥有了"一双"翅膀,他们飞上了天。森林里的其他动物如蜘蛛、松鼠也拥有"飞翔梦",他们也通过不同的方法飞上了天。家长们认为故事的内容非常切合主题"接受不完美",情节会非常吸引学生,因此确定了活动的内容围绕此故事展开。

□ 确定活动流程

如何展开绘本故事呢?李某某家长发表了自己的看法。她认为,这个绘本故事的情节非常值得细细探讨,比如看到哥哥们学习飞翔并飞上天空时,故障鸟用树枝和树叶制作了一只"翅膀",在此情节处我们可以向学生提问:你认为故障鸟面对问题态度积极吗?(积极)它很努力地去解决问题却没有成功,心情怎么样?(失落、难过)……接着,家长们分享了故事中值得探讨的各个情节,并在合适的情节处设计了合适的问题来引发学生对"自身不完美"的思考与接纳,所以故事情节的展开就是由一个教育点衔接一个教育点来达到教育目标的。张某某家长提出,应把绘本做成课件,让学生都看得清楚。赖某某家长认为,为了鼓励学生积极回答问题,活跃气氛,可及时对回答问题的学生进行奖励,如奖励小糖果、小本子等。还有家长提出,只有问题和回答,形式略为单调,故障鸟的形象那么可爱有趣,建议增加绘画故障鸟的环节,绘画完成后让学生分享他们的作品,这样既能深化绘本的内涵,又能提高学生的动手能力,活动内容的趣味性会更高。最终,活动流程确定为:第一环节,引入"接受不完美"的主题;第二环节,分享绘本故事《故障鸟》;第三环节,绘画"故障鸟";第四环节,让学生分享绘画作品,并分享自己的收获。

□ 确定人员安排

语言表达能力强的张某某家长担任活动的主持人,把控整个活动的有序进行;幼儿园老师李某某家长负责讲绘本故事《故障鸟》,因为她最会讲故事,声音很甜美;擅长画画的蔡某某家长示范指导学生绘画主人公"故障鸟";性情温和的赖某某家长负责让学生排好队、有序分享其绘画作品;其他人员,负责拍照、写简讯、录像等。

□ 演练活动流程

在会议上,袁老师先组织参会家长按初议的活动流程演练了一遍,再商讨需改进的地方,然后确定了最终方案。

第三步,一切前期工作准备就绪,按学校规定的时间开展活动。活动举办得非常成功,深受学生的喜爱,学生纷纷表示活动很有趣、收获很大。

第四步,家长助教在讨论群里分享自己的感受,老师总结本次活动。家长们有的分享了活动中某些学生可爱的片段,有的分享了自己的收获,有的向大家表示感谢,有的分享了活动为什么能取得很好的效果……最后,老师分享了孩子们的表现和助教老师的表现,对大家表示了感谢。通过交流和分享,增进了教师与家长之间的情谊纽带,积累了家长活动的经验,为该活动画上了圆满的句号。之后,老师截图发到家长群里,让其他家长也能感受这次活动的效果、家长和孩子良好的互动氛围,吸引更多家长参与到家长助教活动中来。

第五步,袁老师将活动的照片、方案、简讯、录像等资源存档,完善家长助教活动的校本课程。

二、成功实例分享 2

某校准备三年级心理游园会的过程是这样的:

□ 构思方案

结合学校家校共育的工作安排,三年级要举行一次心理游园会,这次活动由心理老师构思方案,方案需提交学校家教专干通过。

□ 活动准备

心理老师准备好方案所需的工具及用品。

德育处让班主任传达开展心理游园会的信息,请班主任以自愿为原则招募所需的家长助教。人数为每班 10 名家长助教。

□ 筹备会议

筹备会议参会人员包括各班班主任、心理老师、家教专干、德育主任以及各班家长助教，心理老师担任会议的主持人。为了完全放手让家长助教开展活动，心理老师把活动方案细则做成 PPT，配合图片进行详细讲解，力求让家长助教清晰明了。心理老师首先介绍活动的意义与目标，接着讲解活动内容与流程，最后确定助教的分工职责。在讲解过程中，鼓励家长助教随时提出疑问及困难的地方，一起商讨、解决。

在本次活动中，家长助教具体要做的是，以班为单位，先在班级中开展两个团体游戏——"珠行万里"和"无敌风火轮"，接着开展六个个体游戏。最后，家长助教组织班级分享感受并合影留念。

□ 演练活动过程

筹备会议结束后，各班选出一名家长助教担任组长，组长负责各游戏的分工和明确具体工作内容，主导整个活动的开展。接着，心理老师把活动所需的道具分发给各班家长助教。最后，各班家长助教到划分好的活动区域里，演练活动的全过程，每个助教都要知晓自己的具体工作，以保证当天活动的顺利开展。

□ 活动实施

活动当天一切按计划进行。根据方案的流程，各就各位开展游戏，维持秩序，保证安全。

□ 反思总结

活动后，德育处要求班主任鼓励家长助教们在讨论群里分享感受，反思、总结活动，并收集截图发送给家教专干，由家教专干收集起来，把有价值的信息反馈给心理老师。心理老师再次完善方案，供下次借鉴，争取做得一次比一次好。

□ 发布简讯

心理老师把活动写成简讯，发至校园网和微课掌上通，让更多家长了解家长助教活动，增强家长助教意识，认识到校园活动的意义，吸引更多家长愿意担任家长助教。

第九章 ❀ 家长开放日的有序开展

2015年10月,教育部印发了《关于加强家庭教育工作的指导意见》,该意见中指出:"中小学幼儿园要建立健全家庭教育工作机制,统筹家长委员会、家长学校、家长会、家访、家长开放日、家长接待日等各种家校沟通渠道……"可是,作为家校沟通的重要的渠道之一——家长开放日却鲜少有专门深入的研究,缺乏权威性、系统性、全面性的相关规定。随着社会的发展和社会各界对教育的日益重视,人们对家长开放日的活动质量与层次的要求也迈向了更高的台阶。可现实却不尽如人意,许多学校缺乏理论的指导、实际的研究和可操作性的借鉴,在举办家长开放日时基本上处于"放羊"的无序状态。

案例导八

一年一度的家长开放日如期在××学校紧张地进行着,李副校长安排德育处和教导处几位主任到各班巡查,并及时反馈各班情况。二十分钟后,各位主任齐聚会议室汇报各班级开放日的情况。

德育处的林主任首先汇报:"我刚才巡查一、二年级,发现家长特别多,教室里人满为患,走廊上也站满了家长。据我了解,很多家庭都是一大家子来的,除了父母,还有爷爷、奶奶、外公、外婆,七大姨八大姑的都来了,都想看看自家宝贝在学校的表现。"

"我巡查五、六年级,跟一、二年级的情况恰恰相反,来的家长特别少,而且大多是爷爷、奶奶或者外公、外婆,问了一下情况,都说父母工作忙,不好请假。"教导处的曾主任叹了一口气。

德育处的刘副主任苦笑着说:"我刚才巡查三、四年级的时候,一个家长走出教室拉着我投诉老师,说老师偏心,只提问几个成绩好的孩子。"

"家长只关注自己的孩子。我刚才在一(2)班的教室里就发现有家长催促自己的小孩把手举高点,还叫老师提问自己的小孩,导致老师很难做,其他家长也很生气。班内的孩子们在课堂上的表现也一反常态,有些孩子看到自己父母在旁边,特别拘束不敢回答问题;有些孩子看见家长多,又回到在家里'人来疯'的状态,上课不认真、不专注,左顾右盼看热闹……"教导处的张副主任无奈地说。

"家长开放日年年开展,这样的问题年年有,仿佛陷入一个循环的怪圈,一直没有很好的方法来解决。"李副校长摸摸后脑勺苦恼地说。

"对啊,每年全校师生这么辛苦地去准备这个开放日,是希望家长看到我们师生工作、学习、生活的实际情况和过程,展示学校以及师生优秀的一面。结果,却招致家长的不满和怨言。"

"是啊,得不偿失,老师们也有很大怨言。"

"目的达不到,还不如不开展这个开放日活动。"

……

正当大家七嘴八舌地议论的时候,门卫室打来电话,叫李副校长帮忙处理事情。原来由于门口拥堵,有家长起了摩擦。李副校长带着几位主任急忙往校门口跑去……

内容解释

家长开放日活动是学校开展的一项面向学生家长的、让家长深入了解学校教育教学情况的活动。家长开放日活动可以使家长实地了解自己孩子的在校学习情况,亲历孩子在校的受教育过程,深入理解学校的教育理念,从而促进家校积极互动和合作。在家长开放日活动中,教师们以丰富多彩的活动形式,开展贴近生活的活动,组织家长积极参与,让家长亲身体验愉悦和成功;活动内容展现新的教育观念,寓教于乐,尊重学生、相信学生、充分体现学生的主体性;不仅向家长展示了学校师生工作、学习、生活的现状,同时也更新了家长的教育观念。家长开放日是学校家庭教育指导工作的一种常见形式,是家校合作共育的一种重要形式。

一、家长开放日的重要意义

从上述的案例看,无序的家长开放日违背了举办的初衷,没有达到家校沟通、家校共育的目的。可是为什么非要在正常的教学管理中加入这一"吃力不讨好"的活动呢？家长开放日活动到底有什么作用呢？其实，家长开放日作为学校家庭教育工作的一种重要形式，有其独特的意义。当然，每一种形式都有其专有的操作规范和标准，还要结合学校实际进行融合，这样举办才能事半功倍，否则就会出现上述案例中的情况。很多专家学者也都肯定了家长开放日活动的意义和作用，归纳起来主要是有利于家长理解孩子、尊重教师、与教师合作，还有助于教师提高自己的专业水平。

（一）有利于家长更好地教育孩子

教育好孩子的前提条件是要正确地认识孩子、评估孩子，评估孩子的目的是为了因材施教。学校定期开展家长开放日活动，让家长走进学校，真实感知孩子们在活动中的表现，能帮助家长客观理智地发现孩子的长处与存在的不足，进一步了解孩子各方面的发展水平，进一步看清孩子的个性特点，从而有助于对自己的孩子进行有针对性的教育。教育专家黄人颂认为："家长在观察各种集体教育活动时，对比同一年龄儿童的行为和能力，从不同侧面认识自己子女，能更客观地分析和改进家庭教育。"

（二）有利于家长更好地尊重教师

知之深才能爱之切。家长通过家长开放日活动，来学校实地观看教师的工作，了解教师除了要负责教学生知识和方法外，还要负责和承担学生在校内所发生的一切事情，从而感受教师的辛劳，体会教师的艰苦，增进对教师教育教学工作的感性认识，也增加了对教师的尊重和敬爱之情。

（三）有利于家长更好地与学校合作共育

家校合作共育的坚实基础是彼此了解，相互信任。学校通过举办家长开放日活动，向家长展示学校师生的一日工作、学习和生活，让家长体验孩子成长中的快乐，了解教师教育教学过程的繁琐和辛苦，激发他们对教育工作的理解。同时，通过家长和教师面对面的沟通和交流，更能增进双方的了解和信任，为家校合作共育架起桥梁。

（四）有助于教师更好地完善自我

家长开放日活动能促进教师把压力转化为动力，不断提高自己的教育水平和指导能力。每次开展活动，教师们既要精心设计活动方案，又要面对众多家长组织教学活动，而且每位家长都盯着自己的孩子，看老师对孩子的态度如何，怎样组织教学活动，这对教师素质和专业水平都是一个考验。教师们只有具备扎实的业务素质，才能过好这些关，这在无形中可以促使教师们加强学习，从而提高自己的业务水平。

二、家长开放日目前存在的主要问题

开展家长开放日活动对家校共育有种种好处，可是如果学校不能把握家长开放日的精髓，健全家长开放日制度，而家长不能理解开放日对孩子教育的意义，就会出现案例中的种种状况。这不是个案，而是普遍现象。目前家长开放日存在的主要问题有以下几个方面。

（一）目的不明，流于形式

不少学校没有充分认识到举办家长开放日活动的真正目的和意义，大部分是为了"面子"工程、为了应付上级的检查而举行；更有甚者，把家长开放日活动作为一种摆设，没有相应的制度章程，即使有也不健全。学校不重视，家长也就没有积极主动性。开放活动往往由学校决定，班主任唱主角，科任老师做配角，从活动形式的确定，到活动内容的选择、活动时间的安排等，都由学校说了算，家长处于被动接受和服从的地位，忽视了家长在开放日活动中的参与、体验和感受。

（二）表面热闹，远离宗旨

很多学校举行的家长开放日活动只是一种"表演"，表面上看起来气氛特别热烈，但事实上，家长们是"外行"看热闹，不知道究竟该看什么、如何看，看过也就忘记了，因而不能达到开放日活动的真正目的和预定的教育目标。每次开放日活动之前，家长对活动的目标、内容、形式不清楚，活动时只能看表面现象，不能配合教师有目的、有计划地去指导和参与孩子的活动，更谈不上对学校整体教育的了解。家长开放日活动虽是家校沟通的桥梁，是家校共育的有效途径和方式，但每学年或每学期只"开放"一次，而且每次都是家长看老师和学生表演，无论从形式上、数量上还是质量上，都存在一定的局限性，也背离了家长开放日活动的宗旨。

（三）集体活动，无针对性

家长开放日活动开放时间固定，场所固定，变成了家长的一种集体活动，没能考虑到家长的个体需要。全班统一，家长到校园后，教室变得异常拥挤。如果开放日恰好有事，家长只好放弃难得的一次参与活动的机会。因为是集体活动，老师和家长不能进行一对一的交流沟通，不能解决个别学生的问题。家长在开放日中表现出的一些不正确的教育行为，如只重视孩子的上课表现、不懂得如何看教学过程等，教师也无暇进行针对性的指导。

（四）秩序混乱，难以管理

由于没有科学的筹备工作，没有规范的章程指导，不少家长开放日活动表面热热闹闹，实际却怨声载道。家长埋怨交通混乱、停车位难找、教室狭小、听不到教师说话、看不到学生的表现……教师埋怨家长无序、不听指挥，搞乱班级环境，罔顾课堂纪律，只管自己孩子，甚至大声喧哗、旁若无人地接打电话……孩子们也失去了常态，因为家长多，平时活跃的，更想借机表现自己，再加上家长就在身边，变得难以控制自己的情绪，比平时表现得更顽皮；平时内向的，变得更加拘谨起来，不举手不表达，老师提问也不愿意出声，让在场的父母很是恼火……这样一来，不光正常的问题得不到解决，班级管理也显得更加混乱。

三、家长开放日"无序"的原因分析

家长开放日出现的种种问题，其背后的根本原因是什么？

（一）地位较低，不受重视

学者们调查研究发现，在各个不同的历史时期，前三位的家庭教育指导形式始终是"家庭访问""家长会""家长接待日"，而"家长开放日活动"均排在尾部，没有受到应有的重视。不仅历史地位低，在学校管理中，家长开放日的比重也非常小。

工作在教育教学第一线的教师们也认为家长开放日活动不属于教科研的范畴，所以不太重视家长开放日。当然也不排除有命题的研讨，但不会具体到家长开放日活动应该如何来做。现在虽然比较重视家校共育工作，但所做的家校共育工作更多的是指导教师如何与家长沟通，如何去接近家长，如何向家长传递教育新理念等，基本上没有具体地涉及家长开放日活动。很多研究人员认为家长开放日活动跟家庭教育还是有一些联系的，但不是重要的内容。

很多学校认为教科研活动的面很广，研究的课题很多。而家长开放日只涉及家校共育工作的一个方面，只是一个很小的课题，不值得花很多精力去开展研究。究其原因，一是家长开放日活动相对来说，是针对全部家长的，面比较广，它的个别性、针对性、指导性不是很强，难以解决个别家长的具体问题。二是家长开放日活动只是让家长在教室里面看一下教师正常的教育教学活动，比如老师是如何进行教育教学的，孩子在班级大概处于一种什么样的水平等。但对家长来说，要针对自己孩子的问题进一步向老师咨询，家长开放日活动却不能做到。也正因为这种局限性，导致家长开放日活动只是科研工作中的一个内容，但不是重要内容。

总之，家长开放日活动不论在教研活动中还是在科研活动中地位都比较低，还没有得到应有的重视。

(二) 观念陈旧，教育理念滞后

家长开放日活动受到许多主观因素的制约，如教师的儿童观、课程观、家长观、价值观等。而且伴随着平等、民主的价值观和自由、公平竞争意识的增强，家长了解教育教学、参与教育教学的需求也日益强烈，他们已不满足于在家庭教育中按照自己的理想方式来教养孩子，还期望在学校教育中能有自己的一席之地，对学校的教育问题享有发言权、建议权和决定权。而学校作为中国传统文化的一个载体，既难以摆脱"师道尊严"的长久影响，又难以打破"各自为政"的管理模式，所以就自觉或不自觉地满足于现在的封闭式管理状态，并不希望家长过多地参与学校的教育。

由于家长开放日活动都是教师唱主角、家长当配角，所以教师和家长所承受的身心压力就截然不同，相比来讲，教师承受的压力要远远大于家长。在开放日活动前，教师是设计者，要花费许多时间和精力来准备活动，还要迎合家长的需要，否则就可能是费力不讨好；而家长则是被通知者，接受教师的通知，按时来参加就可以了。在开放日活动中，教师是组织者，全身心地投入到各项活动中去，还生怕哪个环节出现了差错；而家长则是旁观者，像个普通的观众，倾听、观看活动就可以了。在开放日活动后，家长是评价者，他们对活动进行评价；而教师则是被评价者，要接受家长的评价，尽管家长的评价结果不一定正确。由此可见，开放日活动的实践使教师深深地体会到他们付出的太多、得到的太少，压力太大。压力带来抵触，为了保护自己，多数老师并不希望举办家长开放日。

(三) 办学条件制约，无法保障

虽然国家有明确规定的办学标准，比如生均占地面积、班额、师生比等，但是还有不少地方的办学条件达不到国家的标准，并没有做到"有令则行，有禁则止"。例如，有些学校每个班级的学生人数都超过了规定班额的上限，甚至严重超标，而专任教师的人数配备则是处于下限甚至还不到，这就迫使教师进行超负荷的工作。更何况家长开放日活动时教师的工作量还要比平时大，所以，教师不愿意拿自己剩下的那点心力和体力去应对家长开放日。

因场地制约，不少教室狭窄，不会有单独的洗手间、整理室，更不会有专门的观察室、观察窗以供家长来校专门观看孩子的活动。家长一来，则会使本来就不宽敞的教室变得更加拥挤不堪。可见，活动空间的狭小也是教师反对向家长开放的一个重要理由。

由于历史原因，不少学校的选址不科学，交通不便利。而随着人民生活水平的提高，家庭拥有车辆率大大增加，每到上学放学时，学校门口的交通变得异常拥挤。更何况是家长开放日，全校家长集中在一起，很多车辆只能随意停放在马路旁，交通的压力剧增，学校不好管理，周围的住户也是怨声载道，而作为家长更是头疼不已。

（四）沟通不畅，互不理解

诸多主观因素与客观因素制约着家长开放日的有序开放，而最根本的原因是教师与家长之间的互不理解。很多家长开放日是基于"家长也是孩子成长过程中的教育者，是教育行家，他们也懂得教育教学规律"这样的理论假设，过高地估计了家长的教育素质水平。可是，现在的家长素质并不乐观，特别是教育素养比较缺乏，导致许多家长在开放日中并不是关注课堂教学是怎样开展、教学目标是否达成、教育教学效果如何、学生的学习表现如何、课堂教学氛围怎样，而只是关注自己的孩子是否被老师关注，眼睛只盯着自己的孩子。当自己的孩子不积极举手回答问题时，作为听课的家长就吆喝着"快举手""举高点"；如果教师不叫自己的孩子回答问题，家长又嘀咕着"怎么就不叫我家孩子"；如果整节课自己的孩子都没有被叫到回答问题，家长就会兴师问罪了。正所谓"内行看门道，外行看热闹"，老师埋怨家长没教育素质，不懂课堂教学，不懂教育规律，更增加了对开放日的恐惧和厌恶。

出现这样的状况，姑且不论是否影响课堂教学的秩序、课堂教学的顺利开展以及教师与家长关系的和谐，单从家长的初衷来看也是极其矛盾的。一方面，有些家长文化素质偏低，仅有的教育知识也是"子承父教"而习得的，他们不懂课堂组织教学的方法与规律，以为只要教师提问自己孩子，他就是好老师，自己的孩子就能学好。另一方面，在当今竞争极其激烈的社会，家长普遍认识到只有接受良好教育才能使子女更好地参与竞争，因此他们极其重视子女教育，对子女的期望值极高。在这种矛盾下，盲目开展家长开放日活动，特别是采用"放羊"的无序状态来开放，是不利于学校教育与家庭教育积极互动形成教育合力共同推进教育发展的，反而使家长更加不理解学校教育，增加了教师与家长之间的矛盾与不信任，达不到举办开放日活动的目的。

工作要求

家长开放日的有效开展，不仅要克服诸多主观因素和客观因素的制约，更要让家长懂得"看课"，做一个有智慧的家长。要想办法让家长的注意力由关注自己的孩子转移到关注教育教学过程。通过这样的转移，一方面化解由于家长的"无知"而产生的误解，另一方面使家长逐步懂得"看课"，使家长开放日由无序走向有序，由无效走向有效。

一、提高认识，全员重视

学校要全面、深刻地认识到家长开放日活动的性质和作用。首先要意识到，家长开放日应成为家长直接参与、教师主动引导的双边活动，家长是参与开放日活动的主体；其次要意识到家长开放日是促进教师素质提高的手段；再次要意识到家长开放日应成为指导家长教育行为的良好途径，因为教师能直观地感受到家长的言行是否正确，教育孩子的方式是否科学。

学校要自上而下重视起来，为家长开放日活动的顺利开展提供保障。校领导主要是规划和设计，包括明确制订工作制度、活动的宗旨、确定活动的大致时间与形式、协调整个学校的人力与物力，花时间、花精力、花财力去研究设计出科学有效、能真正促进家校共育的、有质量的家长开放日。年级组作为教研组织，要帮助教师解决教育教学中的具体困难与问题，指导教师根据本年级开放日大主题确定班级主题内容与形式，制订出班级计划、相关环境创设与成果展示以及前期与家长的沟通与协商，制订评价标准、预设效果和突发状况等环节；指导教师设计教学活动、组织平行班教师集体备课、讨论教师与家长在互动中应该注意的问题等。教师是家长开放日活动的执行者和组织者，他们要做最微观层面的准备，具体包括针对学生的准备、针对家长的准备。

同时，学校要加大宣传，让家长认识到参加家长开放日活动是自己的权利与义务，认识到参加家长开放日对教育自己孩子的重要意义。要改善现有的教师和家长对于自身的角色定位，构建一种更为和谐的互动关系，让家长明白教育学生不再完全是学校的责任，而是家长和学校共同的责任。因此，在开放日活动中，教师和家长应该平等协商、共同参与，从教师的"独唱"走向教师和家长的"合唱"，为教师和家长的共同发展提供更多的可能性。在家长开放日活动中，家长可以参与确定活动的时间、主题内容的选题、开放的形式等，变活动的"客人"为活动的"主人"，增强教师和家长之间的互动，提高活动的有效性。

二、扩大开放，全员参与

应从家长的实际情况出发来确定开放日，并延长开放日的时间。可将半日开放改为一日开放，特别是带有午托的学校，可以使家长亲眼目睹孩子在校的学习、生活表现，以消除孩子在家与在校表现不一样的两面性。要变集中开放为增加开放次数、减少参加人数，从而有效地解决活动空间的问题。这样一来,环境好了,学生情绪稳定了,家长心态平和了,开放活动正常开展就有了保证。学校要将每学期统一时间的一次家长开放活动改为多次,或由各班灵活安排开放次数,采取预约式的方式,使家长能根据自己的需要提前预约加以选择。这样,既能方便家长参与,也减少了每次活动的人数,提高了活动的实效性。

三、引导家长,有的放矢

学校应该对家长进行具体的指导和帮助,使家长明确参加开放日活动的目的、内容和方法。教师要有目的地与家长事先沟通,指导家长具体观察孩子的哪些方面、如何看待孩子的表现以及如何评价孩子。

在开放日活动前,老师可以请家长代表或部分感兴趣的家长一起研讨本次活动的目的、内容、组织形式,活动所需的教具、学具和材料,共同分析本班学生的特点和现状,制订出本次活动的主题和方案。

在开放日活动中,教师应把重点放在指导家长如何观察孩子的表现方面。首先,设计出"观察记录表"。"观察记录表"一般分为两个部分:一部分以描述教师和孩子的主要活动为主,包括教师的教学组织过程和孩子在活动中的主要表现。这一部分为家长观察教师和学生行为提供了线索。另一部分为家长的观察记录,要求家长根据教师的提示来填写"观察记录表"。教师的这些提示,促使家长观察自己的孩子,并学习在观察的基础上判断孩子的行为,进一步地思考孩子产生某种行为的主要原因。"观察记录表"可以说是家长参与教学观摩活动的"航线图",能够使家长明确该看什么、如何看,并能根据统一的评定标准进行评价。其次,要求家长在不干扰孩子活动的情况下,认真如实地记录孩子在各种活动中的表现,如言语、行为、动作、表情(见附件24)。可以让家长根据记录表有目的地观察自己的孩子在活动中的表现,并认真、如实地进行记录。比如:要看孩子在活动中的积极性、主动性、创造性的发挥,以及在遇到问题时孩子是怎样求助和解决的;自己孩子与别的孩子相比有哪些特点;孩子在校的表现与在家是否一样,等等。同时,提醒家长在观看时,不要干扰老师正常的教育教学活动和孩子的各项活动。在组织开放日活动时,一定要让家长看到孩子的真实情况,了解孩子的发展水平,了解孩子的优势与不足及存在的问题,了解老师的教育方法,以便于家长在家里能够同步一致地进行教育。教师要利用家长开放日,举办一些与班级主题教育密切相关的亲子活动,让家长在与孩子的互动中更好地了解学校,更好地认识班级的教育活动,从而能够发现与走出自己的教育误区,主动将视线转移到孩子平时的教育活动中,配合教师进行教育活动。

开放日活动结束后，应组织家长召开活动评析会，鼓励家长对开放日活动进行评论，并对家长的建议及时加以反馈。一般先由执教者介绍自己的设计意图，再请家长谈谈对开放活动的认识，提出建议和意见。要利用现代信息技术对家长的记录表及时快捷地进行汇总，按班级、年级对各个项目进行统计，并把结果公布出来。同时，对各项结果逐一讲述，针对家长意见较多的地方着重解析，快速、科学地进行反馈，解除家长心中的疑虑。最后，对家长进行分层指导、分类指导和个别指导。此外，家长开放日活动结束以后，对家长留下的宝贵意见要及时加以处理。否则，不仅会影响家校之间的理解与沟通，还会挫伤家长参与学校教育和管理的积极性。为此，学校首先要在思想上"重视"家长的意见；其次要对家长的意见进行"归类"，及时处理，吸纳锦囊妙计，消除误解偏见，研讨疑难杂症；再次要感谢家长对学校工作的大力支持。

四、家长开放日的工作流程

（一）确定班级主题

班级主题的确定，首先要考虑学校是否规定了开放日主题。如果学校有统一的主题，各个班级就要在遵循学校主题的前提下，结合本年级孩子的年龄特点与班级近期的教育重点以及家长的兴趣和需要，确定适合本班孩子的开放日班级主题。其次，很多学校有自己独特的校本课程和特色课程，这也要在开放日活动中重点展示。比如有的学校课堂特色是"翻转课堂"，可在家长开放日活动这一最佳时机让家长了解"翻转课堂"模式有什么特点、有什么创新、有什么好处等，并且让家长参与到课程中，进而从中获益，得到成长，同时也为教师与家长之间相互合作的伙伴关系打下基础。

（二）制订活动计划

家长开放日活动计划可谓活动当天各项活动有序进行的导向标，是做好筹备工作的前提。活动计划的制订要分三步走：首先，学校领导带领部分教师制订学校活动计划；其次，各年级教师以年级组为单位，共同讨论本年级的大致走向；最后，教师根据年级组讨论的走向，结合班级情况和家长的具体要求制订出本班活动计划。

（三）设计活动方案

活动方案是考量教师前期筹备工作水平与质量的重要指标之一，也是学校收集归档的纸质材料之一。开放日活动方案一般是班级所有教师商讨确定后，先由班主任起草，再由教师们共同研读、修改完善,然后上传至班级家长 QQ 群、微信群,倾听并适当采纳家长意见,最后修改后再上交学校归档。对活动目标的表述,要以家长为中心进行设置,形成教师、家长、学生三方互动,家长不单单是被动参与而已。设计专门的开放日活动方案要比平时设计活动方案更谨慎,考虑得更多。活动的选取要尽量地吸引住班级每个孩子的目光,让所有孩子都参与进来;要照顾家长的感受,尽量给更多的学生一些发言的机会,让家长能够看到孩子在集体面前的表现,从而打消家长的一些顾虑和不安。这就要考验教师对整个活动场面的驾驭和形式运用的掌控能力,以及对班级孩子的了解程度,并兼顾到家长们的需求与期望。

(四) 环境创设、活动材料准备

环境创设不仅是展示教学成果的直接表现形式,更是筹备工作中最能体现教师工作质量的形式之一。环境创设分为物质环境创设和心理环境创设。学校的大环境创设一般由本校的宣传小组负责,班级环境创设由班主任与科任老师负责。为迎接家长开放日活动,小到班级走廊、宣传栏、黑板,大到班级教室环境,都要进行环境创设并且在创设环境的时候,还要充分体现班级本次开放日活动的主题。创设环境所用到的材料一般是学校提供的,如果有需要可动用家长委员会添置。由于成本问题,一般都以手工制作为主,并倡导废物利用、一物多用,现成商品运用相对较少。对开放日期间的环境创设也要侧重于孩子的成果展示,所以要制作大量便于展示的墙板、展示柜,如孩子的书法作品展览、美术作品展览、手工作品展览、习作栏、试卷栏等。当然,张贴欢迎家长的标语等各种细节也是不容忽视的。另外,还要本着整洁、自然、舒适的原则,尽量给家长提供坐的位置。

心理环境的创设,在筹备工作过程中面向家长而言,就是与家长多交流多沟通,并且教师要充满热情、大方得体,注重一言一行,为开放日活动奠定轻松、愉快的情感基调,从而营造出包容、接纳的宽松氛围。面向孩子而言,应提前做好思想工作,安抚情绪。有的孩子属于"人来疯"型,见到那么多家长就乱了章法;有的孩子比较胆小、怕生,人越多就越不会表现自己。教师应该根据不同孩子的性格类型有所区别地为他们营造适宜的心理环境,让孩子有迎接家长开放日的思想准备,展现出自己较好的一面。

家长开放日活动材料的准备,对教师而言可能跟日常教学准备大同小异,但对家长而言却可以让他们眼前一亮。无论是活动海报活泼的卡通形象设计,邀请函、签到表上详尽的活动安排,还是向家长展示孩子在学校成长点滴的小短片(影像＋多媒体课件的形式),这些都会给家长带来耳目一新的感觉。

(五) 宣传与通知工作

关于家长开放日活动前期宣传工作,主要是在开放日活动前一个星期(不同班级宣传时间不同)对家长进行动员与宣传。主要采用的形式有在班级 QQ 群或微信群做宣传、组织小型家长代表会议或全班性的家长简短会面等,具体采用哪种形式要依据活动的形式而定。

关于通知工作,当前学校主要是通过微课掌上通、QQ、微信等方式来发布信息的。各个班级都设立了微课掌上通账号,信息发布在 QQ 群、微信群的同时,也会统一在微课掌上通中发布。在活动召开前一周,主动确认前来进行活动的参与者,具体到哪位家庭成员来参与本次开放日活动;在活动召开前一两天,发放邀请函,并再次在 QQ 群、微信群发布通知。

家长开放日活动作为家校联系的一种重要途径,是家长深入了解学校的一种方式。学校要精心组织,教师要科学设计,家长要乐于参与,三方拧成一股绳,才能确保家长开放日活动顺利进行,促进教师和家长的共同成长,让孩子得到更高质量的家校共育。

经验分享

家长开放日工作制度

一、指导思想

为让家长能够了解学校和教师,让家长看到孩子在校学习、生活和能力方面的表现,学校定期组织家长开放日活动。通过学生、家长、教师面对面、心贴心的交流,让家长走进教室,关注教育;走近孩子,倾听心声;走进学校,参与管理。

二、活动时间及内容

1. 家长开放日时间:每学年至少向家长开放一次半日或全日活动。

2. 开放所有功能室,让家长了解现代教育媒体设施。向家长展示学生在校一日的学习情况,包括课间操、上课和课外活动等情况。

3. 安排当天的各类学科向家长展示、汇报。

4. 开展各种咨询活动,为家长解答其在教育孩子的过程中存在的问题,积极开展家庭教育指导工作。

5. 根据每学期活动的主题邀请家长参与听课、观摩等。

三、开放日活动准备

1. 提前发放家长开放日活动通知单,邀请家长到校参与活动。

2. 教师精心备课,争取展示最真实、最好的一面。

3. 准备相关指导材料,有书面文字稿、观察记录表等,以帮助家长掌握一些学校在家庭教育方面的新要求,也使家长能够跟上家校教育的步伐,并保持一致性。

4. 家长反映的家庭教育和学校管理中的共性问题,要组织相关人员着力研究。

四、活动后续工作

活动结束后,德育处收集家长意见,反馈给老师,学校进行一次全面总评并拿出整改方案,通过多种形式将整改情况反馈给家长。

第十章 ✿ 亲子活动的有效开展

亲子活动是家校共育的重要途径和组织形式。通过亲子活动，教师与家长两方面的教育资源都得到充分的开发利用，教师用其教育专业知识影响家长，家长也以所获得的有针对性的育儿经验影响教师。双方积极互动、合作，最大限度地达成一致，形成教育合力，从而为孩子创造最佳的教育环境，促进孩子更主动、可持续的发展。当前，亲子活动这种家教指导形式及其收效已被广大教育者和家长认可，一些有条件的学校也在积极开展亲子活动的实践探索。

然而，实践中普遍存在着重形式、重结果、轻过程等现象，活动的主体不明确、单向互动而非多向互动、互动频率低、教育价值片面性等问题也很常见。而且，教师没有一套系统的指导方式作为参考，指导起来有点力不从心。

如何把活动与家庭教育指导融合起来，创造一定的条件，以亲缘关系为基础、以教师为主导，开展由教师与家长共同组织的亲子活动，实现家校共育，使学生全面健康地发展，这是大家都在探究和努力去解决的问题。

案例导入

开学后的第六周，学校领导在班主任常规会议上宣布：取消全校统一开展的春游活动，建议由各班班主任自己抽时间开展符合班级学生实际情况的亲子活动。会议结束后，班主任们私底下就此安排议论纷纷。

1班班主任：往年的春游活动，都是学生统一交了钱，让旅行社带着出去游玩一天，老师跟着管理一下队伍就可以了。今年为什么要自己开展亲子活动！首先，我不太会开展亲子活动，能力有限。其次，学校又不是硬性规定要开展，只是建议而已，我还是省点心，不开展。

2班班主任：是呀，春游不外乎就是带学生集体外出游玩，让学生开心一下。要开展亲子活动需要准备或者涉及的问题太多了。平时上课已经够累了，哪有时间再去开展。

3 班班主任：我们可以让家委会来组织并开展亲子活动呀，这样我们就不用烦了。

4 班班主任：让家委会开展亲子活动，你放心吗？老师还不照样要跟紧，万一中途出现了什么安全问题，最后还不是要老师负责任？

5 班班主任：不光是要为安全问题担心，还要考虑活动经费，开展亲子活动需要用到钱。以前旅行社提出的收费金额，一般都是行情价，每家旅行社都差不多，家长也没有意见。现在开展亲子活动，要收钱，钱少了不好开展，钱多了怕家长有意见。开展亲子活动，老师不可能贴时间，又贴钱。

6 班班主任：我们班倒是没有大问题，因为我们班的一位家长能力特别强，平时私底下也组织班上的几位家长一起带孩子们到外面去游玩。我把任务交给他，由他负责统筹就可以了，我变成打下手的那个。

7 班班主任：我觉得我最大的问题就是实在不懂得如何开展。如果开展亲子活动只是到外面去游玩一下，开心一下，家长肯定说自己平时也可以组织几个家庭约好时间进行，为什么要全班一起开展呢？如果按学校的要求结合学生的实际情况来开展，我又觉得有点难度，不会做。

8 班班主任：我觉得，我们老师自己开展亲子活动可以用两个字来形容，那就是：难！烦！

经过一番讨论交流，班主任们不仅对开展亲子活动的热情和积极性下降了，甚至统一口径说不会组织亲子活动。

内容解释

虽然只是个案，但是案例中各位班主任私底下的言论，还是代表了不少教师的想法。为什么大家对开展亲子活动的积极性不高呢？主要原因有以下几方面。

一、学校领导不重视亲子活动的开展

目前，上级部门对学校的检查与评估基本上没有涉及亲子活动的相关方面，所以很多时候有些学校领导不重视亲子活动的开展，对教师是否开展亲子活动也不会过问，或者简单地

认为亲子活动做做表面功夫、宣传宣传就可以了。甚至有的还认为亲子活动不仅耽误学习、耽误时间，还需要拨付一笔活动经费，而这笔经费如何解决更是需要考虑和衡量的问题。

二、时间难以统一，制约亲子活动的开展

亲子活动一般最常见于幼儿园和小学的低年级阶段，而且通常是以园方或者校方为主要承办方开展的各种主题活动。这些亲子活动的开展一般是在教师的正常工作时间内，不占用教师的私人休息时间，教师按照校方的要求做好一切工作就可以了。

随着年级的递升，学校课程越来越多，可利用的时间越来越少，就算把亲子活动纳入综合实践活动课和校本课程里，也可能因为每个班的实际情况不一样，学校统一安排亲子活动的难度变得很大。如果要开展亲子活动，只好要求教师利用周末的时间了。

然而，忙碌了一个星期后，不管是教师还是家长，每个人都希望在周末放下工作，给自己一些休息的时间和空间，让自己的身心得到放松。因此，要在周末开展班级亲子活动，并不是每个人都愿意的。

三、安全责任让教师对开展亲子活动望而却步

班级亲子活动一般都是外出的集体活动，在学校以外的地方开展活动，会存在各种预料之外的安全问题。比如：参与活动的家长和学生人员众多，活动空间广阔，管理起来不容易；选择的活动场地中不仅有自己班级里的亲子人员，还有其他不认识的社会成员，他们或多或少都会被吸引过来围观，这里面存在着一定的危险；在活动过程中家长没有照顾好自己的孩子，让孩子身体受到损伤，或者在游戏过程中，某个参与者身体受到损伤；在外出过程中可能出现交通意外；等等。这些安全问题都需要有人来承担责任。

部分教师本来想利用周末休息时间来开展一些班级亲子活动，但是又怕出了什么问题家长来找麻烦，让老师承担所有责任，于是本着多一事不如少一事的原则，这些教师认为，不如不开展班级亲子活动，平时做好教育教学工作就可以了。

班级亲子活动的开展，很多时候是教师作为主心骨在主持大局，家委会从旁协助，活动过程中事无巨细都需要教师进行处理。这样一来，教师既要处理日常的教学工作，又要处理班级亲子活动开展的准备工作，不仅消耗教师的精力，而且也增加了教师的工作量和工作时间。教师精力有限，忙不过来，力不从心。

就算家委会有人员协助老师准备很多幕后的工作，作为一个有责任心的教师，本着发挥亲子活动最大教育作用的原则，是不可能全权放手，单独让家长委员会的成员去做准备工作的。教师还是需要做很多准备工作，依然耗时耗力。因此，本着能不做就不做、不要给自己找麻烦的原则，大部分教师选择不开展亲子活动。

四、家长的不配合，打击教师开展亲子活动的积极性

现实生活中，教师在开展亲子活动过程中，或多或少会发现：部分家长并没有意识到亲子活动在教育和引导孩子过程中所起到的重要作用，因此不重视亲子活动，参与的积极性不高；部分家长周末是单休，希望好不容易休息的周末用来开展家庭活动，不愿意参加集体的班级亲子活动；还有些家长因忙于工作，很难抽出时间陪伴孩子参加亲子活动，只好请祖辈家长来参加活动，而祖辈家长由于教育理念的问题，很多时候不能有效地配合教师开展亲子活动，甚至导致出现反面效果。如此，好不容易开展起来的亲子活动，由于参与者不多，不能达到教师所期望的教育目标，从而给教师一种忙而无效的挫败感，大大影响了教师开展班级亲子活动的积极性。

五、亲子活动开展的效果不好影响可持续发展

部分教师开展的亲子活动形式过于简单，如单一地把班级亲子活动交给外面的旅行社，亲子活动变成了旅游，学生在导游的带领下，参加的都是一些固定的游乐活动，学生虽然在活动中感到快乐，但是教育意义却不大，家长变成了纯粹的陪着旅游。这样的班级亲子活动效果不好，吸引力不大，使得下一次的亲子活动家长就不一定会参与，因为家长觉得自己平时随时可以参加旅行活动，没有必要抽空在教师统一安排的时间里进行。

六、误解了亲子活动的内涵和意义

之所以出现以上种种问题，很大程度上是由于教师和家长并不理解什么是亲子活动，开展亲子活动有什么意义。

所谓亲子活动，是指根据教育对象的成长特点和需要，在专业人员（如教师、校外少年宫等培训机构的导师）指导下由儿童和他们父母或看护者共同参与的一项具有指导性、互动性的活动。活动主体是孩子及其父母，活动的形式多种多样，但要突出亲子间的互动。教师在

亲子活动开展中肩负筹划、设计、组织、引导和指导任务,保障亲子活动按促进亲子关系发展这一预定目标安全、有序、高效地进行。

除了发展孩子的认知、良好个性以外,亲子之间的情感交流是亲子活动最重要的目的。通过活动可以让家长与孩子一起尝试、体验、动手操作,激发孩子的好奇心和探究欲望,发展孩子的认识能力;带领孩子一起与不同的个体进行沟通交流,提高孩子语言交往的积极性、发展语言能力;让家长在参与孩子的艺术活动中注重培养孩子初步的感受美、表现美的情趣和能力;等等。总之,孩子在活动过程中获得良好情感体验是其成长发展的基础。要引导家长明白孩子需要的是爱而不是知识和技能的灌输。因此,在创设亲子活动时,应更加富有感性,而不是知识性和系统性。

工作要求

基于以上几种情况,教师开展亲子活动时变得不愿意、不积极,于是亲子活动的教育意义就更加没能发挥起来。那具体应该怎样做呢?

亲子活动一般分为校内亲子活动和校外亲子活动。校内亲子活动的主导者是教师;校外亲子活动的主导者为家委会,教师"退居二线"并作为幕后工作人员从旁协助。因此下面将分别从"教师在校内开展亲子活动"和"教师引导家委会开展校外的亲子活动"两方面进行详细的说明。

一、教师在校内开展亲子活动

(一)了解亲子活动开展的基本原则

1. 目标的指向性

亲子活动是学生、家长和教师共同参与的,是在一种真实情境下的示范式的参与指导。就其目标而言,首先,培养和增进亲子之间的感情。家长在活动中能更直接地了解自己的孩子,正确评价孩子的发展水平,通过与孩子互动,增进亲子间的感情交流及合作,促进家长教育理念的提升及方法的更新。其次,增强家长和老师、家长和家长之间的交流。教师也可通过对亲子互动的观察,更清楚地了解学生个体发展特点和个体需要,及时了解家长的儿童观、教育观及对孩子的养育方式,从而运用自己的教育理念与方法影响和指导家长。因此,亲子活动的目标应指向家长的科普育儿水平的提升、亲子互动方式方法的学习和改进、亲子情感的升华,并最终促进学生身心健康、全面发展。

2. 内容的针对性

亲子活动内容的选择要根据学生的年龄特点和发展水平,从家长的关注点、需求出发,提高活动的针对性。

3. 形式的多样性

亲子活动不是单纯地为活动而活动,亲子活动是教师教育工作的课外延伸,通常是围绕教学的日常工作,结合节庆日、主题活动,充分利用校内外各种资源,开展亲子郊游、亲子制作、亲子运动会、亲子劳动、亲子阅读、亲子游戏、亲子义卖等形式多样的活动。

4. 材料的易取性

亲子活动所需要用到的材料,最好是随手可得的,因为随手可得的材料会让家长感受到:原来平时的废旧物品,竟蕴含着如此多的教育意义;原来开展亲子活动并不难,只要有心,身边的所有东西都是可利用的资源。这就拓宽了家长选择亲子活动内容的思路。

5. 活动的指导性

亲子活动不可能解决学生所有的身心发展问题,也不可能替代家庭教育的全部。因此,教师不仅要在有限的时间里对家长进行必要的示范和讲解,同时要考虑活动的指导性。亲子活动要向家庭延伸,每一次活动后教师要对家长提出延伸活动的要求,让家长和孩子回到家中继续完成相关的活动任务。

6. 活动的可操作性

教师在设计和开展亲子活动过程中,应先了解家长在教育方面的问题和经验,巧妙地将家长好的做法引进亲子活动的过程中,充分运用家长实践中的宝贵的教育资源,让亲子活动达到预期的教育目的。

另外,教师在设计亲子活动时,还要选择最具有代表性的内容,让所有的家长不用费力气都能做到;活动中要对家长提出具体的操作要求,发挥家长的聪明才智,鼓励他们举一反三,创造更多更好的经验和方法。

(二) 了解亲子活动开展的具体流程

1. 选择适合的活动主题和内容

亲子活动可以分为户外亲子、亲子体验、亲子主题活动、家庭游戏等。教师要具体开展哪类亲子活动,需要根据学生的实际情况作出合适的选择;同时,策划的活动内容应具有趣味性,能够真正吸引家长和孩子参加。如可以结合课本的主题内容安排孩子表演节目、家长小品表演等,使每个人在活动中都有机会真正感受到参与活动的乐趣;或者与学校近期的教育主题有机地结合起来。主题和内容的确定还要充分发挥家委会成员的作用,与家委会成员充分商量和讨论后再确定下来。这样做不仅得到了家委会的支持,更重要的是体现了家长"主人翁"的主体意识,使家长更加能体验到亲子活动的目的和意义。当然,不可忽略的是孩子的意见。因此,亲子活动的主题和内容应该是在老师的指导下,家委会成员和孩子代表共同商量和讨论的结果。

2. 做好活动前的动员和宣传

提前一到两周进行亲子活动的宣传和动员工作:绘制亲子活动海报,扩大活动声势和影响,使学生和家长充分重视活动;充分利用家长资源为亲子活动准备必要的饮用水和食物、活动材料、活动奖品、音像设备等;使家长初步了解活动的内容、地点、目的、参加人员等情况。

3. 确定合理的活动时间和密度

如果是指导性的亲子游戏体验活动,参加的学生人数应该每次 10 人左右,而家长则建议父母双方同时参加。时间上可以分为几天进行,活动前一周教师提供时间安排表格让家长自己填写,然后根据家长的情况进行调整。活动中间有一天的间隔,教师可以充实活动材料,整个活动在一周以内全部完成,让大家有同步活动的感觉。人数的限制可以保证活动的质量,同时教师也能够有针对性地进行指导,这样也有利于家长及教师对活动的观察。而亲子阅读、亲子制作、亲子劳动等相对"静态"式的活动,人数没有什么限制,建议全班学生和家长共同参与。

4. 准备好各种活动材料

所准备的活动材料应该数量充足合理。同时,要注重细节和活动环节的需求,如粘贴活动,教师示范的时候如果有剪纸的内容,就应该有托盘或者纸篓放置剪下的碎纸,身教胜于言教,这样可以体现教师的要求和教育思想。进行亲子游戏活动之前要为家长打印游戏方法,在活动之后发给家长,这样家长在家也可以与孩子做亲子活动,不会因忘记了方法而无法进行。

5. 活动反馈和延伸

为了让亲子活动发挥最大作用,当亲子活动结束后,一定不要忘记征求家长的意见反馈,总结活动中的成与败,然后利用交流群等媒体与家长积极沟通,让家长感受到他们也是活动的主人。

最后,亲子活动后要注意在日常活动中进行延伸。可以通过各种形式展示活动成果,特别是让家长能随时随地看得见、摸得着自己孩子的活动成果,让家长感受到孩子在活动中确实有所受益。而且活动有始有终,家长也会有一种成就感。

6. 活动的资料整理

活动后及时将各种资料进行整理、分类、加工、统计,把鲜活的活动材料作为研究工作的第一手资料,为今后的工作做铺垫。

资料整理可以帮助对活动进行进一步的思考,同时也可以扩展活动思路。如可以把观鸟活动中观察到的鸟种制作成图片,让学生带回去跟家人分享;将画好的"保护鸟类绘本"的作品制作成作品集,并成为新的教育资源。

(三) 掌握亲子活动策划方案的基本写作方式

亲子活动要想成功开展,前期的活动策划是第一步。首先需要撰写一个完善的活动策划方案,它会让教师在亲子活动的具体实施过程中操控自如,会让亲子活动的教育效果倍增。那到底怎样撰写亲子活动方案呢? 这里提供一种基本的策划方案的写作方式供大家参考。

××××××××××(活动主题名称)

【活动目标】

【活动时间】

【活动人数】

【活动场地】

【活动材料】

【导师或助教人数】

【活动环节及具体内容设计】

环节一(环节名称)

1. 活动目标:

2. 场地要求:

3. 活动时间:

4. 活动具体玩法:

注意事项:

设计理念:

【分享感悟】

……

◆ 注意:一个主题亲子活动设计几个活动环节,需要根据实际情况来定,没有硬性规定。通常一个主题活动的时间最多是 120 分钟,在这 120 分钟里,需要留出 10 分钟作为开场时导入和讲解整个活动的注意事项用,还有 20 分钟在活动后给家长和学生作感受分享用,实际上只有 90 分钟是真正用在活动环节上的。所以设计几个活动环节需要视情况而定,但所设计的环节必须与活动目标相配套。

二、教师引导家委会开展校外的亲子活动

亲子活动的开展如果局限于校内,一段时间过后,亲子活动的内容和形式可能会缺乏新意,形式上也可能会日渐重复。长期下来,家长和学生参加的意愿就会减弱,甚至开展不起来。更何况,随着学生年龄的增长,学生不满足于校内的亲子活动,他们渴望走出学校,到更广阔的空间里开展内容丰富多彩、形式新颖的亲子活动。因此,开展校外的亲子活动不仅具有重要意义,还是家长和学生的现实需要。但是,在现实情况下,如果由教师组织开展校外亲子活动会出现难以解决的两个问题,一个是安全问题,另一个是经费问题。要想发挥亲子活动的教育效果,开展校外亲子活动只好借力于家委会,并想方设法地指导家委会组织多种形式的校外亲子活动。

(一)培养家委会成员成为亲子活动的策划者和领导者

要充分调动家委会所有家长参与亲子活动的积极性,最好的办法就是让他们一开始就全程参与校园亲子活动,让他们先观察教师是如何策划、组织亲子活动的。然后,教师逐渐放手并指导他们策划、组织校外的亲子活动。具体方法就是"一扶二放"。

所谓"一扶",就是在家委会中挑选几个积极参与活动、为人热心、平时比较有时间的家长作为志愿者全程参与亲子活动的策划、实施、反思、总结过程。目的是:让家长感受开展一次亲子活动前期需要做好哪些准备工作;活动开展过程中需要兼顾哪些方面;活动结束时如何评价活动效果并做好反思和总结工作。当然,全程参与一次亲子活动的组织策划不足以锻炼家长的能力,需要至少让这几位家长两次全程参与亲子活动的全过程。在家长参与了两次亲子活动后,可以先让家长讨论交流并梳理出组织和实施一次亲子活动需要做的工作。接着,教师把自己的经验和方法传授给家长。最后,让家长模拟策划一次亲子活动,教师作出点评和指导。

所谓"二放",就是在时机成熟后,可以尝试让家委会成员自己策划亲子活动。经过前面的全程参与和模拟训练,相信这几位家长已经基本掌握了亲子活动开展的一些具体流程和实施方法。教师可以尝试让他们自己策划一次亲子活动了。当然,说是放手,但是教师不能完全由着家委会成员自己策划亲子活动,在筹备、策划过程中教师要充当指导者的角色。教师必须把亲子活动的"活动目标"告知家委会成员,并告诉他们制订这个目标的原因是班级

学生和家长中存在什么问题，这次亲子活动中需要解决的问题就是本次亲子活动的目标。所策划的亲子活动必须围绕解决问题这个目标来进行。同时，在家委会成员策划活动的过程中，教师要与他们保持沟通，查看活动策划的进程和方向是否有所偏离。

在这里需要再次强调的是家委会成员策划和筹备的是校外亲子活动。针对户外亲子活动，教师除对活动目标进行指导以外，还应针对交通、安全、地点、人数等方面作进一步要求。等家委会策划好活动并实施时，教师可以全程参与，也可以不参加，但是在每次亲子活动结束后需要及时与家委会一起反思总结经验。为了稳妥起见，最好家委会在校内组织一次亲子活动，教师作为观察员认真观察家委会成员的组织是否恰当、目标是否能实现、安全是否有保障、活动过程是否顺畅等。如果家长委员会能成功地开展一次校内亲子活动了，教师才能放心地让其组织开展校外亲子活动。

值得注意的是，家委会组织校外亲子活动必须把安全放在第一位，活动前必须提前到活动地点"踩点"，做到心中有数，以防万一。此外，如果有学生想参加但他的家长不陪同，这样的学生是不能参加这次活动的，因为亲子活动的意义就在于亲子间的情感互动，没有家长参与，何来亲子关系？更重要的是没有家长这一监护人的现场监护，活动是缺乏安全保障的。

（二）引导家委会学会整合班级家长现有资源做好亲子活动

为了帮助家委会成员顺利开展各项校外亲子活动，教师可以协助他们挖掘班级里其他家长的现有资源。例如，可以在每次开展活动之前转告全体家长，让他们知道接下来家委会开展的校外亲子活动需要哪些资源（如奖品、交通工具、活动材料等资源赞助），然后邀请家长与家委会沟通，看看能否帮上忙。为了感谢这些提供资源的家长，在期末结束时，可以以家委会的名义用感谢状的形式对他们表示感谢。一来感谢他们为班级给予的无私帮助，二来也让他们的孩子感受到自己父母对班级的付出是一件值得高兴和自豪的事情。

（三）引导家委会与社会各种公益团体合作，拓宽亲子活动范围

为了拓宽亲子活动的活动范围，可以建议家委会策划更多可以走向社会的亲子活动。如可以建议家委会与一些环保基地合作，开展一些环境教育类的亲子活动；和爱心协会合作，开展一些帮助有需要的人的探访献爱心活动；跟一些公益组织合作，开展一些亲子徒步等公益性活动。

（四）引导家委会成员掌握基本的亲子活动策划方案的写作格式

不同于在校园里开展的亲子活动，家长组织策划的亲子活动一般都是利用休息日进行的，所以不强求班级里全体成员都必须参与。但是，为了达到良好的教育效果，一般都会倡议全体同学及其家长都积极参与，倡议书是一种很好的方式。具体的写作模式如下：

"××××"亲子活动倡议书

称呼：

活动背景、意义、活动时间和地点：

活动费用：

具体活动行程安排：

活动要求：

活动注意事项：

活动组织联系人电话：

署名

时间

当然，除了在开展亲子活动前向班级里的全体同学及其家长发出倡议以外，一份完备的活动策划方案是最能帮助家长开展活动的。所以，教师可以引导家委会用一张表格把所有亲子活动涉及的因素囊括起来（如下表），这样不仅做到简单明了，而且更加容易检查每个环节的设计与实施是否到位。

亲子活动策划方案				
活动名称				
活动目标				
活动日期		活动家庭组数		
活动场地				
导师		助教		
活动材料准备				
活动费用预算				
场地费		材料费		
活动应急药品配备				
活动具体流程				
活动环节	活动内容	活动时限	材料配备	注意事项
活动反馈				
反思与总结				

首先,让家委会成员按照表格里设计的板块把相应的内容填写好;然后,与他们一起商量讨论,看看有哪些环节需要作出调整,同时告诉他们可以根据自己的实际需要增设一些板块。

经验分享

为了让各位教师更清楚如何策划设计亲子活动,下面提供三种不同方式的参考方案。开始的时候可以参照着进行,也可以根据自己班级的实际情况作出调整、修改,以便符合自己想要达到的教育效果。

一、教师组织的校内亲子活动示例

亲密无间
——亲子互动体验活动

【活动目标】

1. 促进亲子间彼此深度认识,感悟对方的需求。

2. 提升亲子间的信任感。

3. 懂得在培育孩子的过程中,可以借助多方的力量共同进行。

4. 体验活动所带来的乐趣,增加与孩子之间的情感。

【活动时间】

120 分钟。

【活动人数】

20 对亲子家庭。

【活动地点】

校园空旷的一楼或者室外空旷的地方。

【活动材料】

1. 眼罩 20 对。

2. 20 个凳子。

【导师和助教人数】

导师 1 名,助教 2 人。

【活动环节及具体内容设计】

环节一：你抓我逃（暖场游戏）

1. 活动目标：消除彼此的陌生感,调动参与者的情绪,激发他们参与游戏的积极性。

2. 场地要求：空旷的地方。

3. 活动时间：10 分钟。

4. 活动具体玩法：

（1）所有参与者围成一个大圆圈面向处于圆圈中心的导师站好。

（2）每个参与者伸开双手,保持好距离,同时右手打开,掌心朝下,左手握拳,拇指竖起来。

（3）每个参与者把左手放在与自己相邻的左边的伙伴的右手下方（不接触）。

（4）游戏互动时,导师会念一段话,并告诉参与者,当听到某个指定的词语时,每个参与者用右手去抓自己手下方的他人竖起来的左手拇指,而自己竖起来的左手的拇指就要想办法躲起来不被左方对手抓到。

（5）被抓到者,先到一旁去休息,胜利的人继续游戏,直到游戏时间结束。

注意事项：参与者不能为了躲避被抓,有意拉宽自己与相邻的参与者间的距离。

【设计理念：整个活动是否能顺利地开展,是否能激发参与者的热情,开始的暖场游戏的设计很重要,在暖场的时候就必须把所有参与者的积极性和热情都调动起来。同时,开始的暖场活动难度不能太高,毕竟参与者有一半是孩子,难度太高,怕孩子不能完成,会有挫败感。所以在暖场时设计了一个简单的"你抓我躲"的小游戏。这个游戏看似简单,玩起来却让参与者心潮澎湃、感到很刺激,因为每一个人在想抓住他人的同时,又要躲开来自他人的抓捕,处于一种逃离与出击的矛盾时刻。一轮游戏下来,参与者的积极性就被调动起来了。】

环节二：你在哪里

1. 活动目标：亲子间彼此重新认识,感悟对方的需求。

2. 场地要求：在空地上面对面摆放两排凳子,中间间隔 3 米,每排 10 个。

3. 活动时间：30 分钟。

4. 活动玩法：

（1）所有参与者都戴上眼罩,大人先由助教带到凳子上坐好,并保持静默。

（2）游戏开始时，助教每次带着一个小朋友去找父母，寻找的方式是只能通过摸大人的手来感觉是否是自己的父母，不能询问。每个小朋友把所有家长的手都摸一遍，如果感觉自己摸到的某只手是自己的父/母的，就牵他/她的手起立，一起由助教带到旁边去等候。在等候期间彼此不能交流，也不能摘下眼罩互相确认，需要等到其他小朋友一起完成活动任务后，才能把眼罩摘下来，并最终确认是否找对人了。

（3）如果走了一圈仍没有找到自己的父/母，助教则把小朋友带到另外一边等候。

（4）在小朋友通过触摸家长的手来感知和判断是否就是自己的父/母时，大人全程保持缄默，不能与小朋友互动交流。

【设计理念：孩子与父母虽然每天接触，但是，是否每个孩子都观察过或者抚摸过自己父/母的双手呢？尤其在双眼蒙着，看不见对方的时候，能否通过触摸，感知到父/母的存在呢？是否彼此有"第六感"能感知到对方就是自己的亲人呢？这个环节的设计主要是让孩子日后多主动去拉自己父/母的双手，借以感知父/母、感悟父/母的辛劳，从而更加懂得孝敬父/母。】

环节三：我是你的守护神

1. 活动目标：换位思考，提升亲子间的信任感。

2. 场地要求：找一条"崎岖""不平坦"的路径。（没有的话，可设计一条有"障碍物"的路径）

3. 活动时间：30分钟。

4. 活动玩法：

（1）大人蒙眼，孩子不蒙眼。

（2）孩子牵着自己父/母的手，带着自己的父/母从活动的起点沿预设的路径行走，需要把预设的路径全程走完。（在路径的卡点，助教会给每组家庭拍照打卡）

注意事项：预设的路径不能有安全隐患，路上的障碍物是孩子能处理的。

【设计理念：生活中，父母常常是孩子的引路人，指引着孩子走在各种"路"上。很多时候，大人不放心，不停地替孩子解决"路"上的各种"障碍"。现在角色转换一下，由孩子带领着父母走在"路"上，父母能放下心来，信任自己的孩子吗？孩子能克服重重困难，安全带着自己的父母走完全程吗？其实在角色的转换过程中会发现，原来我们大人内心的想法和孩子的实际操作存在很大差异。在"路"上，孩子化作守护神，小心翼翼地引导自己的父母跨过各种障碍，化解各种困难并把自己的父母安全地带到终点。所有一切"路"上遇到的问题都是一面镜子，我们可以思考的问题有许多：孩子懂得无微不至地照顾他人是学谁的？孩子解决问题的能力是怎样习得的？当孩子说"妈妈，您放心好了，我会把你安全地带到终点"的时候，自己内心是怎样的？孩子让自己放心地大胆跟他走，作为父母是否也在孩子成长的路上这样说，这样做过？】

环节四：生命桥

1. 活动目标：信任对方，把所有的孩子当作自己的孩子一样去呵护，让其健康成长。

2. 场地要求：平整的空地。

3. 活动时间：30 分钟。

4. 活动玩法：

（1）助教示范游戏玩法：所有大人分两排面对面紧挨着站，每个大人先右手伸直，左手握住自己右手的肘部；接着，用右手去握住对面家长的左手手臂；最后，半蹲着，一个膝盖撑地，形成一座用手搭建的"桥"。

（2）孩子从"桥"的一头上"桥"并爬过整座"桥"。

（3）在"桥"的另一头，助教协助孩子下"桥"。

注意事项：大人要穿运动服，注意大人和孩子的安全，做好保护措施。

【设计理念：这是一座用手搭建、没有桥板、简易又充满"危险"的"生命桥"，光靠一个人的力量是无法形成一座"桥"的，也无法让孩子安全地过"桥"，必须彼此信任，一起护送孩子完成任务。这就好比在教育孩子的路上，每个家庭都会遇到自己的教育困境，如果故步自封，对孩子的发展是不利的；但是如果打开心扉，与其他人一起交流互动，会找到更多的解决办法，也能让孩子顺利克服各种困难，迈向成功。】

环节五：分享感悟

1. 活动目标：独特的感悟，互相学习。

2. 场地要求：空地。

3. 活动时间：20 分钟。

4. 活动玩法：

（1）所有参与者围成一圈面向圈内的导师站着。

（2）导师总结本次活动的每个参与者的表现、值得肯定的地方、让人感动的细节。

（3）参与者自愿分享自己的活动感悟。

注意事项：

1. 尽量引导每个参与者分享自己的感悟。

2. 对于不善于表达的参与者不要勉强其分享感悟。

【设计理念：创设活动不是为了活动而活动，也不是纯属让参与者开心娱乐一下。用心地设计出一些符合家长和学生年龄特点的互动游戏，会给参与者带来许多感触和感动。最后，必须引导参与者分享自己的活动感悟，从中提升活动意义，升华活动精神。】

二、家委会策划并组织的校外亲子活动示例

"老莞城，心发现"亲子活动倡议书

各位家长，你们好！

有一个地方极具复古风貌，它见证了这座城市一段特殊的历史，成为当地人的某种怀旧情结，那里充满了本土特色的景观、令人垂涎的莞式美食和独一无二的历史文化。

为了让同学们更加深入地了解"老莞文化"，我们家委会计划 2019 年 1 月 12 日（周六）组织"老莞城，心发现"亲子活动。

一、活动费用

AA 制。建议家长各自准备零钱给孩子，让其购买自己喜欢的莞式美食，与同学分享。

二、活动行程安排

1. 9:00 准时在×××集合，进行分组并讲解活动的基本要求和注意事项。

2. 9:30—11:00 在领队的带领下分组步行逛老莞城的几条主要街道，同时要求各组员在组长的带领下高质量地完成活动记录表。

3. 11:00 准时在×××集中拍大合照。拍照完毕后自行解散。

三、活动要求

一切行动听指挥，不得私自随意活动，参观时要做到文明有序。

1. 分成八个小组，每组的家委负责点名和召集本小组的活动参与者，家长和自己的孩子必须要在同一组内。

2. 游览途中，同学之间要团结友爱，互相帮助，学会宽容和谅解，不与人发生争执，以免影响游览的愉快情绪。

3. 不准私自离开集体独自活动，如果家长有事需要带自己的孩子离开，要跟家委打招呼。

4. 注意环境保护，不把食物的果壳、外包装袋随地乱扔。自备至少 2 个塑料袋，自己吃剩下的果壳、零食袋要放入自备的塑料袋内，随身带走。

5. 着装轻便，建议带背包，穿运动鞋。

6. 游览途中需协助，请与身边的家委联系。

四、活动注意事项

由于这次活动主要是步行，穿街过巷，从视觉和味觉体会古城市文化，整个活动过程必须有家长陪同。请自愿参与此次亲子活动的家长牢记如下事项：

1. 行走时不准交头接耳，建议两位同学并排走、两位家长并排走，要注意交通安全。

2. 不要相互追逐、打闹、嬉戏；行走时要专心。在道路上行走，要走人行道；没有人行道的道路，要靠路边行走。

3. 在没有交通民警指挥的路段，家长要带领孩子注意避让机动车辆，不与机动车辆争道抢行。

五、活动组织联系人电话

联系人：×××。

联系电话：×××××××××××。

四（4）班家委会

2019 年 1 月 5 日

三、家委会联合校外公益团体一起开展的亲子活动示例

亲子活动策划方案		
活动名称	初冬的礼物	
活动形式	户外主题活动	
活动目标	1. 学生在小组合作中感受大自然的美，在艺术创作中提高艺术表现力，并在活动中提高班级的组织性及集体意识。 2. 家长在小组活动中通过彼此交流互动增强凝聚力。	
活动日期	11 月最后一个周六	活动家庭组数 21 组
活动场地	植物园	
合作单位	区环境保护局公益学堂	
导师	区环境保护局公益学堂的工作人员	助教 参与的学生家长

续表

活动注意事项	1. 穿长袖衣裤,做好防蚊防虫的措施。 2. 因在户外上课,注意保管好自己的随身物品。 3. 活动时注意走公园里规划好的人行道,不私自另辟路径,注意人身安全。 4. 活动以小组为单位进行,并紧跟助教,不独自行动。 5. 不带走公园里的一草一木,保护好公园的生态环境。 6. 自带饮用水。		
活动材料准备	1. 植物花朵、果实、叶子各 7 对。 2. 白色卡纸 6 张。 3. 双面胶、透明胶各 3 个。 4. 透明密封袋(A4 纸大小)6 个。 5. A4 纸 30 张,笔 6 支。	6. 黑色发夹 21 对。 7. 颜色笔 3 套,大头笔 3 支。 8. 剪刀 6 把。 9. 厚泡沫板 3 块。 10. 小篮子 3 个。	
活动费用预算			
场地费	0	材料费	按实际费用由家委会支付
活动应急 药品配备	1. 防蚊驱蚊水。 2. 止血贴、红药水、万花油、棉签。		
活动具体流程			

环节	活动内容	活动时限	道具配备	负责人
开场	一、开场 　　欢迎各位来到美丽的植物园,我们常说大自然里的一切都是我们人类的好朋友,我们开展的各种活动都可以在大自然的协助下进行。现在看看我们的身边,来自大自然的朋友最多的是什么?(植物) 　　那今天就邀请我们的植物朋友与我们一起开展一次亲子活动吧。 二、暖场游戏:找朋友 　　现在通过一个游戏先一起来认识一下我们的植物朋友,这个游戏的名字叫"找朋友"。 　　1. 全体成员围成一个大圆圈面对着导师(导师在圆圈中间)。 　　2. 导师讲解活动规则。(规则要说清楚能做的和不能做的) 　　(1)每个人头上都别有一样来自植物身上的物体,自己看不见,但其他人可见。 　　你能做的是:互相看着对方头上的物体来询问对方自己头上的东西是什么样的。如果在询问时感觉自己头上和对方头上的物体是一样的,就互相确认为朋友;如果感觉不是一样的,就继续寻找。确认为朋友	20 分钟	1. 21 对不同的来自植物的物体: (1)叶子 7 对; (2)花朵 7 对; (3)果实 7 对。 2. 21 对黑色发夹。 3. 用来装材料的透明密封袋。 4. 可以用来贴在衣服上的组牌各三组(每组均含 7 个数字:1、2、3、4、5、6、7)。	导师、助教

活动具体流程				
环节	活动内容	活动时限	道具配备	负责人
	的就握手并高兴地说:"哎呀,终于找到你了,朋友!"然后站在一起,等候其他没有找对的人。 　你不能做的是:第一,即使你知道对方头上的东西是什么,也不能说出它的名字;第二,找朋友时只能通过询问的形式进行,不能把头上的东西摘下来互相查看。否则违规。违规者要在活动结束后表演一个节目。(或者用动作演绎自己的名字) 　(2)等所有的人都找对朋友了,活动就结束。 　3. 每个人闭上眼睛背对着导师蹲着。由导师或者助教在每个人的头上别一样东西。 　4. 成员间互相找朋友。 　5. 游戏结束后,一起分享自己采用什么方式进行询问并确认对方就是自己要找的朋友。(如通过询问那样东西的颜色、形状、大小等) 　6. 引出活动主题。通过刚才的找朋友活动,我们发现原来可以这样从不同的角度去认识来自大自然的朋友,而这个朋友又是在初冬里认识的,所以我们就来开展一次名叫"初冬的礼物"的主题活动。			
分组	一、分小组 　1. 这里有三种大自然送给我们的礼物,分别是:美丽的花朵;丰硕的果实;形态各异的叶子。 　今天我们就围绕这三种礼物去探究。首先请大家根据自己的喜好,选择其中的一种作为接下来的活动探究的对象。同时我们以此分成3个小组。每个小组7对家庭。 　2. 如果大家选择不均匀就自行调配,最终形成一个7对家庭的小组。 　3. 选好组后,给自己的小组定一个简单好记的组名并写上一句能激励并代表自己小组成员精神的口号。	30分钟	1. 花朵、果实、叶子各一种。 2. 小组活动策划方案表(6份)。 3. 提示语(A4纸)。	导师、助教

活动具体流程				
环节	活动内容	活动时限	道具配备	负责人
	二、活动策划（提示语） 　1. 各小组在小组长的带领下，一起商量并策划好自己小组打算从哪个角度去探究本组选择的这个研究对象，并把商量好的内容填写在"小组活动策划方案表"上。 　2. 各个小组除了规划小组活动内容以外，还要规划好自己小组在活动结束后如何展示本组的活动成果。 三、小组汇报 　各小组展示自己小组的组名和口号并简单介绍本组打算研究的内容。			
分组探究活动	1. 各小组按照自己小组的活动策划方案到公园里去进行实践探究，并收集用来制作展示作品用的材料。 　2. 活动时可以选择自己小组在活动过程中的一些精彩的片段发到微信群里。发照片时要写上小组名和当时正在探究什么。	60分钟	1. 导师和助教带着各小组在规定好的范围内进行实践探究活动。 2. 每个小组用小篮子和透明密封袋装收集到的材料。	导师、助教
阶段研讨	1. 各小组按规定时间回到集中的地方。 　2. 简单地汇报自己小组的活动历程，然后看看还有哪些地方需要改进或者需要导师的帮助。	10分钟		
成果展评	1. 各小组按既定的活动方案进行作品制作。 　2. 各小组展示自己的活动成果并介绍自己作品的亮点。 　3. 围成一个大圆圈，每个成员分享自己今天的活动感受。 　4. 导师点评今天各小组的活动或成员的表现。	30分钟	1. 泡沫展板3块。 2. 其他材料（双面胶、剪刀、大头笔、A4纸）。	导师

活动反馈：

反思与总结：

第三篇
课程学习达共振

第十一章 ❀ 家长学校建设

　　家庭教育是现代国民教育的重要组成部分,是学校教育和社会教育的基础。家庭教育质量的高低,直接影响着孩子的综合素质和社会文明程度的水平。家庭教育对一个人的启蒙、成长、成才有着不可估量的作用,因为家长的教育理念、教育方法直接影响孩子,家长的人生观、道德规范、待人处事都会对孩子的成长起潜移默化的作用。家长学校作为以学生家长为主体,为家长提供科学教育孩子的方法指导的特殊学校,对提高家长的教育水平,增进学生全面和谐发展以及促进家庭和睦幸福有着非常重要的作用。

　　近年来,越来越多的国家开始关注家庭教育的重要价值,并在一些国家层面的教育改革方案和改革举措中阐述家庭教育的重要性、实施办法和策略等。例如:美国 2001 年出台的《不让一个孩子掉队法》将家庭教育纳入学校教育系统之中;日本通过 2006 年修订的《教育基本法》,从法律上规定了国家(政府)对家庭教育(在家庭教育指导方面)的责任等。

　　我国最早开办家长学校的是上海市虹口区长治中学,1981 年,他们编写了校本教材和教学大纲,创办了全国第一所家长学校。1994 年,《中共中央关于加强和改进学校德育工作的若干意见》发布之后,全国各地的家长学校越来越多。2004 年,全国妇联、教育部颁布了《全国家长学校工作指导意见》,对家长学校的工作进行了规范性的说明,对办好家长学校提出了明确的指导意见。2010 年《国家中长期教育改革和发展规划纲要(2010—2020 年)》和 2014 年中共中央、国务院颁布的《关于进一步加强和改进未成年人思想道德建设的若干意见》均明确指出:"家庭教育在未成年人思想道德建设中具有特殊重要的作用。"习近平总书记在 2015 年春节团拜会上明确指出:"家庭是社会的基本细胞,是人生的第一所学校。不论时代发生多大变化,不论生活格局发生多大变化,我们都要重视家庭建设,注重家庭、注重家教、注重家风。"2015 年教育部印发的《关于加强家庭教育工作的指导意见》明确提出:"共同办好家长学校。中小学幼儿园要把家长学校纳入学校工作的总体部署……设计较为具体的家庭教育纲目和课程,开发家庭教育教材和活动指导手册。"由此可见,家庭教育的推进是国家层面高度重视的一项工作。

　　家长学校在普及家庭教育知识,促进学校、家庭、社会三结合教育中发挥着重要作用,是孩子健康成长过程中的一个重要环节。

案例导入

某学校有在校学生2 800人,专职教师约180人,教学班54个,每个教学班人数约52人,行政人员15人。学校的各项工作安排专人负责,教师基本上处于满工作量甚至超工作量的状态。

8月中旬,市妇联和教育部门为响应国家的要求,更好地发挥家长在孩子成长中的作用,统一发文到各学校,要求各学校都要规范筹办家长学校,以求更好地发挥家庭教育在孩子成长中的作用。

学校收到文件后,为了完成筹建家长学校的任务,学校领导召开了会议,专门讨论如何建设家长学校的问题。在讨论过程中,大家也提出了筹建家长学校的客观问题:(1)家长学校该如何建? 因为学校欠缺家长学校建设的实际经验。(2)家长学校的筹建环节众多,如何能更高效地开展家长学校的工作? (3)学校的教学任务繁重,教师们都处于满工作量状态,如何安排家长学校的工作人员与任课教师? (4)家长学校的功效如何体现?

经过与会人员的讨论,学校最终设计出一个"两全其美"的试行方案。按照学校原来的工作安排计划,每学期的期中测试和期末测试后,定期召开各年级家长会。家长会原计划是分班进行的,主要就班级这段时间的学习、生活、各项活动开展的情况由班主任与家长进行沟通交流,让家长更好地了解孩子和班级的学习及各项活动的具体情况。现在学校开会讨论后,将家长会的流程进行修改,具体流程改为:学生家长到校后,先统一到大操场集中,由学校行政或年级组长对学校家长会前后的主要工作安排进行介绍,就学校工作中的一些主要问题进行分析,并就工作中发现的问题向家长提出具体要求,希望家长在家对孩子进行教育(后期由班主任适当进行量化统计,相关数据就可以作为学校开展家长学校的证明材料)。统一集中完成上述环节后,再分班由班主任和科任教师进行班级家长会,班级家长会的主要内容是班级考试成绩分析及活动开展情况。

学校觉得,按照调整后的家长会流程,既能满足上级要求,增强家长对学校大型活动的了解和参与度,又完成了家长学校的筹建工作,还可以向家长传播一些家庭教育知识和方法。关键是还不会明显增加教师的工作量。这也应该是解决家长学校筹建问题的好办法。

家长学校的筹建按照既定方案执行,家长们在期中测试后第一次家长学校活动的时候,到会率很高,而且部分家长是父母双方都抽空参加了。学校按照既定流程,让家长们到操场集中,将学校测试前后的活动进行了总结和介绍,并重点讲测试后社会实践的安排和专题安全教育问题,场面非常热闹,学校领导感觉非常满意。但期末测试后第二次召开家长学校活动时,学校却发现到场的家长少了很多,甚至个别班级有三分之一的家长缺席,到底是为什么呢?

内 容 解 释

一、家长教育、家庭教育与家长学校的区别

家长教育是教人如何为人父母、让父母掌握科学育人方法的一种成人教育。家长教育是为了帮助和引导父母了解自己的职责、树立正确的教育观念、掌握家庭教育的知识和方法,提高父母的教育素养和教育能力。

家庭教育是指在家庭生活中,由家长对其子女实施的教育和影响,属于家庭生活的重要内容。从孩子出生之日起,家长(尤其是父母)就肩负着子女的教育任务。家庭教育的对象是子女,如何把自己的孩子培养成为有用之人,是每一个家长最关心的问题,也是整个社会最关心的问题。

家长学校是组织未成年人的家长或抚养人进行培训的成人教育机构。其目的是提高家长的素质和家庭教育水平,帮助和引导家长树立正确的家庭教育思想和观念,掌握家庭教育知识和方法,科学施教,进而优化家庭教育环境。

从中不难发现,家长学校是实施家长教育的场所,家长教育是家庭教育的前提和基础,家长教育的质量和水平决定了家庭教育的质量和水平。办好家长学校就是做好家长教育,家长教育做好了家庭教育水平就不会差。家长学校的办学形式及授课方式根据家长对象和需要的不同,也多种多样。如新婚夫妇学校、孕妇学校、婴儿家长学校、幼儿家长学校、小学生家长学校、中学生家长学校、社区家长学校等;授课方式有课堂面授、广播函授、电视授课、网上指导教育和面对面互动交流研讨等。大家都清楚,父母都是爱孩子的,但不是每个父母

都掌握教育孩子的科学理念和科学方法。社会在不断地发展,孩子的成长环境、接触的事物与以前父母长辈成长的时候相比发生了翻天覆地的变化。如果父母还用以前的方式方法来教育孩子,那随着孩子年龄的增长,问题肯定会越来越多。在孩子的成长过程中,父母也要不断学习如何面对和解决孩子的问题的理念与方法。可以说家长学校的筹建,能让家长学会如何建设一个有利于孩子成长的家庭环境,有利于家长学习如何更好地处理孩子成长中遇到的问题,这对孩子身心健康成长是至关重要的,这也是各有关部门要求学校筹建家长学校的一个重要原因。

在现行教育体系中,学校教育除了作为教育孩子的主阵地,还要肩负起教育孩子父母的责任。越来越多的研究表明,问题学生的背后,一般都会存在一个问题家庭,例如家庭不和睦、亲子关系紧张、夫妻关系不和谐、隔代教育理念不统一……家庭问题会影响孩子健康全面地发展。

在 2019 年全国教育工作会议上,教育部部长陈宝生指出:"家庭教育不到位,不仅会抵消学校教育的效果,还会给孩子发展造成一定的消极影响。"家庭是孩子人生的第一所学校,家长是孩子的第一任老师,家庭教育应该是立德树人的第一个环节。一定要注重家庭、注重家教、注重家风,将家长引导和培育成立德树人的生力军,家长学校的筹建是现代学校教育制度发展的一个重要里程碑。

二、家长学校建设面临的阻力

(一) 阻力一: 家长在对家庭教育、家长学校的认识上存在不足

由于历史原因、社会环境等因素的影响,部分学生家长文化程度较低,相当一部分可能只有初中学历。"望子成龙""望女成凤"往往是他们最大的愿望,但在谈到如何才是成功的教育、如何应对孩子成长过程中的常见问题上,家长们之间的认识差异是巨大的。很多家长认为孩子进入学校后,教育孩子是学校的事,是老师的责任。很多家长到学校,经常与教师讲的是:"老师,我们家孩子就全靠您啦!"言下之意,教育孩子的责任全推给教师。

此外,大多数家长还受应试教育氛围的影响,觉得教好孩子的唯一标准就是让孩子考一个高分。他们也经常对孩子说:"你好好学习就行,其他事都不用你管!"学习成绩在他们心中留下了深深的烙印,他们认为教师就是要让孩子读好书、考好试、得高分。他们没有认识到家庭教育在孩子成长中的重要性,所以对参与家长学校学习活动的积极性不高,而对关于孩子学习的活动则会积极参与。

（二）阻力二：教师队伍的特殊性导致教师对家长学校工作可能有抵触情绪

教师是按照法律法规和行业规范，在规定的时间节点内，根据学校设施条件和个人职称专业，备课上课、批改作业、辅导帮助学生学习、组织听课练习、组织考试、传授科学文化基本知识的职业。习近平总书记指出："广大教师要做学生锤炼品格的引路人，做学生学习知识的引路人，做学生创新思维的引路人，做学生奉献祖国的引路人。"这是对广大教师工作职责的定位，教师是为学生服务的，学生的一切就是教师工作的全部内容。

在学校工作的开展过程中，教师基本上是"一个萝卜一个坑"，工作量是超负荷的。尤其是班主任，除了要完成课堂教学任务外，还要负责管理班级的各种活动事项安排、对部分后进学生要定期进行跟踪谈话和疏导以及资料的整理，还有各种各样的活动和比赛、各种学校的评比和检查……基本从早上 7:00 上班到晚上 7:00 才下班。如果是中学老师，还要晚修到晚上 9:30 才下班；就算不用晚修也要在家备课、批改学生作业，甚至到深夜。而且，班主任下班后往往也被要求手机 24 小时待机，如遇学校有特殊情况要随传随到。这对教师的精力消耗极大，大部分教师都处于亚健康状态。

虽然家长学校工作的开展，对于家长和学生而言都是一件大好事，有利于孩子的身心健康发展，但对于教师而言，教师要研究家庭教育、研究如何指导家长教育孩子，这肯定会进一步增加教师的工作量，让教师本就不多的"空余"时间又被进一步削减。如果学校不能增加教师的编制，那增加的工作量会变相地增加到每一位教师身上，因此学校教师会对家长学校的筹建存在一定的抵触情绪。

（三）阻力三：受制于客观条件，学校开展家长学校工作有难度

学校教育、家庭教育和社会教育是孩子成长过程中三个紧密相连的环节，它们都是教育的重要组成部分。只有家长与学校老师通力合作，才能更好地发挥教书育人的作用。可现实情况是学校的教学任务繁重、升学压力大，导致学校的主要精力用于学生的教育教学工作，没有更多的时间和精力来开展家长学校工作，更加没有意识到良好的家庭教育是办好学校教育的前提和基础。于是，家长学校的工作很多时候处于一种无管理机构、无计划、无专（兼）职教师，且无教材、无经费、无制度、无活动开展的状态之中。学校对家长学校工作往往力不从心、无暇顾及。

当然，几乎所有学校的校门口都挂了家长学校的牌子，但有些家长学校办得虎头蛇尾，有些家长学校名存实亡，如案例中的学校把家长学校变成了家长会的"替身"。而且不少家长学校的教育内容不成系统，师资水平不够，令家长听起来枯燥无味。有时邀请外地家庭教育专家来上课，由于不能与学校的实际情况有效联系，缺乏足够的针对性，讲述的案例与学校实际情况脱节,加上家长的水平也有差异,因此家庭教育水平得不到明显提高。这同样制约了家长学校的发展,直接影响家长学校的办学实效,不利于家校合作共育、共促孩子健康全面发展。

总的来说,家长学校的工作难以开展,客观原因主要有以下几个方面:一是学校、家长对成立家长学校的深层意义认识不足;二是家长学校的筹建缺乏专项运作的资金;三是没有科学系统的家长学校教学内容(教材);四是专业的家长学校师资队伍欠缺。

工作要求

家庭教育是现代国民教育的重要组成部分,是学校教育和社会教育的基础。家长学校可以通过多途径普及家庭教育知识,能有效促进学校教育、家庭教育、社会教育三者有机融合。

家长学校是以未成年人的家长为主要教育对象,宣传正确的家庭教育思想,普及科学的家庭教育知识,提高家长素质和家庭教育水平的主要场所,是优化未成年人健康成长环境、推进社会主义精神文明建设的重要阵地。

家长学校通过多种形式,向家长进行教育方针、政策和法规的宣传,向家长介绍未成年人生理、心理发展特点和营养保健常识,指导家长进行科学的家庭教育,帮助和引导家长树立正确的家庭教育思想和观念,掌握家庭教育的科学知识和方法。筹建家长学校离不开以下几个方面的工作。

一、家长学校筹建,制度建设要先行

家长学校就是一所"学校",是家长学习和成长的场所。与学校类似,都是一个独立的办学过程,只是教学的对象是家长,而普通学校的教学对象是学生。因此,家长学校的筹设,首先要完善各种规章制度,做好顶层设计,要用制度明确家长学校各方面的功能和职责,并坚持付诸实施,在实施过程中不断总结、不断反思、不断提升,这样才能使家长学校逐步步入课程化、规范化、科学化和长效化的轨道。

学校有学校办学章程、校长职责、教师职责、考勤制度、评优评先制度、教学教研制度等

各项规章制度。同样,家长学校的建设也需要完善各项规章制度,如家长学校章程、家长学校校长职责、家长学校顾问工作职责、家长学校讲师团成员职责、家长学校考勤制度、家长学校"优秀学员"考评表、家长学校档案管理制度等(详见附件25)。

二、明确家长学校管理委员会的人员及其责任

家长学校管理委员会一般可由以下人员构成:学校校长、外聘家庭教育专家、德育处主任、教导处主任、校团委书记(少先队辅导员)、班主任代表、家委会成员及校外专业顾问。各人职责分明,能提高家长学校办学活动的效率,提高家长学习的动力。

□ 家长学校管理委员会是家长学校最高权力机构。负责听取和审议家长学校的工作汇报,决定家长学校的重大事项。

□ 校长对家长学校有领导责任。其主要职责是:领导和组织家长学校的教育教学工作;确定家长学校办学目标;定期召开校务委员会会议,研究和总结家长学校工作;聘请家长学校讲师团成员,并加强讲师团师资队伍的建设,提高家长学校教育质量;筹集家长学校办学经费;完善家长学校各项管理制度;审核家长学校年度检查、考核、评比和家长学员结业工作;定期听取家长委员会意见,民主管理家长学校,改进家长学校办学条件。

□ 家长学校顾问的主要职责是提供家庭教育理论的指导和业务的咨询。

□ 家长学校教学科研组组长可由德育处(副)主任兼任。其主要职责是:根据家长学校开办情况和家庭教育的实际,开发新的课程;根据课程开发和进展情况及时培训家长学校讲师团成员,增强教学的针对性与实效性;及时总结并推广家长学校的教育教学经验和家庭教育的成功经验。

□ 家长学校教务组组长可由团委书记(少先队辅导员、年级组长)担任。其主要职责是:协助校长制订并实施家长学校教育教学计划;组织管理教学工作,检查家长学校讲师团成员落实教学计划情况,提高教学质量;负责日常教务工作,领导和组织有关人员做好家长学校课程表安排、家长学员注册登记、学籍管理、考勤工作,制订教学工作评估制度、优秀家长考核登记制度、家长结业管理制度、档案管理制度等相关制度;定期召开家长学校讲师团成员会议,总结教学经验,探索家长学校教育规律,及时向校长反馈教学情况。

□ 家长学习检查组组长由各班班主任和家委会会长担任。其主要职责是:发动家长参加家长学校的学习并进行宣传,保证家长参加学习的到座率;抽查家长参加家长学校学习的情况,包括学习记录、学习体会、参与作业等,提高家长参加学习的质量,同时作为考核与评

比的依据；听取家长参加家长学校学习的意见和建议，并及时向校长反馈。

　　□ 家长学习监督组组长由家长学校副校长（或校级家委会会长）担任。其主要职责是：从班主任处收集家长参加家长学校学习的感受和建议，并及时向校长反馈，以改进和完善家长学校的教学；协助校长做好家长学员的考核、结业和评比工作。

三、组建讲师队伍，明确教学内容，开展多种形式的活动

（一）组建家长学校的讲师队伍

　　为了确保讲师团的水平，家长学校讲师队伍可以由多种人员构成，如校外家庭教育讲师和专家、学校德育处负责老师、经验丰富的优秀班主任和教子有方的家长。在选择讲师的过程中，建议以校外专业的家庭教育讲师为主，学校老师和家长为辅。本校的家庭教育讲师团队要定期创造条件参加家庭教育培训并进行专题研讨，不断提高讲师的家庭教育水平和授课水平。

（二）科学选择合适的家长学校教学内容

　　家长学校主要的讲授内容要围绕本校学生年龄段的身心特点、本校生源的实际情况，还要考虑家长的具体需求。家长学校的教学内容一定要综合考虑，要克服随意性、盲目性和空泛性，要突出针对性、实效性和操作性。

　　学校要提前确定每个学段每次家长学校的主题，让教师有充足的时间认真备课，讲座内容要注意与本校的实际案例相结合。如果讲师为外聘的家庭教育专家，学校的家庭教育教务组长要将本校的实际问题与讲师沟通清楚，讲座要符合本校的实际情况，否则会影响家长学习的积极性。如果授课的教师为本校的家庭教育讲师团队，授课内容要切实联系本校教育教学过程中的案例，对家长提出的具体要求要有可操作性，过于高大上的理论知识可适当减少，力求让家长学有所得，并能学以致用。

　　学校要定期将讲师的讲座内容进行收集、整理和修订，对于不合适的内容要进行重新设计。长期坚持下来，每个学校都能形成一套符合本校实际情况的家长学校的校本教材。

（三）开展多种形式的家长学习活动

　　家长学校的活动形式要有多样性，常见的形式有讲座式的集体教学、个案咨询、读书沙龙、座谈会等。每一种形式都有各自的特点，只有学校根据实际情况选择合适的形式进行，才能有效提高家长学习的积极性。

　　讲座式的集体教学通常以讲师的讲解、分析为主。讲座通常是围绕某一个家庭教育问

题进行,学习过程以讲师讲授为主,主体是教师,家长是听众,其优点是能充分发挥讲师的主导作用。讲师能对家庭教育的原理、案例、分析进行详细讲解,结合多媒体提前将课程预设好,讲课的案例能结合学校的实际;课堂由讲师进行控制,向家长直接传授家庭教育知识,能同时容纳大量的听众,很好地起到普及家庭教育知识的作用,推广普及效率高。这种形式也存在一定不足,如讲师和家长之间的互动较少,家长以听这种被动的学习方式为主,缺乏实际的操作体验,讲师的讲课水平会直接影响家长的学习效果。

个案咨询是讲座式的集体教学的有效补充。讲座式的集体教学是针对家庭教育的原理、方法等共性情况进行讲述和分析,但每个孩子都是独一无二的,每个家庭的实际情况也不尽相同,因此学校有必要针对个别孩子突出的问题进行个案跟踪和处理,由专人定期与孩子和家长进行沟通,针对家庭教育中出现的问题进行分析并提供解决办法。每次都要做好专门的资料记录,以便日后提供建议时作为参考资料。由于个案容易涉及孩子的家庭隐私,因此个案咨询要遵循保密原则。

读书沙龙、座谈会、工作坊可以以班级为单位,定期举行。其主要内容是针对某一本家庭教育的书籍,或者围绕家庭教育中的某一问题,感兴趣的家长齐聚一堂,无拘无束,各抒己见,以期达到激发大家的灵感,更好地进行家庭教育的目的。

四、对于家长学员,家长学校要加强考勤管理,并与评优挂钩

为了确保家长学校的办学质量和效果,对于家长学校的学员(家长)要加强管理。

首先,要确保家长学习的到位率。每次家长学校开课前将邀请函通过学生带给家长,并通过微课掌上通、微信群、QQ 群等进行确认;家长学校开始前 30 分钟,学校可以利用点名签到制度来检查家长的到位率;每次学习后家长要上交学习笔记和心得体会。这些都要与优秀家长学员评选直接挂钩。

其次,要想办法保持家长学习的积极性。家长学校要与家长保持密切的联系,每次家长学校学习活动结束后,班主任要协助收集家长们的听课收获、意见并及时整理。同时,可以让孩子定期分享父母参加学习后的变化,并将信息及时反馈给父母,提高父母学习的积极性。学校要将所有的心得体会与学生的分享整理成册,这是家长学校办学的一笔财富,能为家长学校的改进提供参考依据。

最后,要建立考核、评比、表彰制度。学校要综合考虑家长的出勤率、学习心得,以及孩子的评价、家庭教育效果等多方面来评选优秀家长学员,让家长有成就感,提高家长的学习

积极性。

五、多途径投入,提高教师参与家长学校工作的积极性

家长学校的筹建,一定需要大量教师参与其中,学校要充分考虑教师的工作量、不同教师的教学特点,选拔一部分教师进行家庭教育的研究,为学校家长学校的长远发展培养一批后备骨干力量。每年学校在评优评先的时候可以适当向这部分教师倾斜,让教师们额外付出的劳动得到体现和尊重。

同时,学校的所有教师,尤其是班主任老师要明确一个观念:家长学校的建立是为了提高家长对孩子的教育水平,让孩子能更加专注于学业,进而提升学校的教育教学质量。在求学时期,学生在校时间比在家时间要短,他们的学习受家庭影响非常明显,部分学生学习的动力更多来自家庭。家庭和学校的有效沟通和合作,是培养一个优秀学生不可或缺的保证。很多问题学生之所以会成为问题学生,其根本性原因是家庭教育出现了严重问题,进而影响到他们的学习。教师要获得良好的教学效果,除了本学科的教学能力要过硬,还要学会处理对学生产生干扰的家庭因素。试想,如果每一个孩子的家庭都和睦、家庭教育都科学,那么孩子学习的积极性肯定很高,学习效果肯定会提升,这样教师的工作效率也会提升!办好家长学校对于提升教师的教学效果能起到事半功倍的作用。

经 验 分 享

东莞市中堂中学是一所乡镇初级中学,在校学生有 1 700 多人,其中超过 50% 的学生为新莞人(外来务工人员子女)。初中生正处在青春发育期,身心正经历快速成长的变化,他们在价值观、心理、身体成长等多方面都会出现变化,同时还面临着中考的重大压力。学校、家长和孩子只有共同合作、各尽其责,有效解决孩子学习和生活中的常见问题,才能让孩子专注学业,取得良好成绩,进入高中继续深造。

2010 年初,该校在郭校长的建议下开始着手筹建家长学校。由于缺乏现成的家长学校教材,2010 年 3 月,该校开始策划编写家长学校使用的教材。该校依照《全国家庭教育指导大纲》,结合中堂中学的家庭教育现状,邀请家庭教育专家一起合作,组织了学校 12 位骨干教

师进行编写。

该教材分为三部分共 12 课。第一部分是家长的教育观念,包括成才观、学习观、子女观和成长观;第二部分是家长的个人修养,是青春期孩子的家长为孩子以身作则必备的基本素养;第三部分是家长的教育能力,包括教育策略和优化家庭环境。教材内容不仅逻辑严密,符合中学生身心发展规律,而且立足于本市本校的实际情况,针对性强。此外,教材内容的编写着眼于家长“应知应会”的知识和方法,没有高深晦涩的理论,通俗易懂,简单易学,有很强的可操作性。利用该教材来开展家长学校的教学工作有很强的指导作用,达到了事半功倍的效果。更关键的一点,由于教材的编写者就是本校教师,所以家长学校缺乏讲师的问题也得到了解决。实践证明,该教材——《爸爸妈妈的课本(中学版)》是有效的。该教材于 2011 年 8 月由广东人民出版社出版,其主要内容如表 1。

表 1　《爸爸妈妈的课本(中学版)》主要内容

教育观念篇	第 1 课　美好人生——如何引导孩子把握人生最美好的时光
	第 2 课　有效学习——如何指导孩子的学习
	第 3 课　家庭一员——如何培养孩子的家庭意识和责任感
	第 4 课　亲子如友——如何处理与孩子的关系
个人修养篇	第 5 课　青春如歌——如何进行青春期性教育
	第 6 课　健康第一——如何进行青春期生理健康保健
	第 7 课　明白我心——如何了解青春期的心理
教育能力篇	第 8 课　与子同行——如何正确对待孩子的交往
	第 9 课　健康生活——如何帮助孩子抵制不良嗜好
	第 10 课　美轮美奂——如何引导孩子正确消费和审美
	第 11 课　我娱我乐——如何教育孩子合理使用现代媒体
	第 12 课　温馨港湾——如何营造和谐的家庭环境

有了家长学校的教材,在市妇联和中堂镇镇委、镇政府、妇联、宣教办、关工委等有关部门的支持下,在原有家长学校的基础上,2011 年 9 月 30 日正式成立了中堂镇家长教育实验学校,并大胆提出了父母要持证上岗的创新做法。家长需要在孩子就读期间,完成家长教育实验学校的所有学习内容,并按要求完成相关作业,且经过考核通过后才能获得“毕业证书”。

家长参加家长教育实验学校的学习以自愿为原则,由家长报名参加学习。家长学员实行班级管理,与学生班级相配套。家长学员填写“家长档案”,学校建立家长学员学籍花名册

（见表2），按每学年一届建册，进行审核、结业登记管理。不同年份入学的家长学员人数统计见表3。

表2　中堂镇家长教育实验学校学员学籍总表示例

班级：201311									入学时间：2013年9月	
学号	孩子姓名	学员姓名	性别	年龄	户籍	学历	职业	联系电话	考核情况	
									是否合格	是否结业
1101	卢＊妍	陈燕＊	女	38	广东省东莞市	初中	个体	153＊＊＊88655	是	是
1102	陈＊欣	陈勇＊	男	36	湖南省新田县	初中	个体	139＊＊＊75987	是	是
1103	林＊芳	林延＊	男	43	广东省揭阳市	初中	个体	136＊＊＊03084	是	是
1104	梁＊琪	梁育＊	男	43	广东省东莞市	高中	工人	150＊＊＊38378	是	是

表3　中堂镇家长教育实验学校学员人数统计表（部分）

序号	班级数	入学年月	入学人数	结业年月	结业人数	结业率
1	12	2011年9月	675	2013年9月	675	100.00％
2	12	2012年9月	615	2014年10月	603	98.05％
3	11	2013年9月	556	2015年10月	546	98.20％
4	12	2014年9月	553	2016年11月	541	97.83％
5	12	2015年9月	551	2017年12月	542	98.37％
总计	59		2950		2907	98.54％

中堂镇家长教育实验学校对家长出勤率和知识掌握率进行记录，按规章制度对学员进行制度化管理。家长学员必须按学校通知，按时参加学习，不迟到，不早退；家长学员参加面授学习时，要向所在班级的班主任报到，并在《学员考勤表》上签到；因特殊情况不能参加面授学习的，要向所在班级的班主任请假，并填写请假单，存入学籍档案；参加面授学习时，要认真听讲，参与教学活动，并在《学员学习手册》上做好听课笔记；家长学员参加学习不得缺席。考勤情况作为评选优秀家长学员的重要参考指标（见表4）之一，如果缺席累计超过总课时的三分之一，不予结业。

表 4 中堂镇家长教育实验学校"优秀学员"考评表

序号	考核内容	家长自评	孩子评价	班主任评价
1	积极参加家长教育实验学校的学习,每参加一次学习记 5 分(该项总分为 30 分)。			
2	按时到校登记,不迟到,不早退;学习过程中,不做与学习无关的事,有详细的学习笔记(15 分)。			
3	对孩子的成长有正确的认识,能尊重孩子的兴趣和成长规律,孩子表现优秀(20 分)。			
4	能结合自己教育孩子的实际积极思考,主动把学到的知识运用到教育孩子的实践中去(15 分)。			
5	积极参与、理解与支持学校教育,与学校教师一起努力,共育孩子(10 分)。			
6	与其他家长在共同学习中互相探讨教育问题,在宣传家教知识方面发挥了作用(10 分)。			
总分				
综合得分				

在家长学校活动开展过程中,学校的全体讲师以教材《爸爸妈妈的课本(初中版)》作为主要教学内容。在备课过程中,讲师向全校班主任收集大量本校在教育教学过程中发现的有代表性的家庭教育案例,全体讲师多次集中对案例进行筛选、研讨、分类。在授课过程中,讲师对案例进行科学的分析,创新性地使用好校本教材。每学期定期三次面向家长进行集体教学(以 2016 级授课情况为例,详见表 5),讲课过程以讲述为主,穿插多个与家长互动的环节,提高家长学习的积极性。家长课后完成学习心得的撰写,上交班主任后,由年级、班级挑选优秀学习心得进行印刷,分发给全体家长,让优秀的家庭教育方法得到分享。

表 5 中堂镇家长教育实验学校 2016 级授课情况表

序号	课题	授课老师	授课时间	备注
1	如何引导孩子把握人生最美好的时光	刘小文	2016 年 10 月 7 日	开学典礼
2	如何帮助孩子抵制不良嗜好	郭书生	2016 年 11 月 18 日	
3	如何处理与孩子的关系	李玉梅	2017 年 1 月 13 日	
4	如何进行青春期性教育	伍世厚	2017 年 3 月 10 日	

序号	课题	授课老师	授课时间	备注
5	如何进行青春期生理健康保健	郭鲲鹏	2017 年 5 月 5 日	
6	如何培养孩子的家庭意识和责任感	张俊	2017 年 7 月 13 日	
7	如何了解青春期的心理	杨金华	2017 年 9 月 22 日	颁奖典礼
8	如何指导孩子的学习	杨碧楚	2017 年 11 月 10 日	
9	如何正确对待孩子的交往	李佳凤	2018 年 1 月 25 日	
10	如何引导孩子正确消费和审美	蒋赣荣	2018 年 3 月 16 日	
11	如何教育孩子合理使用现代媒体	龚旭超	2018 年 5 月 4 日	
12	如何营造和谐的家庭环境	蒋学袖	2018 年 7 月 6 日	结业考试

　　经过系统的学习,家长增强了家庭教育责任感,甘当孩子的同学、教师的同盟。家校之间的沟通更顺畅、合作更愉快。家长掌握了更多、更科学的家庭教育方法,从而促进了孩子的心理健康和人格发展,学生的思想品质得以进一步提高,文明习惯得到进一步强化,学习两极分化现象减少,他们更加阳光、自信、勤奋、刻苦。学生们的思想品德、学习习惯、学习热情、学习风气,以及与父母的沟通有明显改善,反过来促进了学生学习成绩的提高。自全面实施"家长持证上岗"以来,中堂中学中考成绩一直超市平均分 20 分左右并在高位保持相对稳定,充分说明了家长教育实验学校能有效地促进学校教育质量的提升,使家校合作共赢的良好局面得以实现。

第十二章 ❀ 学校家庭教育宣传阵地的建设

周一上午，某小学五年级的办公室里静悄悄的，老师们或改作业，或备课，都在低头忙碌着。王老师难得有空坐在办公桌前，对着电脑最后一遍认真校对新一期的校刊。王老师除了语文教学和班主任工作之外，还承担了学校校刊和校报的编辑工作。

突然，五（2）班的班主任沈老师急匆匆地走进办公室，如释重负般地大声宣告："我们班的小李找到了，刚刚家长打来电话了。这熊孩子，可把家长和老师都急坏了！"

五（2）班的数学老师李老师接过话说："唉，小李这孩子也挺可怜的。父母离婚后他跟着爸爸，基本是奶奶在照顾。他爸爸平时只顾自己忙，除了给他钱，其他的都不闻不问，连家长会都不来参加，但是考试成绩考差了，他爸爸就会大发雷霆，非打即骂。小李的性格越来越孤僻，成绩也越来越差。听说他爸爸周六把他暴打了一顿，晚上他就偷偷离家出走了。幸好找到了，万一出事了可怎么办？"

"我看呀，很多时候需要被教育的是家长。他们只看到孩子的问题，完全不从家庭背景和家庭教育方面找找孩子出问题的原因。"王老师感慨道。

"是呀，是呀！"五（3）班的陈老师赶紧表示赞同，"我教了二十多年书了，真是有什么样的家庭教育就有怎样的孩子。应该要好好给家长补补课了。"

"可是，现在家长这么忙，连开家长会都说没空来，怎么给家长补课呢？"沈老师无奈地摇摇头。

"没空来学校，我们可以想办法把知识送到家长手上啊！"陈老师半开玩笑半认真地说。

王老师如梦初醒："对喔，像我们的校刊就可以开设家庭教育专栏啊！"

这个想法让年轻而有激情的王老师兴奋不已，她迫不及待地向教导处走去，想向张主任汇报自己的这个想法。

走进办公室,王老师看到张主任正在接电话,耐心地跟对方解释着今年的招生政策变化问题。

挂了电话,张主任苦笑着说:"每年快到招生的时候,天天都要接好多这种咨询电话。"

"主任,我看咱们可以加强宣传,这些政策性信息不透明,家长们摸不清头脑,您也要多费好多口舌。"王老师顿了顿,接着说,"还有啊,刚才我们由五(2)班小李同学离家出走事件聊到,现在有很多家长真的很需要学习家庭教育方面的知识,学校如果能建立起家庭教育宣传阵地,向家长们传达一些科学的家庭教育理念,岂不是件好事?"

张主任摘下眼镜,有些疲惫地揉了揉太阳穴,不以为然地说:"每学期一次的家长会,咱们都在微信公众号和学校网站发布简讯呢,这也是宣传啊。"

王老师不禁乐了:"这可不够。"她顿了顿,接着说:"您看,其实也不难,咱们已经有很多现成的宣传途径了,宣传栏、网站、公众号、校刊、校报咱们都有,只是没有家庭教育宣传的内容。我看,我们的校刊可以打个头阵,加一个家庭教育栏目进去。途径有了,咱们组织几个对家庭教育感兴趣的老师成立一个团队,根据需要适时选择合适的宣传内容,利用这些途径进行宣传就好。"

张主任戴上眼镜,说:"年轻人,想法是好。不过你想想,咱们光抓学校教育就已经千头万绪,忙不过来了,弄家庭教育宣传阵地建设,又要人,又要钱,哪来的人力和资金呢?现在的家长那么忙,估计都不会看,最怕我们既花了时间又花了钱却是白费功夫!"

接着,张主任安慰似的说:"你的建议有道理。这阵子实在太多事了,等忙完再讨论这个事吧。"

因为还要赶着去上课,王老师赶紧跟张主任道别。走到门口,张主任又叫住了她:"王老师,提到宣传栏,我想起来了,下个月是语言文字示范校检查,校园里的文字宣传是检查重点之一,门口的宣传栏还是去年家委会成立时会长帮忙弄的,你有空帮我想想换些什么新内容。"每天上下班都会看到的那一墙宣传栏浮现在王老师眼前,上面关于家长委员会概念和意义的空洞介绍也呈现在眼前,一年多的时间已经让它显得有些陈旧了,是该换了。

"好的",王老师微笑着边答应边走了出去。办公室里的电话铃声再次响起,张主任耐心却略带疲惫地又开始解释招生政策的变化。

内 容 解 释

《宣传舆论学大辞典》对"宣传阵地"的解释是:"宣传阵地又称宣传舆论阵地,是指宣传机构、场所、工具及群众思想空间。"学校家庭教育宣传阵地建设,则是指学校利用报纸、杂志、宣传栏、网站等多种传播途径打造向家长传达教育方针政策,科学的家庭教育理念、知识、方法及学校相关信息等内容的平台,以达到家校共育的目的。

随着近年来国家对加强家庭教育工作的要求,家长、学校、社会对家庭教育都更加重视。在一些有条件的学校,家长委员会、家长学校等项目已经在探索中慢慢开展起来,但是家庭教育宣传阵地的建设,在大多数学校仍是一个被遗忘的角落。

一、聚焦问题：学校家庭教育宣传阵地缺失或流于形式

（一）有宣传载体但缺乏家庭教育的内容

各级各类学校,多多少少都会有一些相应的宣传载体。随着信息时代的来临,宣传的载体越来越多样化,常见的有宣传栏、板报、校刊、校报、广播、电台、网站、微博、微信公众号等。但是如果没有宣传家庭教育的意识,学校就不会利用这些载体去呈现相关内容。案例中的某小学拥有以上载体中的大多数,校刊和校报都有,但是只面向老师或学生,没有开设家庭教育栏目。

（二）进行了家庭教育相关宣传但流于形式

某些学校,或者由于开始重视家庭教育,或者为了迎接上级检查,已经有了宣传家庭教育的内容。案例中的某小学,每学期家长会开好后都会在学校网站和微信公众号上发布简讯,在家委会成立时也制作了介绍家委会相关知识的宣传栏。现实中多数学校的家庭教育宣传大概也是止步于此。如果将这视为家庭教育宣传阵地的萌芽,是值得肯定的。但是作为真正意义上的家庭教育宣传阵地建设,这种水平的宣传显然是不够的。首先,内容单薄,有关召开家长会等的活动简讯、有关家委会的常识普及等可以作为宣传内容,但不应仅限于此,还应该精选更多方面、更好的内容。其次,宣传次数过少。一年到头才有那么一两次和家庭教育相关的内容单薄的宣传;宣传栏一年多才更新一次,内容早就陈旧过时。这些都使得家庭教育的宣传只是流于形式,很难真正起到对教育的助推作用。

以上两种情况,都属于有了宣传载体,但没有好好利用起来。当然,在少数落后地区,也不排除有些学校几乎连一种宣传载体都没有,那就更谈不上家庭教育阵地的建设了。

二、追问原因：主观上不重视，客观上存在一定困难

（一）主观上不重视

造成家庭教育宣传阵地建设被忽视的原因，首先是学校主观上的不重视，这源自几个方面的原因：其一，在整体的学校家庭教育工作中，上级教育部门并未明确提出宣传阵地建设的具体要求，其也不在检查评估之列，因此缺乏必须去做这件事的行政压力，做与不做更多的是自发自愿的行为。其二，学校宣传阵地的建设从表面上看并不能为学校工作带来直接的好处，因此没有去做的必要，多一事不如少一事。其三，学校还会考虑到相关宣传工作即使做了，学生家长也并不一定重视，未必能达到预期的效果，做了可能等于白做。

（二）客观上存在一定困难

家庭教育宣传阵地的建设也的确存在一些客观上的困难。首先，是人员问题。中小学校的工作千头万绪，琐碎繁杂，从领导到教师都很忙碌。宣传阵地的建设需要有人员、有时间去做，这无疑是一个难题。其次，家庭教育宣传阵地的建设涉及硬件调配、人员安排，必然需要一定的资金支持，学校要从有限的财政预算中多出一份开支，也会存在一定的困难。

三、关联结果：增加家庭和学校的负担

家庭教育宣传工作看似可有可无，对学校工作似乎不会造成什么影响，实则不然。案例中，由于孩子的父亲不懂得家庭教育，导致孩子的成绩和性格都朝着不好的方向发展，家长和学校老师都操碎了心；由于招生政策没有宣传出去，家长们一头雾水，学校的领导也要花很多时间去处理。不管是科学的家庭教育理念的宣传缺失，还是相关教育政策的宣传不到位，都会给家庭和学校双方增加负担。当然，并不是说只要宣传了，就一定能起到作用，但至少为起到作用创造了可能。

工 作 要 求

作为目前学校工作中的一个薄弱环节，家庭教育宣传阵地的建设如何做才能得以加强，

实现其对教育的助推功能呢？可以从以下几个方面努力。

一、提高认识，明确意义

面对家庭教育宣传阵地建设的困境，首先要解决的是认识上的问题。学校领导和教师们需要认识到，学校能做这件事，而且这的确是一件有意义的事。

（一）学校具有开展家庭教育宣传阵地的便利条件

《教育部关于加强家庭教育工作的指导意见》指出要"充分发挥学校在家庭教育中的重要作用"。首先，学校作为一个承担着教书育人责任的组织机构，直接面向全体学生，也通过学生与千千万万的家庭发生联系，是最便于向家长进行家庭教育宣传的机构。其次，学校的教师都是经过相关专业训练的，工作核心是教书育人，他们在和教育有关的知识、经验积累上具有优势，在相关领域的终身学习上也相对容易，因此学校具有向家长进行家庭教育宣传的能力。再次，各级各类学校都多多少少有宣传载体，也多多少少开展了一些宣传活动，把家庭教育的宣传内容囊括进去或者进行加强，都是可行之道。

（二）学校家庭教育阵地建设会为学校和家庭都带来好处

在孩子的教育上，学校和家庭是密切合作的关系。恰当的家庭教育宣传，既能给学生的家庭带来便利，也能使学校工作的开展更加顺利。

教育理念、方法类的宣传可以引领父母提升育人水平。家庭是孩子的第一个课堂，父母是孩子的第一任老师。成为自然意义上的父母不难，但要想成为会教育孩子的合格甚至优秀的父母，则是需要学习的。现在的父母工作忙碌，专门的学习对他们来说有一定难度，但是通过形式多样的宣传阵地的建设，可以多种途径地将先进知识和理念送到家长手上，让他们能更加灵活地学习。这对提升家长素质、提高其育人水平将起到很好的助推作用。教师们都知道"有什么样的家庭教育就有怎样的孩子"，那些缺乏良好家庭教育的孩子在学习、行为和品性上都更容易出现问题，成为教师工作中的难点，需要花费相当多的时间和精力，教育效果还不一定好。如果学校能恰当地进行家庭教育宣传，带动各个家庭及时更新教育理念，学习科学的教育方法，就能教育出更优秀的孩子，家庭和学校就能形成教育合力，使教育孩子变得更轻松、更有效，达到合作共赢的目的。

信息类宣传能使父母们及时了解国家和相关教育部门的教育方针、政策等，获取自己需要的信息，在子女的教育问题上就能更好地把握方向、合理计划和安排。学校在宣传做到位后就不需要花更多时间和精力去应对后续事件。相反，如果不能及时获取这些信息，父母们就会茫然,需要通过别的途径去探知信息。与之相应,学校的领导可能就需要花费不少时间和精力去应对家长们的各种咨询和求助。

二、合理规划,形成机制

学校家庭教育宣传阵地的建设要形成可持续发展的态势,需要合理规划,形成一定的机制。

首先,需要学校行政领导出面决策。决策者要组建好家庭教育宣传阵地建设的团队。对于原来就有只是没有家庭教育内容的载体,可以把原来的负责人拉到团队里来;对于需要新开辟载体的,则可根据载体特点选出能胜任的恰当人选。一般的中小学,教师的核心工作都是学科教学,宣传工作之类的只能由教师利用教学之外的时间来做,因此选出的老师最好是对家庭教育有一定兴趣的。为了不至于让这些教师工作负担过重,缺乏动力,可以衡量其担任的宣传工作的量,相应减少学校其他事务的摊派,也可在奖金分配时,折合这项工作的工作量,进行适当的奖励。

其次,团队组建好后,决策者要带领团队成员以学期或学年为单位做好宣传规划。需要考虑的有:运用哪些宣传载体?在某种载体中安排哪些方面的家庭教育相关内容?在某种载体中家庭教育宣传内容占多少比例?在某种载体中一学期或一学年安排多少次更新?如何了解家庭教育宣传的效果并进行调整?……规划确定后,各载体的负责人就要坚持按照计划实施,并根据实际情况适当调整,直至形成较为顺畅的运行机制。

三、精选内容,巧用形式

任何事物都是内容和形式的统一体。在家庭教育宣传的具体实施中,还需要考虑:宣传什么?怎么宣传?也就是要精选宣传内容,巧用各种载体形式,以达到最佳宣传效果。

(一)精选内容,传播信息与理念

家庭教育的宣传,要把握好适度原则。宣传太少,形成不了足够的影响;宣传太多,又会造成泛滥,让父母反感,一样达不到宣传效果。要做到适度、有效,内容的精选就十分重要。根据内容的性质,我们可以大体将家庭教育宣传的内容分为以下几大类:

1. 党和国家的教育方针,各级政府、教育部门的相关法律法规及政策

党的教育方针在不同历史时期会有所调整,学校教育宣传阵地可对其所包含的教育的

性质、地位、目的和基本途径等以深入浅出的形式及时进行宣传,使家长们能对国家的教育发展大局有所了解,进而正确地把握自己的家庭教育方向。

与教育相关的法律、法规、政策是保证学校教育和家庭教育沿着正常、正确轨道发展的重要保障。学校教育宣传阵地应根据需要,及时宣传《中华人民共和国义务教育法》《未成年人保护法》等和青少年有关的法律知识,使父母了解孩子的权利和义务,在法律范围内合理、合法地开展家庭教育。此外,政府发布的一些和教育相关的文件、相关会议的发言中和教育相关的观点,也是我们把握家庭教育发展趋势的重要依据。比如2015年发布的《教育部关于加强家庭教育工作的指导意见》,对家长、学校、社会在家庭教育中的责任和义务都作了说明,明确提出"进一步明确家长在家庭教育中的主体地位"并有具体阐述;又如,教育部部长陈宝生在2019年全国教育工作会议上,也对家庭教育作了相关指示。这些都应该选择要点向家长进行宣传,使他们认识到家庭教育的重要性并落实到日常实践中去。

还有一些和孩子的教育关系密切的各级政府的政策,是家长们最为关注的。比如,随迁子女或进城务工人员子女入读政策、积分入读政策,每个地区、不同年份可能都会有所修改,应及时进行宣传。又如,不同阶段的升学政策,幼儿园入学、小升初、初升高、高考等政策,和每一个家庭都休戚相关,因时因地会有所不同,是家长们迫切需要了解的,各级各类学校需要加强宣传,以解决家长们的困惑。

这一类宣传内容,大体可以由家庭教育宣传阵地的成员根据需要从国家、政府的相关法律文件、政策性文件、相关会议发言内容中获取并精选。

2. 科学的家庭教育理念、知识和方法

科学的家庭教育理念、知识和方法的传播是家庭教育宣传阵地的重头戏。家庭教育的具体内容包罗万象、千头万绪,在宣传中不能眉毛胡子一把抓。如果能按一定的思路合理分类,有计划、有条理地推出,会使宣传更全面、有效。

(1) 引领正确家庭教育观念、理念的内容

要引导父母实施正确的家庭教育,首先要引导他们用正确的家庭教育观念、理念武装头脑。现实中一些父母正是因为观念错误从而导致教育行为错误。比如,有的父母认为拼命工作给孩子创造最好的物质条件,就是给孩子最好的礼物,从而缺席孩子的成长,殊不知孩子更需要的是父母的陪伴;有的父母认为爱孩子就是对孩子百依百顺,有求必应,从而对孩子过于溺爱,殊不知不讲原则的一味溺爱会对孩子的成长带来诸多隐患;有的父母认为教育孩子是学校和老师的事,对孩子的学习和成长不闻不问,殊不知家庭教育和学校教育就如孩子的双翼,必须紧密合作,缺一不可;有的父母对孩子提出种种要求,自己却不求上进、素质

低下,殊不知父母的言传身教是最重要的家庭教育……

家庭教育宣传阵地的建设要针对家长的实际情况,精选引导正确观念和理念的内容。只有当家长摆正观念,树立起正确的家庭教育理念时,才能采取正确的行动。

(2)传播相关教育理论、知识、方法的内容

有了正确的观念之后,家长就会有"怎么去做"的诉求,这就需要学习有关家庭教育的理论、知识、方法等方面的内容。家庭教育宣传阵地要选择哪些内容进行传播呢?我们先来看看相关论述。

联合国教科文组织提出21世纪青少年应该具备"四个学会",即学会求知、学会做事、学会合作、学会生存。

《教育部关于加强家庭教育工作的指导意见》在家庭教育内容上要求"严格遵循孩子成长规律。学龄前儿童家长要为孩子提供健康、丰富的生活和活动环境,培养孩子健康体魄、良好生活习惯和品德行为,让他们在快乐的童年生活中获得有益于身心发展的经验。小学生家长要督促孩子坚持体育锻炼,增长自我保护知识和基本自救技能,鼓励参与劳动,养成良好生活自理习惯和学习习惯,引导孩子学会感恩父母、诚实为人、诚实做事。中学生家长要对孩子开展性别教育、媒介素养教育,培养孩子积极学业态度,与学校配合减轻孩子过重学业负担,指导孩子学会自主选择"。

综上所述,我们可以将需要宣传的家庭教育内容大致划分为三个方面。其一,身心健康引导。包括如何引导孩子锻炼身体、健康饮食等;如何根据孩子的年龄特点和成长规律引导孩子形成健康心理、树立正确的性别意识等。其二,品行习惯、为人处事引导。包括帮助孩子形成良好的世界观、人生观、价值观,养成好思想、好品格、好习惯,培养良好的人际交往能力等。其三,知识技能学习及能力培养引导。包括良好的学习态度、学习方法指引,劳动意识、自理能力、生存技能指导等。

学校可以根据各阶段孩子的成长规律,有计划地均衡选择以上三大方面的内容进行宣传推广。来源可以是家庭教育宣传阵地的成员根据需要从书籍、报纸、杂志、网络等各类媒体中挑选的优质资源;可以是根据学校家长学校举办的相关家庭教育培训、专家讲座整理的内容;可以是邀请学校具有家庭教育指导经验的教师创作的内容;也可以是定期邀请家庭教育方面做得好的家长写的自己的家教经验。

3. 校内相关信息

校内相关信息也应作为家庭教育宣传阵地的内容之一。其一是学校一些重大活动或事件,及时的宣传可以让家长了解学校动态或孩子的在校情况。其二是学校家庭教育工作的

开展需要积极进行宣传。比如学校每届家委会成员的招募及家委会的工作开展情况、家长学校的开展情况、家长志愿者的招募及活动开展等,都需要及时进行宣传,让家长们了解相关信息,吸引更多的家长参与。

这一类内容,需要家庭教育宣传阵地的成员关注学校动向,捕捉相关信息形成内容并加以宣传。

(二) 巧用形式,扩大宣传效果

家庭教育宣传阵地的内容需要合适的形式来承载。随着信息化时代的发展,媒介形式及资源形式都已经越来越多样化,家庭教育宣传阵地也应与时俱进,传统与现代结合,充分利用各种形式。

1. 媒介形式

目前,家庭教育宣传阵地中比较常用的有以下这些媒介形式。

(1) 宣传栏

学校一般会在学校门口、学校外墙、文化长廊等处设置宣传栏,内容可手写,可喷绘。随着喷绘技术的发展,宣传栏的版式、图文都可以做得越来越精美。学校家庭教育宣传阵地可以利用宣传栏宣传学校的重大事件和活动、相关教育法规和政策以及家庭教育小知识等。可以在学校所有的宣传栏中开辟一块专门用作家庭教育宣传,也可以在某些时期把所有宣传栏利用起来做家庭教育的专题宣传。虽然时代在发展,但是宣传栏这种传统的形式却依然不会过时,现在很多地方推出的"家庭教育一条街",其主体形式就是宣传栏。宣传栏的优点是醒目,图文精美,容易吸引人的注意,达到宣传效果。

(2) 校刊、校报

校刊、校报是由学校出版的阅读刊物,校刊为杂志形式,校报为报纸形式,可按学年、学期、季度、月份、周等为周期出版。中小学的校刊、校报主要内容可包括学校事务的报道、学生的习作、教师的文章等。这也是开展家庭教育宣传的好形式,可以在校刊或校报中设置家庭教育栏目,每一期发表相关文章或内容,比如优秀家长的家教经验分享、教师的家庭教育指导文章、成功的家庭教育案例、相关的家庭教育理论和知识介绍等。这种媒介形式的优点一是便于携带,方便由学生带回家与父母共读;二是因其由学校的教师或学生主办,故内容贴近现实,比较有亲切感,容易为家长们所接受从而愿意去阅读。

(3) 校园广播、校园电视台

广播和电视都是现代比较重要的宣传媒介,许多学校有校园广播系统,一些发达地区的学校甚至配备有校园电视台。由于目前校园广播和电视台的输出设备仅限于校内,家长在家里难以收听或收看。可利用的形式一是在一些学校较大型的家庭教育讲座等活动中,如果会场座位不够,可以利用校园广播或电视台,请家长们在各班教室收听或收看;二是利用校园广播或电视台的人力资源和设备,录制相关节目,与网络形式相结合进行传播。

（4）新媒体

新媒体是相对于报刊、户外、广播、电视四大传统意义上的媒体而言的,也被称为"第五媒体",主要利用的是数字技术和网络技术。在信息化时代,新媒体已经成为人们日常获取信息的主要渠道,因此,校园家庭教育宣传阵地建设必须要重视对新媒体的利用,才能适应时代的发展趋势。新媒体的具体形式多种多样,这里只简单介绍目前在学校中利用比较多的几种。

① 校园网站

校园网站是基于学校建立的校园官方网络平台,承载着信息化教育时代的网络教学、对外宣传、教育管理的基本任务。目前我国越来越多的中小学建设了独立域名的校园网站,校园网站已经成为学校的重要宣传阵地。在校园网站中开辟出家庭教育栏目,定时发布相关内容,学校家庭教育宣传就有了一个强大的阵地。由于网络的强大功能,几乎所有类型的家庭教育资源都能通过校园网站发布,相关法规政策、家庭教育理论及知识、校内相关信息等都可纳入其中,图文类、声音类、视频类等各种形式的资源都能在校园网站上进行传播。当然,在具体实施中,学校应根据需要选择需要宣传的内容。

② 学校微信公众号

如今,手机在人们生活中发挥了越来越重要的作用,刷微信成为许多人闲暇时最爱做的事之一。微信公众号主要是依赖手机网络而存在的服务平台,声音类、文字类、图片类、视频类等各种资源都能在上面发布。许多学校纷纷建立了自己的微信公众号,发布各类信息,将其作为重要的宣传阵地之一。家庭教育宣传阵地建设要想充分利用微信公众号这一平台并不难,就是将家庭教育宣传的内容纳入其中。和学校网站一样,微信公众号能发布各种类型的家庭教育资源。因为手机的便携性和高使用率,使得微信公众号的使用率甚至超越网站,这一阵地在家庭教育宣传中可以好好利用。

③ 班级家长 QQ/微信群

QQ/微信群可通过电脑或手机网络使用,班级家长 QQ/微信群已成为教师与家长沟通的主要渠道之一。通过 QQ/微信群,教师可以发布各种通知、反映学生在校情况的各种图文信息、各种形式的教育资源等,还可以与家长沟通孩子的教育情况。班级 QQ/微信群能直接将信息发送给全校每一位家长,能将宣传面最大化,它也是家庭教育宣传可以充分利用的阵地。学校可以争取每一位教师的支持,通过班级 QQ/微信群发布各类家庭教育信息。

2. 资源记载形式

目前,资源的记载形式大致有文字、图片、声音、视频等几种,家庭教育宣传阵地建设要根据媒介的特点合理选用。比如,宣传栏、校刊、校报可以利用的是文字类和图片类资源;学校电台能利用的是声音类资源;电视台能利用的是视频类资源;新媒体则功能比较强大,文字、图片、声音、视频等都能用起来。各类媒介形式和资源记载形式的综合利用,可以使宣传效果最大化。例如,家长学校举办的家庭教育专家讲座,由于场地有限,能参加的人数也有限,但是可以通过各种途径将其影响扩大化。可以将讲座整理成文稿,可以将讲座声音录制下来,也可以录播讲座视频,然后通过可利用的媒介形式发布,这样,即使没能到现场的所有家长也都能通过自己喜欢的途径看到或听到这场讲座。

四、寻求支持,合作共赢

家庭教育宣传阵地的建设需要寻求各方支持,才能将宣传落实下去。

(一)寻求全校教师的合作

学校各个班级的教师与所有家长直接发生联系,因此家庭教育的宣传要落实到位,必须寻求全体教师的支持。利用家长 QQ/微信群、家长会等途径,教师可以发动家长积极参与学校的家庭教育宣传活动,也可以在必要时将相关内容转发给家长,并收集家长关于学校家庭教育宣传的反馈并反映给学校。

(二)寻求相关部门和机构的合作

家庭教育的宣传并不止学校一个部门在做,上一级的教育部门、妇联、社区组织等也会做相关宣传,学校在必要时可以和相关的部门或机构、其他学校合作。例如,关于教育法规、政策等的宣传往往是区域性的,如果能取得上一级教育部门的支持,并联合其他学校分工合作,就能使宣传变得更容易。还可以联合妇联或社区,开展规模大一些的家庭教育宣传,比如现在很多地方推出的"家庭教育一条街",就是由一些学校和妇联合作运营的。

(三)寻求家长的合作

家庭教育宣传最终要落实到家长才算成功,所以争取家长的合作是最重要的。一是要通过多种途径鼓励、发动家长积极参与,通过各种形式了解所宣传的信息或学习所宣传的内容。二是要采用各种形式,如调查问卷、座谈、电话采访等,征求家长对学校家庭教育宣传阵地建设的意见和建议,根据反馈情况调整学校的家庭教育宣传阵地建设工作。

经验分享

某镇中心幼儿园是该市最早一批开展"家长持证上岗"培训的试点幼儿园,经过三年的摸索,该幼儿园已经形成了自己独有的一套家长学校模式,在家庭教育宣传阵地建设上尤其出色。走到幼儿园门口,触目可见门口右侧树立了一块"家庭教育一条街"牌匾,围栏上有一列宣传栏,共分为四个篇章——理论篇、指导篇、方法篇及安全教育篇;走进教学楼,每班家园联系栏中都有育儿专栏。据了解,幼儿园还会定期进行家庭教育方面的教师培训、家长培训、爸妈学堂、体验式家长会等。另外,幼儿园巧妙结合传统家园沟通与网络沟通进行家庭教育宣传阵地的建设,帮助家长提高家教能力与育儿水平,有效地开展家园共育工作。

一、园本导向的专业路径

家庭教育宣传阵地的建设,首先应该"以人为本",通过转变家庭教育理念来提升家庭教育质量。一是加强师资队伍建设。教师在家庭教育阵地建设中起着举足轻重的作用,教师的素质决定着家庭教育宣传阵地的成效。一方面,教师要熟练掌握儿童心理学和教育学,才能保证引领家长成长的专业性。另一方面,教师还要掌握有效指导家长教育孩子的方法。幼儿园通过园本培训,以及外出培训、教科研等方式提高教师家庭教育指导能力,挑选具有丰富的教育教学理论、经验以及具备一定资质的教师为园内家庭教育讲师。二是定期对家长进行家庭教育培训。每学期给家长上课,为家庭教育宣传阵地建设的顺利开展提供思想上的保障。

二、园本管理的共建路径

幼儿园主动与幼儿家庭合作,帮助家长创设良好的家庭教育环境,向家长宣传科学保育和教育知识,共同担负教育孩子的任务。家园共建是家庭教育宣传阵地建设改变家长观念的关键途径。一是把家庭教育宣传阵地建设纳入幼儿园发展规划中。即把家庭教育宣传阵地的建设纳入幼儿园学期计划及三年或五年规划中,把家庭教育宣传阵地的建设作为一个体系或系统有序地进行。二是发挥家长队伍的作用。通过家长委员会、家长助教、家长志愿服务队等骨干家长队伍,让家长参与幼儿园管理,以此全面了解科学的家教知识,同时以点带面,共同促进家庭教育宣传阵地的建设。

三、园本基地的家园开放路径

(一) 每班设家园联系栏

内容分为周程表(即每周课程内容)、阅读推荐、家教锦囊、家长反馈等板块,每个星期更换一次内容,让家长了解孩子的学习内容并给予家长实时的家教指导。

(二) 建设"家庭教育一条街"

"家庭教育一条街"是为了扩大家庭教育的影响,推动幼儿园家庭教育指导工作普惠化发展,推广街头家庭教育宣传阵地的做法。创建点一般选为幼儿园门口区域,版面因地制宜不少于 10 个;各幼儿园根据各自家庭教育工作的实际,选取既有理论指导又有方法传授的家庭教育知识作为宣传内容,分理论篇、指导篇、方法篇三个模块,以图文并茂、通俗易懂、醒目易记的形式进行呈现,科学、专业、系统、有针对性地宣传和普及家庭教育知识,传承家风文化。每学期或每学年进行一次更新。"家庭教育一条街"实现社区、幼儿园与家庭的有效对接,为家长搭建了一个融学习、交流、提高为一体的开放式家教平台。

(三) 发布家教小知识

众所周知,现在是碎片化信息时代,拥有一部手机就能掌握整个世界的资讯。微信群、微课掌上通(校讯通)、QQ 群无疑是灵活方便的家庭教育宣传阵地,可以把家教知识和简单易行的家教方法制作成简短的信息或制作成通俗易懂的图片,每天在这些媒体上发布,让家长在潜移默化中接受家教知识。具体操作方法如下:在学期初,对家教小知识的数量进行统筹和分配,再把所有小知识进行汇总,最后安排人员在相关平台上发布,并鼓励家长进行互动和反馈。

(四) 创建幼儿园网站或公众号

通过"教师风采、班级风采、家园互动、特色教育、健康保育、安全管理和留言反馈"等栏目,让家长全方位了解幼儿园情况及发展。

四、园本体验的家园互动路径

单纯家庭教育理论的输入无疑是纸上谈兵，家长如果经常缺少体验和互动的机会，就达不到提高家庭教育水平的效果。为了达到某种既定的目标，幼儿园可以组织相应活动促进家长之间、家园之间的互动，对家庭教育宣传阵地进行活动渲染。

（一）组织家教征文比赛

习近平总书记强调，不论时代发生多大变化，不论生活格局发生多大变化，我们都要重视家庭建设，注重家庭、注重家教、注重家风。家庭教育是一切教育的基础，要培养一个健康成长的孩子，教子要有方。为了紧密结合培育和弘扬社会主义核心价值观，弘扬中华民族传统家庭美德，认真贯彻落实习近平新时代中国特色社会主义思想和党的十九大精神，深入挖掘书香之家、文明之家的典范，每年在园内组织开展一期围绕"家庭·家教·家风"的家庭教育征文活动（见附件26）。

（二）组织家长读书会

通过各平台、班级家园联系栏和"家庭教育一条街"等家教宣传阵地向家长推荐优秀的家教书籍，并通过家委会鼓励家长自行组织读书会。如果说家教小知识、"家庭教育一条街"所呈现的知识都是属于碎片式信息，那么书籍就是系统的知识。通过读书会进行互动交流，提高教师、家长的信息素养和家教理论水平，深化家教宣传阵地的建设。

（三）发放问卷调查

每学期向家长发放调查问卷，征求家长对家庭教育工作的意见、建议、需求等，发挥家长的主体作用，为家庭教育宣传阵地建设提供依据。

家庭教育宣传阵地建设是提高幼儿园家庭教育水平的基础，做好家庭教育宣传阵地建设工作，有助于幼儿园的良性发展，有助于孩子的健康成长。因此，必须采取多种措施，提高家庭教育宣传阵地的有效性，从而实现家园共赢局面。

第十三章 🌸 家长同伴教育

同伴教育指的是人们通常愿意听取年龄相仿,知识背景、兴趣爱好相近的同伴、朋友的意见和建议。特别是在教育孩子的问题上,家长往往能够听取或采纳同伴的意见和建议。家长同伴教育是指以两位或两位以上家长为主体,以解决实际问题、促进家庭教育发展为目的,立足于家长之间的交流、分享、互助和支持。家长同伴教育通常先对有影响力和号召力的家长(同伴教育者)进行有目的的培训,使其掌握一定的知识和技巧,再由他们结合自身的育儿体验和经验,向周围的家长传播育儿知识和方法,甚至向更广泛的范围传播,以达到提高家庭教育质量的目的。

案例导八

孩子是家庭的缩影,从孩子的表现可以猜测到家庭教育的状况。学校意识到,只有家长不断提高自身的修养,学习和掌握一些教育孩子的理论和方法才是根本。为了开阔家长的视野,丰富家长的学习资源,构筑家长之间互助的平台,提升家长教育孩子的能力,阳光中学计划让各班级在 10 月自行规划、自行组织一次关于"家长同伴教育"的家长沙龙。初二(4)班班主任李老师是一位年轻的老师,接到活动通知后,心中颇感压力,不知从何入手。况且他接手班级不到一个月,心思都花在班级管理与教学上,很少在家长群里或面对面与家长沟通交流,对班级家长不熟悉。可三天后关于"家长同伴教育"的家长沙龙方案就要交给学校备案了,李老师十分头痛。于是李老师找学校德育主任汇报情况,主任回复说:"我也不懂家长同伴教育。你去找刘副校长问问。"

李老师急匆匆地向刘副校长汇报工作:"刘校长,我接手这个班时间短。这个班很多孩子不交作业;不讲卫生、不愿意搞清洁;带手机来校,放假又去网吧。我的心思都花在班级管理与教学上,真的无暇兼顾其他工作。"

"慢慢来,先不急,问题总有解决办法。"刘副校长淡定地说。

"若是能请来专家指导我们开展'家长同伴教育',让家长教育家长,让家长影响家长,该多好呀!"李老师恳求着说。

"这个应由班主任自己做。"刘副校长说。

得不到学校领导任何指示和帮助,李老师只好自己摸索着前进,他把学校的通知发布到家长群里,让家长就自己有空的时间和教育孩子时出现的问题进行接龙报名。看到老师发布的通知,张华妈妈第一个提出了自己的想法:"家长同伴教育这一活动,我觉得家长不能教育家长,他们不是专家,没这个能力。"乐瑶妈妈说:"长久以来我观察周围的家长,发现有心学习教育方法的家长,都会很自觉地自学。而大多数家长,缺乏自我学习的觉悟,你要感化和影响他,他根本不会理你,他觉得干吗要向你学习啊。"小龙妈妈也跟着说:"我连自己孩子都教不好,哪有时间、有精力去影响别的家长呢?"小东妈妈甚至直言不讳地说:"别的家长分享的成功教子方法,好是好,但我们不懂得如何借鉴,如果盲目照搬,也不一定行啊。"好几位家长也纷纷表示没有时间参与,也有部分家长对这样的活动表示怀疑,还有少部分家长表示愿意参加,但却说自己不懂教育,没什么文化,不知该说什么。

听家长们这么一说,李老师很担心劳而无功。下班后,李老师根据家长反映的在教育孩子方面出现的主要问题,上网浏览有关家长沙龙的方案,下载加以修改后发到群里给家长看。

关于"家长同伴教育"的家长沙龙如期举行,李老师为主持人,他以《父母课堂》为教材,引导家长学习其中的案例,集中分享,让家长先谈谈对案例的看法、感想,再谈一下自己在子女教育中的一些做法。结果家长们你一言我一语:"我女儿晚自修一回家,就关上房门,想和她沟通比登天都难!""我儿子很不自觉,一离开手机就感觉人生无趣。""我儿子放假就天天捧着零食进房间,边吃边玩游戏,吃得胖胖的,又不运动,说他一两句就要对战了。"为数不多的男家长中,有一位说道:"我工作很忙,每天回到家孩子都睡了。早上起来,孩子已经上学了。总见不到孩子,怎么教育孩子?"显然,家长们的育儿烦恼还是很多的,无奈这次家长同伴教育活动演变成了抱怨、埋怨的吐槽大会。

看到这种情况,主持人李老师心里堵得慌,最后他作了总结:"很少有家长不重视孩子的教育,有的家长希望能'赢在起跑线上'。他们把孩子送进重点学校,还为孩子请价格不菲的家教,照顾好孩子的衣食住行,只愿为孩子创造最好的学习环境。可是,大多数家长并没有如他们预想的那样,培养出一个理想中的孩子。因为他们不知道,再好的学校、再优秀的老师、再优越的生活环境,都不如父母对孩子的影响重要。从孩子出生的那一天起,家长就是孩子的第一任老师,父母的言传身教就是孩子的人生课堂。"

接下来很长一段时间,家长的问题依然没少,他们的责任意识也不见加强。

内 容 解 释

尽管我们能意识到家长同伴教育是帮助家长自我成长、提高家庭教育质量的一种重要方式,但实施起来却不尽如人意,最终流于形式。为什么会这样呢? 家长同伴教育的意义和价值是什么呢?

一、家长同伴教育开展不好的原因

(一) 家长对家长同伴教育认识不足

1. 家长不是家教专家,家长之间互不信任

案例中张华妈妈说:"家长同伴教育这一活动,我觉得家长不能教育家长,他们不是专家,没这个能力。"她说的有一定道理。专家是在一定领域有丰富知识的人,有一定的威信,人们通常更愿意听从和接纳专家的建议。参加"家长同伴教育"活动的家长虽然也愿意学习,但内心又认为其他家长不是教育专家,对这些家长所讲的东西是否科学、专业、有效心存怀疑。家长彼此之间缺乏信任,导致家长同伴教育难以开展,就算开展也只是流于形式,效果不佳。正如案例中李老师匆忙举办的家长沙龙一样,变成了家长的吐槽会。

2. 有的家长碍于面子,不愿接受其他家长的建议

有的家长因个性差异,自尊心极强,碍于"面子",觉得我也是家长,我为什么要听你的? 有的就算确实有育儿难题,也宁愿听老师的建议,不想接受家长的建议。正如案例中乐瑶妈妈所说:"大多数家长,缺乏自我学习的觉悟,你要感化和影响他,他根本不会理你,他觉得干吗要向你学习啊。"

3. 家长认为自己没文化,没信心参加

案例中有家长表示:"自己不懂教育,没什么文化,不知该说什么。"这其实也反映了一部分家长的心声。家长们有育儿困惑和烦恼,但对于家长同伴教育这一比较新的领域,他们不懂,不知道如何做,也没信心觉得自己能做。这其实也是可以理解的,每个人对于陌生领域的知识都是持保守观望的态度,不敢贸然尝试。而且家长没有经过教育方面的专业训练,对教育的看法和做法也仅仅是经验层面的,向别人介绍和传播时往往缺乏足够的自信。所以,

家长同伴教育难以开展。

(二) 家长同伴教育的社会关注度不高

越来越多的教育同仁认识到家庭教育很重要,也意识到家长同伴教育是帮助家长自我成长、提高家庭教育质量的一种新颖的、重要的方式。但目前他们更多的是关注家庭教育其他模块的工作,比如关注教师影响家长、家校如何有效沟通合作等方面。采用的方式有:家长培训学习、家校沟通、家长委员会建设、亲子互动等。教师极少或几乎没有关注家长同伴教育这方面的活动。

(三) 教师对家长同伴教育的理解和指导不够

第一,教师不懂如何做。案例中李老师对家长同伴教育缺乏理解,他把家长同伴教育等同于家庭教育。李老师不知道如何开展,只是从网上下载资料发给家长们看,简单地组织家长交流、讨论而已,导致家长只能站在自己的立场、自己的经验上谈自己的做法和困惑,根本达不到家长影响家长、家长教育家长的目的,最后家长同伴教育活动演变成抱怨、埋怨的吐槽大会。

第二,教师不愿意做。家长同伴教育注重的是家长之间的互相学习,与其他家庭教育指导方式不一样。该方式需要先培训家长,再让家长去教育家长、影响家长。组织策划"家长同伴教育"活动需要花费教师大量时间和心血,教师本身已经很忙碌了,如果还要花大量时间、精力和心思来指导个别家长,再由这些家长来影响更多的家长,还不如自己直接给家长开设讲座更直接、更省心、更有效率。所以很多老师不愿意做,避免自己给自己"添麻烦"。

第三,教师缺乏对家长的指导。家长中有地位显赫的、有腰缠万贯的、有学富五车的、有白领……他们的思想观念、文化知识、阅历视野差别很大。如果没有给予任何指导就让家长直接参加,没有营造相互尊重、平等交流、和谐共处的良好氛围,家长没有围绕教育孩子过程中所出现的共同感兴趣的话题进行坦诚交流和互相学习的态度,家长同伴教育活动不仅会演变成抱怨、埋怨的吐槽大会,甚至有可能演变成批判大会、对抗大会。

(四) 学校对家长同伴教育工作缺乏重视

第一,领导不太懂家长同伴教育。越来越多的学校领导开始重视家庭教育。比如开家长会、发放家庭教育知识宣传单、开展各种家庭教育讲座等。但家长同伴教育作为家庭教育指导的一个模块,领导却不太懂。对于家长同伴教育,他们不知道如何操作,更谈不上给教师进行指导。正如案例中德育主任所说的一样:"我也不懂家长同伴教育。"他没办法帮助李老师。

第二,领导不支持家长同伴教育。学校领导对家长同伴教育的认识和态度是影响家长同伴教育开展的一个重要的主观因素。虽然学校领导越来越重视家庭教育,但家长同伴教育这一块处于"被忽略"的处境。领导比较保守地采用原来熟悉的各种家庭教育方式,却不大愿意做"第一个吃螃蟹的人",不愿意带头尝试摸索家长同伴教育工作,不支持教师大力开展家长同伴教育这一领域的工作。布置任务之后,让教师自己摸索,不愿意从学校方面提供帮助。比如,不愿请专家来指导或派教师出去学习。案例中刘副校长和德育主任就是让李老师自己解决此事,缺乏学校层面的有力支持。

二、家长同伴教育的意义和价值

(一)家长同伴教育的实质意义

家长同伴教育作为促进家庭教育发展的重要方法之一,其实质是家长之间的合作和交流。家长同伴教育由多个家长在互相信任的基础上出于对教育主题共同的兴趣,自愿参加,组成小组,结成互帮关系,立足于家庭教育的研究,通过互助支持、经验交流等方式,使家长主动积极地提升解决家庭教育中实际问题的能力。其目的就是在交流和分享过程中发现自己在家庭教育过程中存在的问题,促进家长自我反思、自我觉醒和自我成长,进而提高家庭教育的质量和水平。

(二)家长同伴教育有利于快速掌握家庭教育知识和方法

家长之间地位平等,在一起进行活动没有压力、没有隔阂、没有感到受权威影响,易于敞开心扉讨论家庭教育知识;家长对家庭教育的思想认识相近,易于产生共鸣、易于接纳彼此,对讨论的内容和方式更易于接受;家长之间育儿经历相似,所提供的成功案例或育儿心得更易于被认同、模仿、改造。所以,家长同伴教育让家长更愿意主动学习,也更有利于掌握家庭教育知识和方法。当然,别人的成功做法不一定适合自己,但也要先尝试才知道适不适合,不适合的可以根据实际做调整,获得进步。

(三)家长同伴教育有利于拉近家长之间、家校之间的距离

第一,有助于拉近家长之间的距离。家长同伴教育强调彼此学习和激励、不断地超越自我。家长们有共同的愿景、有共同的困惑,在团队中既分享自己的教育思路、教育经验,同时也从其他家长那里得到新的想法和建议,促进群体成员快速成长。在每一次活动中,家长们不仅物理距离近了,心理距离也近了,他们形成了一个合作互助的团体。有了和谐的家长团队,就算孩子们发生一点口角、小矛盾也不会成为家长之间的"问题",因为家长们更互相包

容和理解了。

第二,有助于拉近家校距离。学校依据家长的需要和特点指导家长选择最恰当的交流主题和方式,并有针对性地为其提供理论方法和实践方法指导。家长对家庭教育相关理论知识的掌握才能不让同伴之间的交流因"公说公有理,婆说婆有理"而出现偏差,影响家长同伴教育的质量。同时,学校为家长同伴教育提供场所和相关物质准备,并成立相关领导机构,帮助家长形成同伴教育活动所需要的工作安排和活动规则、协议,也帮助建立评价激励机制等。由此,让家长感受到学校一切工作的出发点都是为了孩子,自然愿意与学校合作,拉近家校之间的距离。

工 作 要 求

一、学校要重视家长同伴教育

第一,学校领导要重视家长同伴教育工作。家长同伴教育是新型的、高效的学校家庭教育指导方式,但如何组织实施,如何保障活动的有效开展,许多学校和教师其实是不太清楚的,甚至是"有心无力"的。因此,学校领导要"请进来",定期聘请专家培训教师,或者"走出去",派教师出去学习,掌握组织家长同伴教育活动的方法和要领。同时,可以相应成立家长同伴教育工作的领导小组和工作研究小组,在实践中开展研究,探索符合本校实际的家长同伴教育工作规范和各种激励工作机制。家长同伴教育活动机制一旦形成,还会在家长群体中形成有凝聚力的家长合作文化,潜移默化地影响和感染更多家长,形成以点带面的良好效果。这样的环境对家长的成长具有非常大的促进作用,能真正发挥家长同伴教育对促进家长自我成长、全面提高家庭教育质量的作用。

第二,在教师和家长中加强家长同伴教育重要性的宣传。家长同伴教育的前提和基础是要有一个民主、自由、宽松的活动环境进行平等的交流。因此,营造一种自由的平等相待、坦率沟通的氛围是迫切的。学校可以采用微课掌上通、微信群、QQ群等媒介发送相关资料或发放《给家长的一封信》等方式在全校范围内对教师和家长进行宣传,不仅让教师和家长拥护该活动,还为该活动的顺利开展提供良好的舆论氛围。

二、教师在家长同伴教育中的角色定位

家长同伴教育活动中，家长是主体，教师是家长同伴教育活动的指导者、参与者和组织者。教师在活动过程中要负责组织、策划、筹备，并在参与中对家长如何开展家长同伴教育起到指导和示范作用。家长同伴教育是一门学问，需要教师以一种负责的态度去研究它，不断地指导家长，不断地总结完善。

（一）了解家长，有目的地组织家长同伴教育

与家长用心沟通，了解家长在认知能力和水平方面存在的差异，了解家长普遍存在哪些急需解决的问题，了解哪些家长在这方面做得好，把"做得好的"和"急需解决这方面问题"的家长组成"对子"，让他们"结对子"互助学习。为组织家长同伴教育奠定基础，确保指导工作更具针对性，这样才能有的放矢地组织家长同伴教育。

（二）为家长创设合作交流的平台

家长合作交流的平台来源于教师有意识、有目的的创设。在家长自愿的前提下，教师为"结对子"的家长提供线上线下交流平台。"线上"可以是电话、微信、QQ、微课掌上通等方式；"线下"可以是落地的家长之间组织的无领导研讨活动（地点由家长自主选择），也可以是在教师带领下家长之间的研讨活动（地点最好选择在学校）。

教师精心创设合作与交流的平台，让家长产生合作与交流的欲望，不仅可以激发家长的学习动机，更重要的是可以培养家长强烈的合作意识和分享精神，使每个成员和整个小组得到提升。

（三）引导家长在活动中平等交流

家长同伴教育活动中，家长之间、教师与家长之间是平等合作的，不是简单的教与被教、指导与被指导的关系。家长同伴教育更强调参与者的自愿、友好的伙伴关系。教师允许家长就相关主题提出建议或疑问，营造一种令家长敢于表达的温馨氛围。家长知道被信任，就能焕发出热情，活动更容易取得成效。

（四）做好计划总结，提升家长反思力

首先，家长同伴教育强调的是互助的过程，要求教师在活动开展之前做好计划工作。教师要根据实际情况与家长同伴教育者确定活动主题和方式、确定参与的对象、活动进行的时间地点和物资准备等，同时要掌握整个活动过程的节奏，有效地引导家长交流讨论。

其次，教师要引导家长将收获应用到实际的家庭教育行动中，不断地融合创新，形成每

个家长独有的教育成果。

再次,教师要组织家长进行反思,主要包括对于互助经验的应用效果和过程中存在的疑惑、家庭教育过程中新遇到的问题以及其他需要反思和寻求帮助的方面等。针对新存在的问题,再集中研讨、再反思、再提升,如此循环反复,不断完善和进步。

三、家长同伴教育的组织实施

(一) 家长同伴教育实施原则

1. 参与性原则

教师要站在家长的角度、从家长的育儿需要出发,充分考虑家长的育儿困惑、可用时间、实际能力等。紧扣热点问题和家长急需解决的问题,才能增强活动的吸引力、感染力,激发家长的参与热情。参与热情提高了,家长就能克服家庭与工作的纷扰,集中精力,抽出时间参与活动。而且这种参与完全是自愿的,在平等参与中相互启发和帮助,满足家长的育儿需要。

2. 针对性原则

要解决问题就要有针对性。家长诉说孩子成长阶段凸显出来的某个现象,倾诉、宣泄自己的焦虑,其他成员耐心倾听,积极回应,分析诉说者的外显状态和内在需求。倾诉是渠道,解决问题是目的,教师最终要引领家长们朝着解决问题的方向前进。诉说者参考同伴们的建议,改变原有的错误认知,作出适合自己的行为选择,获得改变和进步。

3. 及时性原则

早发现、早组织、早帮助家长解决问题,就是及时性。教师可以根据近段时间自己的观察或家长的反映,提炼出家长最关注的问题,凝练出主题,及早开展家长同伴教育,及时引导家长解决问题。活动后,教师引领家长之间互相鼓励和督促,及时把所学知识应用到实际生活中,解决育儿困惑。其间遇到困难,及时与家长同伴教育者或教师沟通,寻求帮助。

4. 激励性原则

开展家长同伴教育活动时,教师亲切的激励,如"我觉得你说话口齿清楚、声音洪亮、条理性强,很好",会给家长以积极的心理暗示。家长受到老师激励之后,就会产生一种原动力。这种原动力推动家长从消极的"要我做",转化为积极的"我要做"。家长在活动中表现出来的乐于助人、敢于表达、善于反思,都值得教师肯定和激励。教师还要善于把孩子在学校的进步及时反馈给家长,这样才会让家长看到自己的进步、看到孩子的改变,从而增加交流分享的信心。

学校每学期还可以表彰一批活动出勤率高、互助支持力强的优秀家长们。学校领导对他们公开表彰,给他们发放荣誉证书或相关奖品,能使家长的自我价值得到肯定,更有动力参与以后的相关活动。

5. 指导性原则

交流分享会不是诉苦大会,也不是批评责备会议。而是为了帮助、引导家长反思自己的家庭教育现状,发现自己做得好的地方,为其他家长提供学习资源;也为了发现自己存在的问题,及早改进。教师和家长同伴教育者要站在更高角度对家长进行指导,理解家长的感受,鼓励家长勇敢面对困难、积极作出改变。

(二)家长同伴教育的形式

1. 家长沙龙

家长沙龙是指为家长提供宽松的、畅所欲言的环境与机会,选择合适的场所,本着自愿的原则,将家长组织在一起,通过个人参与活动改变家长教育行为的一种方式。家长沙龙人数没有严格规定,但不宜太多,一般30人以内。可由教师做主持或家长同伴教育者做主持,家长为主体,具有主动权;教师为主导,引领着活动总方向。

家长沙龙活动的方式多种多样,如家庭教育知识竞赛、亲子游戏互动、家庭教育情景再现、家庭教育角色扮演等,只要是家长喜欢的都可以,它是家长获得家庭教育知识与能力、树立教育好孩子的信心、获得教育经验的一个平台。例如,家庭教育角色扮演沙龙活动的基本程序可以这样开展:一位家长扮演爸爸或妈妈,另一位家长扮演孩子,围绕沙龙主题演一演亲子互动的具体事件——扮演者分享体验——其他家长分享观察的情况和体验——组织讨论角色扮演主题的家庭教育经验做法——主持人总结提炼科学的家庭教育知识和方法。

2. 家长俱乐部

家长俱乐部是指几个家长围绕着共同感兴趣的家庭教育主题、话题在一起学习、交流、玩乐和研究的团体或场所。从组织形式上来看,家长俱乐部比家长沙龙、家长论坛等家长同伴教育形式更自由、更松散,也更轻松,活动的开展没有固定的程序,有共同兴趣的家长都可自愿参加。可以一边交流一边喝茶吃点心,也可以一边听音乐;可以一对一交流,也可以一对多交流,还可以多对多交流。家长们在轻松快乐的交流中学习和感悟家庭教育知识和方法。从参加人员来看,可以纯粹是家长参加,也可以是亲子一起参加。从场所来看,可以到室外的公共场所如公园、茶室等地方,也可以轮流到家长各自的家里,当然也可以在学校里。教师可以不参与,由家长自发组织,但教师要事先培养出俱乐部的核心成员,带领俱乐部成员朝着既定目标开展活动。

3. 家长论坛

家长论坛是由教师带领、家长自发组织建立的一个开放平台,由家长们自主管理,共同维护。它专注于探讨家庭教育的相关话题,尤其关注家长的教育困惑。通过家长论坛,教师和家长以孩子健康发展为中心,思考交流,互助共享,为将学校、孩子和家长融为一个和谐的大家庭而努力。

家长论坛可以根据实际定期举行,大家围绕一个主题,先由几个优秀家长做主旨发言,然后在主持人带领下,台上台下家长"坐而论道"。可以是现场家长论坛,也可以采用网上家长论坛。

4. 父母成长读书会

阅读使人进步,以父母成长读书会为媒介,教师带领家长阅读相关的家庭教育书籍,让家长在收获自身成长的同时,也收获了与孩子共同成长的快乐。读书会一般可以分为两类。

第一类是现场读书会。这类读书会往往有固定的场所和固定周期,例如每周一晚或者每周两晚在某某家里。在固定场所里有各种书籍,每个人都会在约定时间内(如半小时)一起读书,然后分享各自读自己那本书的感受和收获。此类读书会有利于促进家长良好阅读习惯的养成,也有利于在最短时间内收获更广泛的知识和别人思想的火花。

第二类是读书分享交流会。这类读书会没有固定的场所和固定周期,而且往往是共读一本书,在约定的时间和地点交流讨论读这本书的感受,取长补短,相互启发和借鉴。读完一本书此读书会就结束,可商定大家感兴趣的另一本书。此类读书会让阅读更深入、理解更深刻、学习更到位,有利于对知识的深层次学习。

5. 网上家长互助小组

"互联网+"时代给教育带来深刻变革。"网上家长互助小组"是指通过互联网终端进行随时随地学习的新型学习模式。它具有不受时间地点限制、信息量大、选择性强等特点。家长微信群、QQ群都可以成为家长互助小组的基地。小组可以根据实际情况选择是一对一互助,一对多互助,还是多对多互助;可以是固定的"结对子"互助,也可以是随机组成的互助。一般的做法是:在班级家长微信群里发现几个家长抛出了相类似的话题或困惑,教师就可以把这几个家长组成一个临时的微信交流群,由家长同伴教育者具体负责组织他们在群里分享和交流,教师适当地给予引导和推荐阅读材料,以促进他们在相同主题上互帮互助,共同成长。

6. 家长工作坊

工作坊是当前比较流行的、轻松有趣的互动学习方式。其基本特征是参与、体验和互动,就是要让所有成员都有机会参与到活动中去,在活动中深切体验和感悟,并在轻松平等的氛围中充分表达自己的感受和想法,最终促进工作坊的顺利开展和主题目标的实现。家长工作坊一般由教师担任导师,开始前公布活动主题和招募成员,成员一般不超过30人。

工作坊开展程序和方式是随着不同的主题而变化的,但基本的程序大同小异,一般可以这样进行:

(1)导师带领所有成员开展一个暖场小游戏,帮助所有参与者相互认识、消除隔膜、放下身份,以积极的"空杯"状态投入到活动体验和互动交流上。

(2)辨识主题。导师围绕主题抛出几个问题供所有成员认真讨论,明确目标和任务。

(3)游戏体验。导师把预先设计准备好的与主题密切相关的游戏材料和规则分发给各参与者,让所有成员共同参与游戏,完成游戏任务。有些游戏只玩一次,有些游戏可以递进式地玩多次。不管多少次,以实现目标为准则。

(4)分享感悟、提炼升华。导师组织成员充分交流分享,并给予及时的引领,帮助成员在体验感悟的基础上真正理解游戏活动背后的道理,从而转变教育观念,掌握教育方法,促进自我成长。

家长同伴教育活动包括以上六种形式,但不仅仅局限于以上形式。这里只是对以上六种形式作简介,给教师起到抛砖引玉的作用,期待教师在实际工作中不断完善和丰富相关活动形式。

(三) 家长同伴教育具体组织方法

1. 家长同伴教育主题的确定

(1)主题的确定是有效实施家长同伴教育的关键

主题必须立足家庭实际、切合家长需求。确定主题重点是要把家长困惑的问题转化为教育的主题。比如:有的家长烦恼于孩子吃饭、洗澡拖拉;有的家长烦恼于孩子睡眠、起床时间把控不好;有的家长烦恼于孩子做作业耗费太多时间……问题看似不同,其实本质上都是孩子的"时间管理能力"问题。因此,可以通过协商将主题确定为"孩子时间管理能力培养",然后再组织相关家长进行学习。

(2)同一个主题可以选择不同的活动形式

不同的形式参与人数不同。教师先公布主题请家长报名,再根据报名情况确定采用哪种形式。不管采用哪种形式,都要根据该形式的各种要求进行组织。同时,教师要鼓励家长用积极的心态看待家庭教育,消除对家庭教育的恐惧,激发和引导家长满怀信心、奋力前行。

2. 家长同伴教育活动人员的组成

（1）分组科学、合理是活动有效开展的前提

教师在组织家长同伴教育活动前，一定要慎重分组，绝不能简单地把几个家长随意拼在一起。小组成员搭配要科学、合理。为了提高效率，让家长能更充分地交流分享，必须做到组内异质、组间同质，即考虑家长的实际情况、个人性格、兴趣爱好及性别等因素，让不同特质、不同层次的家长进行优化组合。每组可安排 5—6 人，分别设置组长、骨干成员各一名。此外，组与组之间应尽量保持相对平衡，创建欢乐融洽的氛围，使家长同伴教育活动成为家长学习提高教育能力的良好平台。

家长同伴教育小组刚成立时，成员容易感到焦虑、担心、陌生、缺乏安全感，甚至懊恼为何要参加这类活动。因此，小组在开始时要营造温馨的气氛，设计无压力状态下的相互认识活动，增进亲密感。

（2）培养家长同伴教育者是活动有效开展的关键

家长同伴教育通常先对有影响力和号召力的家长（同伴教育者）进行有目的的培训，使其掌握一定的知识和技能，然后再由他们结合自身的育儿体验和经验，向周围的家长传播育儿知识和方法，甚至向更广泛的范围传播，以达到提高家庭教育质量的目的。教师要事先为同伴教育者（家长）指导合作交流、分享学习的思路与方法，培养他们的合作意识与交流技能，让每个同伴教育者都能提高参与、交流、学习的能力，尤其要注意培养他们的几种技能与能力：一是掌握一定的教育学、心理学知识和家庭教育技巧；二是学会勇于发言，要求语言清晰、思路明确、言简意赅；三是学会倾听，要听清他人发言中的诉求，听懂与众不同的见解；四是学会质疑、讨论、共享。对别人的发言不能听而不思或一味盲从，要善于提出自己的疑问和见解，学会运用知识与育儿经验作有理有据的总结分享。这些同伴教育者应作为组长和骨干成员被安排在每个小组里。

3. 家长同伴教育的实施

（1）明确活动要求，围绕主题，组内开展

在开展家长同伴教育活动之前，确定活动主题后就要制订方案，方案帮助大家明白具体如何开展活动。方案的制订，最好是老师和同伴教育者一起商讨制订。教师一定要明确活动要求，这有利于家长明确活动的思路。活动要求应包括活动进行的时间、活动过程中需要提交的材料、活动过后的反思与评价。例如：对于主题"营造适合孩子成长的家庭环境"，大家都意识到宽松温暖和谐的家庭环境能为孩子提供丰富的营养，同时又可以帮助孩子消除疲劳、紧张和烦恼，为成长中的孩子注入生机和活力，增强他们前进的信心和勇气，使他们的

身心得到健康发展。那么如何营造和谐的家庭环境呢？让家长在一个一个问题中产生火花碰撞，进而组织家长在小组内部进行讨论和探讨，在平等、互助、信任的氛围中，家长在小组内分享自己教育孩子的困惑，获得来自同伴的情感上的理解与支持，以及教育孩子的方法和策略；通过倾听小组内其他家长的教育困惑，缓解自己教育孩子的焦虑，理解孩子普遍具有的心理发展特点。这样，积极发挥每个家长的分析能力和探索能力，先在小组内部形成一个较为统一的结论。然后，再与其他组进行分享交流，互相学习。

（2）设立激励机制，激发家长的好胜心理

分组活动不仅仅是全面提升家长的教育能力，还锻炼家长的活动组织能力、归纳能力和表达能力。为了增加趣味性，提高活动效率和质量，激发家长的好胜心理，或可适当引入竞争激励机制。如哪个组先完成任务可获得一个小奖品或下一轮活动的优先权，哪个组最后完成任务要唱一首歌或表演一个节目等。

（3）精准分工，合作交流，互为补充

小组各成员的角色定位、职责等，在小组活动进行前，教师应通过邮件、电话等方式及时与每个小组沟通，做他们问题研究的引导者与辅助者，多引导他们关注如何分析、思考和解决问题。为了让家长能充分参与其中，教师要在每组内进行分工落实，职责到人，让人人有事可做、事事有人来做。组长与组员职责分工一览表如下：

组长与组员职责分工一览表

组长（1 名）	骨干成员（1—2 名）	参与家长（3—4 名）
建立相关工作制度和成员档案，负责小组成员的考核和总结。活动前根据主题定好小组活动方案，协助老师做好活动任务的布置，组织管理好活动现场的交流，做好总结工作，关注各个组员的活动情况，及时向老师汇报。由优秀的家长同伴教育者担任。	积极参与组建、开展家长同伴教育活动，完成组长分配的各项任务。分享教育孩子的心得和具体做法。当其他组员质疑或老师提出疑问时，随时作出回答，又称智囊团。同时做好现场环境布置、活动记录、拍照存档、活动后撰写简讯与报送等工作。由家长同伴教育者担任。	负责提出问题、分享和交流，根据个人成长目标，自愿与其他成员一起探讨育儿困惑，解剖自己在家庭教育中存在的主要问题，按质按量参与约定的活动。

在进行分组合作交流过程中会产生一些问题，比如小组内部成员的分工不够明确，家长学习能力和学习自觉性参差不齐，导致小组内部的学习态度难以达到统一，有的家长积极开展活动和学习，有的家长却依赖小组其他成员，懒于思考和交流，严重影响其他成员对相关教育知识的理解与掌握。为了及时扭转这种情况，组长甚至教师要及时对小组活动进行干预和指导。具体来讲，组长要给小组成员安排具体任务，避免小组成员对他人的依赖，这样

可以促使每个成员积极开动大脑对自己的问题进行思考,进而得出自己的结论,使自己的教育能力得到全面锻炼和提升,发挥小组学习的优良效果。

（4）教师点评,画龙点睛

教师要明白自己的位置和作用,扮演组织者和指导者的角色,当家长遇到各种难以解答的问题时,老师可以在旁边对家长进行一定的引导和启发,起到指导作用。对出现的各种问题教师应及时处理,确保同伴教育活动的顺利开展。教师要注意小组氛围的营造和调控,营造一种相对开放、自由、平等、和谐的学习氛围,这样才能促使每个家长敢于思考、敢于表达,实现在小组内部的高效学习和快乐学习。老师还要善于结合主题内容、家长的接受能力等调动小组活动的积极性,把更多的教育问题通过小组活动交流的方式进行探讨解决,达到良好的效果。

4. 家长同伴教育的反思与总结

家长要将同伴教育中的收获应用到实际的家庭教育活动中,不断地总结,形成每个家长独有的教育成果。而且家长也要对同伴教育活动进行反思,主要包括对于互助经验的应用效果和过程中存在的疑惑、家庭教育过程中遇到的新问题以及其他需要反思和寻求帮助的方面等,不断完善考虑不周的情况,从而为后期活动提供借鉴。

经验分享

上述案例中的李老师后来利用业余时间自费跟随专家系统学习了家长同伴教育相关知识。他克服上次开展活动时的不足,运用自己新掌握的知识,开展了一次较为成功的"家长同伴教育"活动,详情如下。

一、招募"家长沙龙"核心成员

教师在家长群里发公告告知全体家长即将开展一个"家长同伴教育"活动,采用"家长沙龙"方式进行,并发布核心成员招募要求,请感兴趣的家长报名。招募完成后先对核心成员(家长同伴教育者)进行培训,介绍整个操作流程、每个人的分工和注意要点,并向他们讲解青少年身心发展相关特点,以及积极倾听等沟通技巧。

核心成员相对固定，每次都由他们来带领活动。在活动中如果发现其他家长也有能力担当家长同伴教育者，可以在征求他们同意的基础上对其进行培训，将他们发展为核心成员。

核心成员（家长同伴教育者）一览表

主持人（1 名）	骨干成员（6—8 名）
协调能力强且擅长组织活动的家长，主持全班家长沙龙。	担任家长同伴辅导员。要求有一定的文化基础，参加过培训或乐于接受教师的教育学、心理学知识指导，懂得基本的教育规律等。担任各小组组长或小组内骨干成员。

二、组建"家长沙龙"微信群

主持人担任微信群群主，骨干成员担任管理员，有需要的其他家长进群交流学习。

三、确定主题，一月一个主题，提前公布

主持人事先在家长群调查家长最急需解决的育儿难题，确定主题后招募有需要的家长积极参与。

例如：小金（14 岁男孩）妈妈陈述了她目前最头疼的问题。"我儿子初一到初二这段时间放假爱去网吧，有一次还因为一点小事被别人打了，有时候又跟着同学抽烟，回家一身烟味。对他说要远离不安全的地方和人，他就是不听，还说这有什么！双休日我和他爸爸经常要加班，很少带他出去，他对外界缺乏了解。平时被管得严，自护能力弱，同学一叫他干什么，他就去了。担心死我了！偶尔玩一下电脑无所谓，关键是还吸烟，万一网吧里面有坏人，引诱他们浏览黄色网站或打架、吸毒之类呢？呜呜……"小金妈妈伤心地说着，不禁落泪，不知道这类事情要如何处理。

小金妈妈一说完，其他家长也"遥相呼应"。他们都认为现在孩子太宝贵了（大部分是独生子女），家长们都护着，孩子对于社会缺乏了解，戒备心低、自护能力弱。但家长也都知道孩子长大了，不可能像笼子里的鸟那样关起来，他们始终是要接触社会的。群里真是"哀鸿遍野"，大家都向李老师发出求助之声。

李老师默默倾听，把发言主动权留给家长，但是自己又主导着整个讨论方向。李老师运用自己所学的知识和孩子身心发展特点，意识到这是青春期孩子独立意识觉醒的典型案例。他们总是渴望探索外界和未知的事情，但又不知道有时候存在着风险。于是李老师与核心

成员商讨,最后确定了本次活动主题为"孩子,我该如何守护你的社交安全"。

四、制订实施方案,招募参与沙龙活动的家长

根据"孩子,我该如何守护你的社交安全"这一主题,核心成员以微信群里家长提供的案例和其他相关案例为活动素材,确定家长沙龙的时间、地点和注意事项,形成实施方案(方案是教师和核心成员讨论确定的,并事先演练,做好分工安排)在"家长沙龙"微信群里公布,并招募想参与的家长(核心成员与参与的家长,总人数控制在 30 人以内)。活动方案可见附件 27。

五、组织实施

教师带领着核心成员按照活动方案做好准备工作,特别是安全准备,预先对活动场地进行"踩点",实地考察活动场地的安全性,确保场地适合举行活动。同时注意天气预报,以免活动时出现恶劣天气。活动能如期安全地开展就把相关通知发给参与的家长,让家长准时参加活动。活动过程中大家分工合作,围绕着主题有条不紊地进行。活动过程中家长是主体,教师只是观察者、参与者和指导者,没有出现什么"意外",教师不要过多干预,以免影响活动有序地按预定计划开展。

六、组织家长同伴教育要注意的事项

□ 教师事先准备充分。教师自身必须先学习相应的知识,做好相关准备,事先培训家长同伴教育者。

□ 活动操作流程严密、完善。核心成员的挑选和培训、人员分工、主题的确定、相关家长的招募、授课准备、物资准备,都要做完善。

□ 活动中,教师注重发挥核心成员的作用,各司其职,有条不紊。人人参与,人人有价值。这样既体现了家长的主体地位,又不失教师的主导作用。

□ 注重给每位家长主动发言的机会。家长同伴教育最终不是核心成员的活动,而是全体家长的活动,因为核心成员只是起到带动作用,不能忽略每位家长的发言权和求助需要。

□ 教师时刻体现着主导作用。教师时刻注意家长是主体并不代表让家长东南西北毫无

目的地发言,或者只发言不思考。最终教师要引领家长回归主题,回归到相关的教育理念,回归到具体的解决方法。

　　□ 注重发挥优秀家长的引领作用。时刻铭记"家长同伴教育"的核心是"家长之间的互相影响"。教师不要过多参与和干预,而是通过家长经验共享,让家长影响家长,这比教师影响家长效果更好。

第十四章 ❀ 家庭教育个性化咨询与服务

在育儿过程中遇到困惑和难题时,有的家长不知所措,有的家长失望放弃,有的家长迎难而上寻求解决方法……

家长的家庭教育理念和方法基本是世代相传的。但随着时代的发展,社会的信息化发展令一部分家长可以从家庭教育书籍、网络信息中获取家庭教育相关知识。家庭教育的理念、方法和方式深深影响着孩子,而教师是孩子学校生活的重要参与者,见证家庭教育的成果与问题。所以,对大部分家长来说,学校也是家庭教育知识的获取平台,孩子的老师就是自己家庭教育问题的首要咨询对象,学校教师的意见和建议直接影响了家长的家庭教育行动。也就是说,学校教师承担着家庭教育指导老师的角色。

案例导入

王老师入职五年,具备一定的学科教学和班级管理经验,今年他新接手三年级一个班级的语文教学和班主任工作。刚开学,王老师就在家长群里发布了各项班级要求,也不定时地公布班级学习情况:表扬作业书写工整的学生,批评未完成作业的学生……个别学生发生紧急事情(生病、受伤)或屡次出现学习和行为问题(上课捣乱课堂、作业马虎或不做作业)等情况时,王老师就会马上电话联系该学生的家长。

看到老师这么认真负责地对待班级的学生,不少家长也开始主动跟老师联系,向王老师请教如何教育孩子。其中,小文的妈妈最积极。下面截取小文妈妈和王老师的部分聊天记录。

小文妈妈:老师,我的儿子几乎天天都做不完作业,真是急死人了,您说怎么办啊?我也天天陪着他。他呀,看少一会儿都不行,磨磨蹭蹭的,很晚都写不完作业。

王老师:这样啊,这确实是不好的习惯,三年级虽然有三科作业,但是各科都有限制时间,不可能做得很晚吧!

小文妈妈：可他就是这样啊！写字慢，抄写的作业还好，要是做练习册，一遇到不懂的题目就发呆，就是不想动脑筋，等着我去教，经常磨到十点、十一点。

王老师：啊！这么晚都没有写完作业？这不行的哦，睡眠不足的话，白天精神也不好，课堂上注意力就不集中了，知识点不掌握，回家作业就更困难了！这样就形成了不良的循环。

小文妈妈：就是这样，您说怎么办？头疼呀！

王老师：孩子三年级就这么懒散，一点儿都不听教育，你们要严格管教呀。他拖拉磨蹭的时候，你们会怎样做呢？

小文妈妈：好说歹说，有时候也会哄他，早些做完就可以看一会儿电视休息一下嘛。有时候我都拿着尺子守在旁边了。

王老师：他会怕吗？

小文妈妈：就是吓吓他。打也没用啊，他就是这样子的，从小到大，都要反着来。以前的老师也说这个孩子就是没有上进心，不在乎学习成绩什么的。我也搞不明白他怎么会是这样的，从小到大都不省心，是不是真的没法治了？

王老师：他平时如果哪些方面做得好，或者得到老师表扬的时候，你们在家会鼓励他吗？

小文妈妈：他哪有什么做得好的，常被老师投诉，如果有哪一天早早写完作业我都乐得给他玩手机去了。

王老师：看来他在家很少得到肯定。这不行呀，孩子还是要表扬的。

小文妈妈：以前老师也说过让我们陪他玩，表扬他的优点，可是周末我们带他去玩，他就玩疯了，回家作业还是不行。有时候是答应他快些写完作业可以多玩一会儿，他还是慢吞吞啊。老师啊，什么方法我都试过了，我自己可以说是尽心尽力了，真是皇帝不急太监急。他就是这个性子。

王老师：我看他还挺积极劳动的，大扫除的时候他最卖力了。这方面有表扬他吗？

小文妈妈：在家也没看他干活呀，就是自己洗澡还好，房间也是他自己收拾，不管他弄得干净不干净。他生活上也没啥大问题的，就是不爱学习，是不是没这根筋呀？他爸爸就说我们小时候也不用家长检查作业，成绩差点儿没关系，活蹦乱跳就没问题。真是气死我了，我严格一点，他就数落我。我婆婆也是这样的，整天说他上学够辛苦了，回家干什么要写那么多作业。要是我真打他，婆婆马上带他进房间了。

王老师：哎呀，一家的教育理念不一，孩子不知道听谁的，肯定出问题。

小文妈妈：是啊，老师，您也跟他爸爸说说吧，现在社会都不一样了，学习不好，以后怎么过呀！孩子最重要的是学习嘛，他爸爸也不管，我一个人怎么忙得过来，孩子又不省心。

王老师：你们要多陪伴孩子呀，特别是男生也要爸爸多陪伴才好。我晚些时候也跟他谈谈。

小文妈妈：老师，我们的文化水平都不高，不会说话，没法教他了，就麻烦您多费心了，没完成作业就"留堂"吧，您多跟他谈谈。

王老师：我每天都在关注他的课堂和家庭作业，经常都找他来谈，但是家长也要尽责呀。他还是需要你们家长的关心和帮助的，不然真的会越来越糟糕。你们还是多用心陪伴他吧！

小文妈妈：是的，辛苦老师您了，请您多费心教育！他有什么情况您就打电话给我吧。

内 容 解 释

一、家长把咨询当作依赖，不是想得到家庭教育指导

（一）"老师，您说怎么办才好？"——家长希望教师直接解决问题

家长最关心的是如何解决"孩子的问题"，正像小文妈妈一样，多次问老师"怎么办啊"，请老师"多费心教育"，其实是想老师直接给予解决方案，甚至是老师代替家长教育好孩子。家长也会把家庭教育咨询当作依赖，认为咨询就是跟老师聊聊，"聊"完了，问题就解决了。

其实，孩子的单个行为不是孤立存在的，行为的背后有深层的原因，针对某个或某类行为的解决方案都是"治标不治本"，甚至完全没有效用。学校教育和家庭教育是两回事，教师无法替代家长进行家庭教育，孩子的家庭生活参与者始终只能是家长。家庭教育咨询更不能替代家庭教育，咨询是教师协助家长分析家庭教育失效原因以及指导家长改善家教技巧的途径之一，目的是提升家长的家庭教育能力，它不直接解决"孩子的问题"。

寻求家庭教育指导，要解决的是"家庭教育的问题"，在进行咨询时，家长要咨询的是"我这样说（做），产生了怎样的教育后果"，"我怎样说（做），才可以产生我希望的教育效果"，"孩子出现这样的行为，与我的教育行为有什么关系"。

（二）"孩子就是这个性子！"——家长把责任推到孩子身上，缺乏教育的反思意识

不少家长会像小文妈妈那样，描述孩子的学习行为使用的几乎都是主观、笼统的词语："磨磨蹭蹭""没有上进心""慢吞吞""不爱学习""没这根筋"……这些评判性的描述隐含了一

个根深蒂固的观念：是孩子出了问题，不是我的家庭教育出了问题。在这个观念下，家长观察到的孩子的行为皆是负面的，甚至认为孩子就爱"反着来"，忽视了孩子行为背后的需求，比如会把孩子"遇到不懂的题目就发呆"这个行为定性为"不爱动脑筋"，而不会考虑到孩子没有掌握知识点需要指导，更没有注意传授给孩子查阅教材资料、请教别人等学习方法的技能。

家长也会经常把孩子的行为视为挑战性行为，一旦孩子不服从，家长就容易被激怒，剧烈的情绪导致家长更无法客观地观察、理性地分析孩子的行为。所以，家长会一直在"数落"孩子，认为自己已经"尽心尽力"，孩子"就是这个性子"。

家长认为是孩子出了问题，把责任推到了孩子身上，逃避了自身的家庭教育责任，从而在咨询当中，家长所寻求的是解决孩子问题的方法，而不会反思自身的教育问题。因此，咨询变成了家长"批斗孩子"的渠道，而没有真正地产生家庭教育指导作用。

（三）"我是没办法了"——家长缺乏家庭教育主体意识，陷入家庭教育困境

案例中，小文的一家不仅有亲子间的冲突，还有夫妻之间及祖辈的冲突。小文妈妈意识到教育观念的不同有可能影响小文的行为，可基本都是在"诉苦"，认为是孩子的问题，是伴侣的问题，是老人家的问题，寄希望于学校老师的沟通使家庭成员改变观念和行为。小文的妈妈请王老师关注孩子课堂表现、留堂、多跟孩子谈谈，这些都是家长希望学校教师直接解决问题的表现，家长也没有意识到王老师可以为其家庭教育问题进行指导。可以说，整个咨询过程中，家长缺乏家庭教育的主体意识。虽然不少家长会积极主动地向老师咨询，但并非咨询家庭教育问题，咨询的目标有偏差。而且，当老师在了解家庭教育情况或者提示一些教育方法的时候，家长也没有进行反思，面对老师的建议没有进一步咨询具体的目标和方法，其实只是表面接受建议，这样的行动往往达不到效果。

家长认为自己已经"尽心尽力"，尝试了各种方法，孩子行为却没有改善，结果就是"我是没办法了"。很多家长都呈现一种"有心无力"的状态，表现为对孩子的问题行为束手无策，易被激怒，情绪爆发后又陷入沮丧挫败的心境中。这种状态类似于孩子正在面临的学习困境：知识不掌握、作业困难、情绪暴躁、面对难题无能为力、得不到指导与支持……孩子没有意识到自己处于困境，需要寻求帮助，需要学习技能以解决困境。当难以走出困境时，孩子渐渐就会自暴自弃。家长同样如此，当家长面临家庭教育困境时，他们自身没有意识到是家庭教育出现问题，从而需要专业指导，也不懂得就此进行图书资料查阅、请教教育专家或参与家庭教育讲座学习……

总而言之，家长陷入了家庭教育困境，寻求家庭教育指导的意识薄弱，不能主动寻求家

庭教育咨询,也难以在咨询中接受科学的教育观念。

二、教师欠缺家庭教育咨询能力

教师肩负着教学与教育的双重责任,教师要对儿童进行教育,也要对家长进行家庭教育指导。每位教师与家长之间的沟通是必不可少的,教师要及时了解、沟通和反馈学生的思想状况和行为表现,当家长拥有家庭教育困惑时,教师还需要进一步进行家庭教育指导。进行家庭教育指导最直接、最基础的方式就是个性化咨询。但是案例中,王老师与家长的谈话基本上仍停留在沟通层面,没有针对家庭教育问题进行指导。

(一)"家长也要尽责呀"——家庭教育咨询不是指责家长

"我对你错""我说你做"的单向传达是一种强势的、高位者的态度,它会关闭沟通的大门,让对方回避思考问题的核心,如果学校教师习惯于这种沟通模式,难以对家庭教育问题有正确的分析。案例中王老师的语言较为温和,但是最后结束前有一句"家长也要尽责呀",隐含了他对家长的看法,认为是家长没有尽到责任,这也是教师的一种普遍的观念偏差——家长推卸责任。其实这是对家长的误解。很多人以为拥有足够的爱,便能经营好亲子关系,这样的观念让人们轻易作出评价:家庭教育做得不好,是因为父母不尽责,父母不够爱孩子。

指责家长会使家长感觉到自己与孩子一起被否定、被排斥,不利于咨询的开展。事实上,家长并非专业的教育人士,他们大部分并不了解教育。光有爱远远不足,良好的家庭教育需要方法和技巧,家长们需要学习技巧的平台。美国心理学家托马斯·戈登博士在其著作《父母效能训练》中也写道:父母并不需要被指责,而需要被训练。

在家庭教育咨询中,学校教师要明确:我们无法增加或减少父母对孩子的爱,但我们可以让父母了解不当的养育方式会让孩子感受到伤害,又有哪些方式能让孩子在爱中成长。

(二)"孩子很懒散"——家庭教育咨询不能主观臆断

学校家庭教育咨询的源起肯定是孩子的学习或生活出现了状况,学校教师也是基于教育学生的职责而与家长构成了教育合作关系。

孩子注意力不集中的因素是多方面的。可能是自身的认知功能发育水平所限,也就是他的注意、记忆、想象、思维、语言等方面的能力落后于年龄平均水平;也可能是师生、同伴、家庭等人际关系导致孩子心理偏差,难以专注于学习;还可能是学科基础知识薄弱,学习方法有偏差,精力不足,等等。案例中,王老师听取家长描述孩子做家庭作业行为时,没有引导家长进行客观描述,反而轻易地将孩子的问题定性为"懒散",这种主观臆断将阻碍教师深入了解家庭教育问题。这也是一种普遍的观念：孩子是自己不爱学习，孩子的问题行为是一种对父母、教师的报复、挑战。但是这种观念并不正确，它将问题的责任归咎于孩子，然而却忽视了孩子行为背后的需求和真正原因。

学校家庭教育指导不是指责孩子，学校教师是家长和孩子之间的桥梁，需要协助家长还原家庭生活事实，了解问题发生背后的不同影响因素，了解孩子行为背后的潜在需求，了解如何在孩子需要的时候给予成长性的支持，了解如何高效地与孩子沟通，有效地解决问题的技巧……用最通俗的语言来说，个性化咨询中的关键咨询内容就是如何理解孩子，如何向孩子表达家长的需求，如何建立良好的、亲密的亲子关系。

（三）"你们要严格管教呀""你们要多陪伴孩子呀"——教师没有指出家庭教育问题和可操作性方案

对于小文的案例，王老师只了解到表面的行为现象，还没有深入了解并跟家长一起还原家庭生活事实：小文每晚做作业具体耗费多少时间，磨蹭时会做什么事，哪些作业能快速完成，哪些作业明显有困难，小文做作业时家庭的其他人在做什么事，家庭环境如何，家人对小文的学习有怎样的期待，当小文快速完成作业或者拖拉不做作业时，家人分别会怎样说和怎样做……

作业无法按时完成，这只是家庭教育问题的一个小窗口，必须透过这个窗口深入了解背后的原因。学校教师要有意引导家长充分地还原家庭生活事实，全面地呈现家庭成员的相处模式，才能分析出家庭教育问题所在。缺少这个过程，会让咨询陷入隔靴搔痒的尴尬境地。家长也要在这个过程中了解自己和孩子双方的观念和行为，了解双方的冲突所在，这就是家庭教育问题的核心。

学校教师在咨询中必须始终关注家庭教育问题的核心，要基于问题提出可操作性的方案。案例中王老师说"你们要严格管教呀""你们要多陪伴孩子呀"，这些都不属于可操作性的方案，连方法都算不上。"严格管教"应该描述为制订规则，全家严格执行，具体来说，它还可细分为制订何种规则，如何沟通让孩子理解规则，如何达到一致遵守规则，如何排除干扰，如何调整规则等一系列步骤。有具体的目标和具体的方法才是家庭教育问题的解决方案。

三、家庭教育个性化咨询不等同于家校沟通

以上从家长和教师的角度分别对案例中的问题进行了分析，案例中咨询没有达到效果，

根本原因是混淆了一般的家校沟通和家庭教育个性化咨询的区别。

（一）家校沟通

一般而言，家校沟通是老师针对学生的问题主动与家长沟通，希望达成共识和找到解决方案。在沟通过程中，老师起主导地位，有三个目的：（1）邀请家长参与到孩子的教育中来，与学校教师建立良好的合作关系；（2）全方面地了解学生的家庭信息，并向家长通报学生的在校情况，为判断学生的问题作准备；（3）提出解决学生问题的基本做法，诚恳地与家长商量，最终达成协议。这种做法属于家校沟通，而不是家庭教育个性化咨询。

（二）家庭教育个性化咨询

不同于一般的家校沟通，家庭教育个性化咨询是学校家庭教育指导的重要方式。它是学校教师运用家庭教育指导的原理和技术，帮助家长解决其个别的家庭教育困惑，以促进其家庭教育能力提高的活动。

家庭教育指导的对象是家长而不是儿童，关注点在于家庭教育问题而不是孩子的行为问题。教师在家庭教育个性化咨询过程中要注意了解儿童所在家庭的家庭教育状况，判断家长家庭教育的核心问题，采取有针对性的措施，为家长提供对子女进行有效教育的知识和方法，帮助家长提升家庭教育的水平。

（三）家庭教育个性化咨询的目标

个性化咨询呈现问题，但不指责、不抱怨孩子和家长；给予指导，但不是输出、输入的简单过程，教师并不能越过家长直接对儿童进行家庭教育，家长在个性化咨询过程中享有自主选择权和决定权。学校教师在进行家庭教育咨询服务时，要引导家长聚焦家庭教育问题，用正向的、朝向目标解决问题的积极观点，来促成家庭教育行为改变的发生。

学校教师进行家庭教育个性化咨询与服务的出发点和落脚点是提升家长的家庭教育能力，具体可以说是协助家长达成以下三个目标：

1. 掌握科学育儿知识和方法

案例中，王老师和小文妈妈的关注点都在"孩子作业拖拉"这个问题上，但是却没有探究这个行为背后的家庭教育问题。人的每个行为背后都有其动机和需求，家庭教育困惑中最主要的矛盾就是家长和孩子都无法理解对方。家庭教育个性化咨询最基本的目标就是帮助家长客观分析孩子的行为，正确感受孩子的情绪表现，正确感知孩子的真实需求，换言之，就是了解孩子。孩子的生理健康情况、认知发育情况、家庭关系、伙伴交往情况等各方面都与学习相关，教师在咨询过程中要帮助家长从更全面的角度看待孩子，掌握科学的育儿知识和方法。

2. 唤醒自身家庭教育主体意识

家长的家庭教育困境,类似于孩子的学习困境,但是家长作为成人,更有可能而且更需要承担起解决问题的责任。咨询的时间和机会是有限的,学校教师要时刻以积极的态度和良好的技巧支持家长正视家庭教育的问题,更要着力于协助家长唤醒自身的家庭教育主体意识,不把责任推给孩子或其他家庭成员,而是反思自己教育行为的偏差,从自身开始改变观念和行为。唤醒家长自身的家庭教育主体意识,不仅有助于解决家庭教育问题,更让家长走向家庭教育能力自我提升之路,主动寻求家庭教育咨询,主动借助更多的渠道(白玉兰家庭服务、父母公益讲堂、家长学校以及各种家庭教育书籍报刊)得到家庭教育指导。

3. 和谐亲子关系

家长的养育方式传达着他的家庭教育观念和价值观,很多家庭教育中的冲突,都源于家长不了解自己与孩子的互动关系。家长负有养育孩子的责任,但孩子是独立的个体,家长更需要尊重孩子的需求。当家长与孩子产生冲突时,家长更有主动解决问题的责任。但是如何解决问题,而不是制造更多冲突,却是最大的家庭教育问题。家庭教育指导要让家长知道应该做什么,更要让家长掌握怎么去做的方法。亲子沟通技巧是至关重要的,因为技巧不仅仅是态度的转变,还会促使行为的转变。当家长使用技巧真诚地与孩子沟通,将会有效减少双方的矛盾,也有利于解决矛盾冲突。和谐的亲子关系是保障家庭教育质量的前提,也是家庭教育质量的充分体现。

工 作 要 求

一、家庭教育咨询的原则

随着时代的发展,现代儿童与过去不大一样,给家庭教育带来了极大的挑战。根据现代儿童的特点和现代家庭教育的需求,应该从转变家长的教育观念、掌握科学教育方式方法进行探索。要向家长宣传素质教育的思想,宣传现代儿童观、教育观、人才观,加强家庭美德教育、社会公德教育,讲授不同年龄段儿童和青少年身心发展的一般规律和个体差异等等。所以,教师作为家庭教育咨询者,在为家长提供家庭教育个性化咨询与服务时,要按照以下工作要求进行。

(一) 实效性原则

与学校教育相比,家庭教育有一个显著的特点,那就是"个性"突出。家长的知识结构、性格特点、职业、受教育的程度等都参差不齐,家庭结构各式各样。家庭教育咨询者应对学生家庭进行调查分析,对家长的知识水平、职业状况、年龄、思维习惯、育儿观念等做到心中有数,在进行家庭教育咨询的同时,抓住每个家庭的特点,按照不同层次进行分类指导,以提高家庭教育咨询的针对性、实效性。

(二) 尊重原则

想要得到家长的充分信任和支持,教师就要尊重学生家长,保持谦虚谨慎的态度,在与家长进行交流时怀着一颗真诚的心,让家长真切感受到自己的真诚,明白自己的用心。由于家长和指导者扮演不同的社会角色,处于不同的地位,他们在经历、经验、思想水平、知识能力上存在着明显的差异,而这种差异就决定了指导者与家长在教育孩子方面具有一种互补的必要性和可能性。指导者要尊重家长的意愿,调动家长参与的积极性,为充分发挥家长的家庭教育主体作用提供优质咨询服务。

(三) 主体性原则

"家长要承担家庭教育中的主体责任"是教育部《关于加强家庭教育工作的指导意见》的明文要求,学校家庭教育指导就是为家长履行家庭教育主体责任提供专业服务。教师应确立为家长服务的观念,以家长自我教育为主体,了解不同家庭类型家长的需求,指导家长确立责任意识,提高自身的教育能力,从而更好地教育好自己的孩子。家庭教育指导的直接对象是家长,间接对象是儿童,家长与儿童都有自己的主体性。学校家庭教育咨询是家庭教育指导的重要形式,通过咨询唤醒家长的主体意识,让家长发现自己的家庭教育问题所在,察觉出自己的思想观念和教育方式的不当,从而激发自我成长的意愿,真正承担起家庭教育的主体责任。

(四) 差异性原则

由于各个阶段学生的身心发展特点各有不同,家长需要了解和掌握的教育知识、方法也会有所差异。所以,在家庭教育咨询中,对不同学习阶段孩子的家长要区别对待,根据不同年段的家长对家庭教育指导的需求,教师要有针对性地开展家庭教育咨询与服务。

家长与儿童的差异不仅表现在个体之间,即家长与家长之间、儿童与儿童之间的差异,也表现为个体内的差异。教师要根据不同的孩子、不同的家长、不同的家庭有针对性地提供咨询服务,体现明显的差异性,切忌千篇一律地讲所谓的基本规律。

二、家庭教育咨询的工作程序

当家长向教师咨询家庭教育问题时,教师可以按照以下的思路,逐步明晰问题所在,帮助家长提升家庭教育能力,教师自身也可将其作为教育观察的素材,提高自我的教育能力和家庭教育指导能力。教师一定要注意避免用说教或"传授科学知识"的方式与家长沟通,而是要站在家长和孩子角度,在家庭日常生活的框架下,兼顾家长的节奏,一步步地引导家长思考、认识和行动。

(一)与家长共情,建立信任的关系

教师与家长建立良好的疏导关系是开展家庭教育咨询工作的前提,缺乏信任无法提供咨询服务。因此,教师要学会与家长共情,建立起信任关系。

家长前来求助时,总是想找根"救命草",即急于解决某个具体的问题。此外,如果是初次咨询,因双方不了解、不认识,来求助的家长既紧张焦虑,又兴奋不安。他们在一股脑儿抛出各种纷乱信息的同时,也会审视教师是否能帮助他。因此,如何有效地开展咨询,教师首先要与家长共情。例如:

家长:我的儿子啊,上回考试都没有及格,数学才考了 20 多分,英语还好点,考了 60 多分。他以前成绩虽然不好,但是也有 70 多分啊!(眼里开始有泪花,教师把椅子移到她旁边,递给她纸巾,身子向前倾一倾)自从他爸爸出事之后,就没有人能帮他看功课,我才初中毕业,什么也帮不了他。我每天要很早起床去工作,晚上回来又很累,工资又低。不能像其他有钱的父母那样,有时间陪着他,帮他看功课……我真不知道怎么办啊。(此时,教师可以适时地拍拍家长的肩,或者倒杯温开水给家长)

来咨询的单身母亲心力憔悴、力不从心。此时,教师首要的任务不是判断问题、分析问题,更不是立刻解决问题,而是安抚对方、尝试感受和理解对方此时此刻的感受与状态,并将这种感受和理解以适当的方式传递给对方,让对方信任自己。

(二)还原家庭生活事件,找准咨询问题

咨询过程中,教师和家长是指导老师和来访者的关系。家长要对相关事件进行客观的描述,包含事情发生的情境,要有足够的细节和对话,还原事情客观始末,这样有利于家长学会不带情绪地澄清事实,发现家庭教育问题,建立本次咨询的目标。客观描述行为和事件的思路如下:

  □ 某年某月某日发生了什么。

  □ 孩子做了什么，什么行为反应。

  □ 看到孩子的行为表现，家长当时的行为反应是什么。

  □ 矛盾的焦点：家长当时的感受、看法和困惑是什么。

（三）确立咨询目标

学校家庭教育咨询的核心目标应确立为：一方面，促进家长对教育行为和教育过程进行反思，使其认识到教育的实质，协助家长与孩子之间重新建立良好关系，以此促进孩子的成长；另一方面，促使家长和家庭成员自我认识、自我反思和自我成长，协助家庭成员改善家庭环境和家庭关系、改善家庭成员之间的相处和沟通方式，培养和提高家长和家庭成员独立应对日常生活问题的能力。那么每次咨询要确立一个问题并确定在这个问题上期望达到的结果。如：

家长：我也知道自己的问题，但就是控制不住，特别是跟孩子说了之后他不做或者老是出现问题的时候，就会忍不住发火。自从做生意失败之后，我的脾气就变得很差，也经常和孩子妈妈吵架，这两年有些好转，但是在孩子的教育问题上还是会非常急躁。……儿子平时也会学着我向他妹妹大吼大叫。

在这个咨询过程中，至少要设立以下几个目标：

直接目标：针对家长的问题进行探讨，在探讨的过程中帮助他进一步了解自我和分析自己的问题，能认识到行为背后的原因：生意失败，迁怒于孩子或妻子；当自己面临压力和问题时，感到无助和力不从心时，孩子被当作发泄对象、出气对象。

中间目标：帮助家长认识自我，以积极的心态面对生活，学会调节自己的情绪，善待家人。

终级目标：建立正确的价值观、成才观，正确看待人生的起落，使自我不断地完善，从而更好地教育子女。

（四）咨询过程要遵循的基本理念

1. 制订指导方案

指导方案包括指导目标和措施。目标要注意适切性、针对性和可操作性。措施要具体，并且要与家长共同商议，形成"契约"。

2. 实施指导

在个性化咨询过程中，要遵循以下基本理念：

谁都会犯错，没什么可耻的；改变可以改变的，接纳不能改变的，任何事情都有办法应对，要有信心；别人的建议只能是建议，具体还要当事人自己判断；自我改变比改变别人更重要,也更直接,孩子的问题往往只是表象;改变是需要付出时间和精力的,不可能立马见效;教师只引导家长分析问题,理清思路,反思做法,不能代替家长去完成家庭教育。

3. 促使转变

家庭教育咨询的最终目的是"助人自助",通过咨询,帮助家长自己发现问题,自己学习家庭教育规律,掌握家庭教育的科学方法,然后用来提升自我。

(五) 即时反馈

即时反馈是教师向家长表达自己当下的情绪、情感活动状况,传达自己对咨询关系和家长的感受与看法。即时反馈在咨询中使用的频率不高,使用时可以作为与家长互动的手段,也可以作为家长了解教师的途径。但使用的目的是更好地促进关系的建立与咨询的进行,提供个人分析和看法并对家长的反应保持互动,而不是教师宣泄自己情绪的方法。

1. 感谢家长

▢ 我想表达的是谢谢你对我的信任,否则不会第一次就跟我讲这些。

▢ 感谢你的真诚与信任,谢谢。

2. 表达当下自己的状态

▢ 对不起这个地方我没太听懂。

▢ 这层关系我没听清楚。

▢ 你说的这种方法我不理解。

3. 表达对家长的感受

▢ 最开始的时候我觉得你有些焦虑,现在好多了。

▢ 我也为你的改变感到高兴。

▢ 我看到了你是真的很想和孩子相处好,我也感受到了你们之间的矛盾。

通过多次的学校家庭教育咨询,促进家长反思,在自我教育和实践的过程中达到教育理念的升华、教育知识的增长、教育方法的丰富,更有效地把握适合自己家庭的教育方法,培养孩子健全的人格。

三、家庭教育咨询的基本形式

(一) 从途径上区分

1. 面对面

这种形式是家庭教育咨询形式的最佳选择。因为面对面,教师可以了解到家长的精神面貌、情绪状态、要求与愿望等，真正积极关注到家长，家长也能更好地理解教师的指导，能用发展的眼光去看待孩子的教育。

2. 电话咨询

家长可以通过电话向教师咨询，或者学校开通专门的家长咨询热线。

3. 网络咨询

家长可以利用现代网络的便捷方式进行咨询，如微信、QQ、电子邮件等。

不管用什么方式咨询，一定要保护好家长的权利及其家庭的隐私。

(二) 从参与者上区分

1. 单个家长

单亲家庭或者父母单方面出现的家庭教育困惑。

2. 双人(如夫妻)或多人(核心家庭或三代家庭的所有成员)的咨询形式

夫妻冲突、三代冲突、冲突型沟通方式的代际传递与影响，造成所谓"孩子问题"或"父母与子女关系问题"。比如母亲认为儿子叛逆、不听自己的话，但实质问题是：三代之间冲突型沟通方式的传递。母亲从自己父亲身上学会了冲突的沟通方式，与丈夫也是冲突型沟通，儿子就会从父母那里"复制"这种方式。

3. 孩子参与其中

因各种原因父母与孩子的关系或沟通出现问题，如父母忙于生计、无暇照顾和陪伴子女，或父母没有能力教育子女，或孩子从小由老人带大(隔代教育)，或父母打骂子女而导致家庭教育问题的，需要家庭成员共同参与咨询。

(三) 从时间上区分

1. 短期咨询(1—2 次咨询)

每次咨询时间 60—90 分钟。聚焦于一个具体的行为或事件，学校教师协助家长理清家庭教育困惑。在孩子成长过程中，父母面临的问题是多方面的，在不同时期也有不同的问题。这种短期的咨询主要针对父母需要重点解决的关键问题。

2. 长期咨询(3—6 次咨询)

每次咨询时间 60—90 分钟。家庭教育成败的关键在于父母的教育理念，不同的教育理念指导下会有不同的教育方式和教育行为。而观念不是一朝一夕能改变的，教师要帮助家长树立正确的教育理念，用正确的理念指导其教育行为。教师的学校家庭教育指导主要从两个方面进行：一方面，有的父母可能没有意识到思考以上问题对于家庭教育的重要性，只是凭感觉在教育孩子，遇到问题就着急。因此，教师要对家长进行引导，让家长先有正确的认识,从思想上明白哪些该做、该怎么做。另一方面,父母在教育孩子时凭个人经验,而这些经验往往会有局限性。因此,这些方面都需要教师指导家长进行理性的分析,针对自己孩子的个性和能力特点有选择性地加以利用。

四、家庭教育咨询的技术

要想在家庭教育咨询中达到预期的目标,教师需要具备多种能力和素质,尤其是"透过家庭生活现象发现家庭教育问题本质"并"引导家长自我思考和自我成长"。而这就需要教师掌握一些必要的咨询技术。

(一) 倾听技术

1. 教师不仅要用耳,还要用心,设身处地地全心全意去听,要听懂家长表达的问题,还要听懂其省略的、隐含的意思。

完全的倾听包括:(1)要觉察家长的非言语行为,"察言观色"(表情、下意识动作);(2)要倾听理解家长的言语信息;(3)倾听家长的整个人(上下、言语、工作、生活、社会环境等);(4)倾听那些不友好的带有挑战性的言语,如"你是新老师,你行不""是,我孩子就这样"。

2. 善于倾听,不但要听还要参与,要有适当的反应。可以是言语的,如"嗯""请继续";也可以是非言语的,如微笑、点头、目光。

3. 真正理解家长所表达的思想、情感和行为,把自己放在家长的位置上思考问题,鼓励他宣泄,帮助他澄清自己的想法。

在这个环节,教师切忌话太多,要注重倾听。有些教师担心冷场,当家长沉默的时候,教师总想找出各种话题弥补"尴尬场景"。有些教师习惯于说教,倾向于告诉家长什么是对、什么是错。很多教师事后才发现自己讲得太多,并且不停地反复强调同一个观点。因此,教师需要有意识地训练自己"倾听"的意识和能力。教师要明白自己不是来给家长讲道理的,否则,咨询会变成日常聊天。

(二) 开放式提问技术

家庭教育咨询中常见的提问类型有两大类:开放式提问和封闭式提问。封闭式提问一般用于咨询开始收集资料阶段。开放式提问指无法简单用是或否、对或错来回答的提问,需要回答者根据自己的情况作出具体回答,常用"什么""怎样"来提问,如"当时发生了什么""你对这件事是怎么考虑的,你现在的感觉是什么,你是怎么选择的"。开放式提问的开放程度不仅仅取决于教师,更多取决于家长,如果信任关系建设得好,家长表达能力强,开放式提问得到的回答会较开放,信息更丰富。

(三) 具体化技术

在家庭教育咨询工作中,我们常常发现有的家长在叙述问题时用一些含糊的字眼,有的家长表达不清思想、情感和事件经过,甚至他自己也搞不清楚事情是怎样的,自己究竟是怎样思考的,他体验到的是一种不确定的、模糊的感受。要解决这些问题,就必须使用具体化技术。具体化技术又称澄清技术,是老师协助来访者清楚、准确地表达他们的观点、所用的概念、所体验到的情感以及所经历的事件的技术。

家长来咨询时通常提出"家长眼里的孩子问题",而经过咨询发现,"孩子问题"通常是"表象问题",是"家庭问题"的一种具体体现。"孩子问题"的背后大多是"家长自身问题""夫妻关系问题""家庭关系问题""父母与子女关系问题"等。很多家长不是不关注自己的孩子,而是对孩子的关注不是良性的,为孩子带来的家庭环境不是健康的。另外就是家长的教育行为和教育方式无效。如果家长想真正关爱孩子的话,他们先要关注自身与家庭,应该为孩子营造幸福和谐的成长环境,给孩子树立一种行为榜样。

例如,家长说:老师,你快帮帮我啊,我小孩在学校里,跟同学关系不好,又懒,作业也不交。……每个老师都投诉他。我先生要跟我离婚,因为这个事情,我心力憔悴,无心工作,孩子也教不好……

这位家长一口气说了几个问题。老师要引导她,让她清楚要解决的关键问题是什么,具体要解决什么问题,背后的原因是什么,家长的教育方式是什么。如果教师没有敏锐地察觉"家长问题",而只是在家长所提出的关于孩子的"表象问题"上绕圈,咨询过程就会流于形式,得不到实质性的进展,最终也帮不了家长。

五、家庭教育咨询的后续跟踪反馈及归档要求

个性化咨询往往会几经反复,不会一次轻易成功,所以要及时对咨询效果进行评估,以便反馈调整,使咨询更有针对性和实效性。跟踪的目的是促进家长转变教育思想,更新教育观念,真正掌握家庭教育的科学方法,并在实践中运用。

教师可以采用不定期回访或电访等方式进行跟踪反馈,以便更深入有效地帮助家长解决在家庭教育中遇到的问题。定期对指导过的家长进行回访,做好记录,监控实施效果,从而帮助家长塑造美满幸福的家庭。

如有些父母自己包揽一切,导致孩子失去历练和培养能力的机会,如生活能力、学习能

力、与人相处的能力。当孩子能力缺失时，反过来又说孩子懒惰，动手能力差等。加之经济上的过度供给，孩子的状况更加糟糕。这种情况下，就要跟踪父母是否真的有改变自己：放手让孩子自己做一些事情，让孩子在这一过程中学会照顾自己、培养能力，并提高自信心。教育需要坚持，改变更需要持续不断的努力，才能有本质的变化。

家庭教育咨询跟踪档案

学生姓名		年龄		性别	
家长情况		工作单位		联系方式	
		工作单位		联系方式	
家庭类型					
学生情况：					
家庭成员情况：					
家庭教育现状：					
咨询方案					
日常跟踪					
时间		地点			
实施过程：					
实施效果：					
日常跟踪					
时间		地点			
实施过程：					
实施效果：					

填表说明：

1. 此表由固定的家庭教育咨询者填写。
2. 家庭类型：双亲、离异、单亲、留守、寄养、祖辈抚养、离异重组等。
3. 指导对象：有需要的学生家庭或特殊学生的家庭。
4. "实施效果"一栏中应体现家长在接受指导以后的实施效果及反思，指导者的反思及后续的措施及策略等。

家庭教育指导者要注重为自己充电,提升自身综合素质,尤其是要多学心理学与教育学的知识。同时,通过日常工作展现自己的业务能力和水平,做好每次家庭教育咨询指导的记录及反思。这样,家庭教育咨询的效果会更好。

经验分享

家长并不了解家庭教育的专业知识,关于家庭教育问题的解决,需要教师演示和指导。咨询经验不足的教师也需要从各种成功和失败的案例中汲取经验,以下是一次家庭教育咨询的记录。

小李是五年级学生,成绩良好,作业能按时完成,家中还有上一年级的弟弟。小李妈妈觉得小李最近特别爱玩手机游戏,她就这个问题咨询孩子的班主任林老师。

小李妈妈:老师,小李一放假就不停地玩游戏,怎么说都不听。我们很担心他会近视呀,也会影响学习嘛。

林老师:哦,担心近视,担心影响学习,您是怎么跟他说的?

小李妈妈:比如说,你一直玩手机游戏,沉迷了怎么办? 都不用做作业了,还带坏弟弟。

林老师:嗯,您还担心带坏弟弟,这样就有三个阻止玩手机游戏的理由了。你们家关于玩手机游戏有约定过什么规则吗? 比如一次可以玩多长时间有固定吗?

小李妈妈:好像没说过,只是觉得他没有停,我看到他玩得比较久就会说他。如果他不停止,我就开始很烦躁了。平时做完作业早的话,他可以一连玩一个多小时;如果作业多,比较晚了,他还是要玩半个小时。

林老师:孩子玩多长时间您是赞同的?

小李妈妈:不超过半小时就好了,唉,没办法,能控制在一个小时也不错了。

林老师:平时和周末都是这样吗?

小李妈妈:周末待在家的话,他玩两个小时我觉得可以;如果要外出,我就想他不要看手机了,多跟朋友玩嘛。

林老师:那他是什么情况下可以拿到手机玩?

小李妈妈:一般做完作业,他要玩的话就会给他。周末的时候他起床就会找手机,我不用的话,也会给他。

林老师：所以每次他使用手机的时间是随意的，而且如果您没关注他的时候，他玩手机其实没影响到您的心情，是这样吗？

小李妈妈：是的，的确没留意的时候就不知道他玩多长时间了。

林老师：你们家对于什么时间做什么事情有相应的安排吗？

小李妈妈：也没有。我自己也是跟着孩子的时间做事，做饭、做家务，总是有干不完的活儿。哎呀，说起来，这个问题好像怪我了。

林老师：不用指责自己，我们来发现问题和找到解决方法就好了。可以看出你们家里的时间安排都比较随意，对于允许和阻止孩子玩游戏方面也没有确定的规则。所以这是你们冲突的一个主要原因。您要求孩子停止玩游戏，对于孩子来说，您是很随意的，没有理由要求他。

小李妈妈：虽然没规定，但是长时间肯定会影响视力和学习呀，怎么能不阻止他呢？

林老师：嗯，您以这些理由去制止孩子，孩子服气吗？

小李妈妈：他不听。

林老师：他的同学中肯定有爱玩游戏，视力还是很好的。有些同学不玩游戏也会近视的。再说，玩游戏必定会影响学习吗？成绩好的同学玩不玩游戏呢？孩子他已经有生活经验，看到这些事实，就不会认同您刚才说的理由。所以，你们的理由都不会直接对孩子产生效果。

小李妈妈：唉呀，那要怎么说呀？

林老师：这些理由不一定具备科学的依据，但它们却是家长所担心的。所以呢，对于我们的情绪和感受，我们要在孩子面前表达出来。您把平常让他不玩手机的那些话，换成说出自己的担忧，试一试说成一句话。

小李妈妈：我担心你玩的时间太长了，眼睛会近视。是这样说吗？

林老师：是的，就是这样表达出自己的担心。那您担忧他学习受影响，您会怎么说呢？

小李妈妈：你的作业做完了吗？有时间看看书呀，一直玩手机，都没时间看书了。我担心你成绩会下降呀！

林老师：刚才您一连说了几句话，表达了几层意思，带点质疑作业没完成，带点教导有时间多看书，带点指责一直玩手机没看书，最后才是您担心他成绩下降，所以信息非常杂乱。孩子听到这样的话，可能就感受不到您的担心，反而感受到被质疑、指责，这样反而想反抗。试着单纯一些，只说他玩手机的时间长度，再单独地表达自己的担心，您试试。

小李妈妈：你玩了一个小时了，我担心你会沉迷，影响学习呀。

林老师：这样就好多了。这样说，孩子应该会愿意谈谈自己的想法。我们也要适当闭上嘴巴，多听他自己来说，对于自己玩手机能不能自我控制，对于学习有没有自己的主张和方法。这是你们之间沟通存在的问题，沟通不良的时候，你们就会产生很多冲突。这样的沟通技巧要不断练习，所以说话的时候要先想想，在孩子听来，他听到的是什么。

小李妈妈：原来要这样说呀。

林老师：您觉得手机游戏为什么能吸引孩子长时间玩？

小李妈妈：好玩嘛，他爸爸也爱玩。

林老师：确实有很多游戏很好玩，您也爱吗？

小李妈妈：我没什么兴趣，平常是看电视多，累了就想看。

林老师：是呀，看电视可以放松，是挺舒服，这是一段很休闲的时间。那对于小李来说，玩游戏也是同样的呀。如果小李对您说，妈妈，您看电视没有益，影响视力，影响工作。您会停止看电视吗？

小李妈妈：不太会。我觉得我能控制好吧，就算没有益，只要不影响生活和健康什么的，我不会不看电视。

林老师：是的，同样的，小李也是认为玩手机游戏没有影响他的学习和健康。他有休闲的权利，也有自己做决定的权利。影响学习、影响视力这些都是家长的担忧，但没有绝对的效力去限制孩子的行为。

小李妈妈：这样说来，我就明白了，我不会听他的，他当然也不会服我的。

林老师：前面我们练习了表达自己的担心，但是，只表达担心是不足够让对方改变行为的，不能说"我担心你，所以你就不能这样做"。

小李妈妈：那还要怎样说呢？

林老师：孩子毕竟还是需要家长引导的，不能任由他自己决定玩多长时间。我们怎么促成孩子改变他的行为呢？还是回到第一个原因，刚才说到没有制订规则的问题。要用规则来做事。那就需要一家人一起来开个家庭会议，讨论玩手机的规则，哪个时间可以玩，玩多长时间，玩什么内容，这些都要协商的，规则适用于孩子，也适用于大人。制订规则后，所有人都按照规则约束彼此的行为。

小李妈妈就如何召开家庭会议又向林老师请教了具体方法，回家后就尝试召开了家庭会议，一家人商量使用手机的规则。小李爸爸和妈妈提出了自己的建议，小李和弟弟也参与了讨论，一家人最终制订了一个初步的手机使用规则。小李在家庭会议中提出父母也要遵守规则，限定玩手机的时间和地点，他还建议多举行家庭活动。之后，小李妈妈还和林老师探讨手机使用规则制订后的实施情况,其中也涉及了规则执行过程中产生矛盾如何处理,小李妈妈也更清楚了自己的家庭教育能力不足,需要多学习,于是开始练习林老师建议的沟通方式,多说自己的感受,多考虑孩子听后的感觉。

以上的记录呈现了一次较为成功的咨询案例,具体可以从以下几点进行分析:

□ 还原家庭教育生活事实。林老师首先从各方面了解孩子的家庭状况,玩手机的时间和方式,家长阻止孩子玩手机游戏的理由,还有家长阻止的时候如何跟孩子说话,在一步步还原事实的过程中,林老师也引导家长思考自身的语言习惯和家庭生活习惯对孩子玩手机游戏的影响。

□ 有效的咨询技术。林老师使用了不少"嗯""哦""是的"等词语,虽然简单,在咨询中却能安抚家长,让家长感受到被认同,可以放心说出自己的疑惑。林老师也使用开放式提问技术和具体化技术,让家长逐步描述出客观的事实和呈现自己的教育理念,比如"您是怎么跟他说的""他是什么情况下可以拿到手机"等等,帮助家长说清楚孩子的行为,这个过程也暴露了家庭教育问题。

□ 咨询目标的实现。当事实被客观呈现时,家长和教师都能更好地发现其中的家庭教育问题。这个案例中,林老师指出了三点问题:(1)手机使用规则不够清晰;(2)家长在教育中不懂表达自己的情绪和需求;(3)家长不理解孩子的情绪和需求。这是一次初期咨询,咨询目标应定位为认识到问题,林老师使用了浅显的语言来描述,帮助家长感知到问题所在,也有一些制订规则和沟通技巧的指导,小李妈妈能反思自身的教育问题,已经实现了初步的咨询目标。这个案例呈现的是根据当时了解到的信息和情境所进行的单次个性化咨询,后续还需要指导家长完善手机使用规则并良好执行规则,长期的咨询还可延伸出更多目标,比如将家庭会议这种有商有量的家庭解决冲突方式运用于家庭生活中,比如通过有效的沟通技巧表达自己的情绪和需求。个性化咨询的最终目标是唤醒家长的家庭教育主体意识,促进家长自我成长,协助家长和谐亲子关系,使家庭幸福美满。

第十五章 ❀ 家长教育特色化建设

家庭教育的实施主体是家长,家长是家庭教育中最直接、最经常、最主要的教育者。他们的教育素养直接决定着家庭教育的质量和效果。大量事实表明:未成年人的发展不仅仅是未成年人的问题,更与家长的教育素质有关,家长教育素质的缺陷是家庭教育问题的本质所在。因此,真正把家长教育作为教育的起点,最好让育龄青年先受教育再做家长,而且做了家长后还需要终身学习,不断更新教育观念,才能真正肩负起家庭教育的主体责任,肩负起呵护祖国花朵健康快乐成长的教育使命。这必须成为全社会的共识。

家长教育如何做好? 如何做出特色? 如何让家长真正愿意学,方便学,并且愿意把学到的教育观念、教育方法在日常生活中去尝试、去实践,还愿意主动成长,把成长作为内在的需要,成为生活的一部分呢?

案例导入

生命教育是学校永远不变的工作重点。为了提升家长对学生心理危机的识别与干预能力,保障小学生健康成长,根据上级要求,12 月 21 日(周五)晚 7:30,学校安排德育主任对家长开展主题为"关爱生命,为生命护航"的全员性培训,目的是让广大家长能重视生命教育的重要性,提高安全意识,学习安全知识。邀请函一发,班主任压力很大:家长要全员参与,把家长的出勤率作为考核班主任工作的指标之一。

班主任采用了各种办法,把通知发到 QQ 群、微信群、微课掌上通,并提前两天要求家长把家长签字回执发回来。为了避免遗漏,凡是家长能看到的地方都发了,看到通知的家长还要在群里接龙。班主任还在群里不停地强调这次家长培训的重要性,目的是引起家长的重视,能够使他们亲自到现场参加培训学习。

截止到培训前,家长接龙仅仅一半,回执更加少,明显感觉家长们积极性不高。班主任无奈,在群里多次温馨提示请家长来参加,强调家长出勤情况涉及班级的考核。一部分家长碍于班主任老师的情面,不情愿地来参加学习,还有个别家长签到后就走了。

那天的讲座,是分析目前小学生的心理状态,与家长共同探讨如何更好地对孩子进行生命教育。主要有三方面的内容:一是家庭和亲子关系在孩子成长中的重要性,家长可以通过一听二谈三陪伴建立良好的亲子关系;二是如何根据"六因""六变"识别孩子是否存在心理危机;三是孩子发生心理危机时,家长如何有效应对以及求助方式,并为家长提供寻求专业帮助的途径。

班里有两位家长,刚听不到 10 分钟,拍了几张照片,发完朋友圈,站起来就走。班主任赶快跟过去了解情况。一位家长说:"我们上一天班了,挺累的,参加你们培训有什么用啊?"另一位家长说:"这种安全问题不会发生在我们家,孩子长大了自然会,我们不需要了解。""学校总是搞这样的培训,我们不喜欢也不需要,我们就是来打卡的!""讲座听得我们都要睡着了,专业性的东西我们不懂。""家里还有小孩需要照顾,这么晚,我们家还挺远,我们知道安全重要,反正暂时用不上,不急。"

班主任轻声提醒:"这次培训的内容还是值得关注的,远离伤害,防患于未然。"急着离开的家长不耐烦地说:"这些问题,老师在学校强化孩子就够了,何况我家孩子,老师你还不了解吗?多乖的一个孩子,成绩又优秀,还要听讲座来预防吗?"班主任还想再说服他,话还没出口,就被家长摆手制止了……看到会场上有家长离开,其他家长也陆陆续续出现离场的情况,班主任来不及阻止已经离场快半数了。

会后,班主任把家长的情况反馈给德育主任,德育主任说:"我白天忙得马不停蹄,晚上还要回家备课,今天连续讲了近两个小时,累得我口干舌燥,上不来气,家长还不买账?!真是没办法,白天管学生,晚上还得管家长,隔三差五搞培训,这任务怎么都落到学校了呢?真是吃不消。"看到她满脸疲惫的样子,班主任们也不好再说下去,把满满的签到表交给了她。德育主任突然想起还有任务没有完成,赶紧说:"别忘了,你负责宣传,明早把新闻稿连同照片发给教育局。"班主任一看表,快 10 点了,今晚真的不用睡觉了……

内容解释

家长教育在我国还属于新生事物,因为人们有了孩子,就顺理成章成为"家长"。我们却忘了,做家长的知识和技能并不是与生俱来的,家长也需要在不断学习中才能成长为好家长。尤其对于较少接触教育子女方面知识的家长来说,家长教育更为重要。从案例中我们可以看出,为了家长的成长,学校出钱、出人、出力,可为什么费力反而不讨好呢?我们来看看在家长教育过程中到底出现了哪些障碍和问题,这种行为背后的原因又是什么?

一、家长对家长教育意识淡薄

人的观念指导着人的行为,要改变一个人的行为,首先要从转变观念开始。哪个家长不望子成龙、望女成凤?假如父母认识到自己在家庭教育中的主体地位,认识到自身素养的高低会影响孩子的一生,他们就会有丰富自身知识的愿望,就会有参加家长教育的需求,就会想要通过家长教育来充实和丰富自己,以培养优秀的子女,成为合格家长。

可现实中发现,相当一部分家长认为教育孩子主要是学校的责任,他们就不会有为孩子提高自身教育素质的要求和愿望,更不会花时间和精力去参加家长教育。他们认为耽误时间,多此一举。也有一部分家长忙于工作,无暇顾及接受家长教育,他们努力工作、拼命挣钱就是为了给孩子更好的物质条件,让孩子上个好的学校。他们认为孩子学习成绩好就行,自己不愿意抽出时间参与学校的家长教育活动。对家长教育的重要性认识不充分,从而导致了家长教育意识的淡薄。

二、家长教育的社会氛围缺失

从案例中可以看出,通知家长参加培训学习,家长一直处于被动、配合的地位,班主任多方通知、强调,家长碍于情面到场签到、打卡。在现阶段,家长教育成为学校的负担,没有成为家长的内在需要,还处于草率完成任务的初级阶段。从这一点也可以反映出家长教育还缺少社会的大氛围、大环境。

家长这一社会角色在我国长期以来都是自然而然生成的,家长如何教养子女一直被当作私人的事情来看待。但是,随着社会经济形势的不断变化,人才成为制约社会发展的第一资源,人们逐渐认识到如何教子女不仅是家庭内部的事情,它还关乎社会的发展,也是社会的事情。此外,社会的帮助与支持可以促进家长教育工作的顺利开展,如果抛开社会的配合,家长教育工作成功开展的概率将大大降低。

三、家长教育的内容缺乏系统性

案例中对家长进行孩子心理危机的识别与干预能力的培训,这种专业性很强的话题,不是一节课就可以解决的,听不懂的家长当然感到索然无味。还有家长提到这种心理危机离自己的孩子太远,这也是造成家长不愿意参加培训的原因之一。虽然学校很重视对家长进行心理健康教育方面的培训,但忽视了家长自身的特点,家长教育内容缺乏层次划分,无法满足不同家长的个性需求。

从案例中可以看到,家长教育存在组织松散,形式单一,缺乏系统性、计划性、科学性、战略性,仅仅出于上级有什么要求就随机组织什么培训,没有考虑家长的切身需要,这也是家长教育成效不大的比较重要的原因。

此外,现阶段的家长教育侧重于提升家长的效能,从而提升家庭教育的效能,最终实现子女效能的提高。强调结果和效能,往往会把家长教育的效果与孩子的学业成绩挂钩,以孩子的学习成绩作为评价家长教育的标准,因此家长教育的内容就更倾向于能有效地"管教"孩子的知识和技能。这就是家长教育内容上的偏颇。

四、家长教育的师资缺乏专业性

案例中家长教育的培训老师是学校的德育主任,她的专业是面对未成年人的德育教育,她在学校有自己的教学班,还要承担全校性的德育工作,给家长们培训也是临时性、随机性且迫不得已的任务,对成人教育她缺少经验,更谈不上专业性。在实施家长教育过程中,必须充分考虑成人学习的特点,并结合"家长"这一特定的社会角色,不断改进学习方法,才能充分调动家长学习的积极性,达到家长教育的最佳效果。

家长教育是成人教育中一个新的研究领域,家长是在职人员,学习时间零散,工作、生活和学习经常相冲突。现在承担培训任务的基本上是中小学教师,他们对成人教育缺少经验,拿教学生的方式对待家长当然收不到良好的效果。另外,家长白天上班,晚上听讲座,精力受到限制,更缺少对他们的专业培训和训练。家长教育的核心问题是如何促进家长自我成长,而不仅仅是强调教育技能的提升。案例中的培训师,因为受到专业技能的限制,她只能希望培养什么样的学生,就教家长怎么去做,这样的家长教育势必狭窄化。家长教育不是为了塑造学校所需要的家长,家长教育活动应该顺应家长成长的规律,为家长的成长提供必要的支持和帮助。

五、家长教育的路径缺乏多元化

现行家长教育所讲授的案例往往在生活中不太容易遇到,不容易让家长产生共鸣。如果借用当前社会热烈讨论的事件,绘声绘色地再现这样的案例,就会抓住家长的求知欲,激发家长探究下去。如果做讲座时调动家长已有经验,呈现家长熟视无睹、司空见惯的现象,却又指出其中的要害,就能让家长产生身临其境的感觉,自然对号入座,效果会好些。

而且,现阶段家长教育主要是配合学校教育而存在的,实施途径局限于学校开办的家长学校,方式以讲座为主。面向群体的"大讲堂"式的知识传播只能停留在简单的模仿层面。这种在时间上过于固定,在内容上无选择,在形式上重灌输、轻启发的家长教育方式势必会影响家长教育的效果。

工 作 要 求

在 2019 年 1 月 18 日召开的全国教育工作会议上,教育部部长陈宝生说:"要把家长引导和培育成立德树人的一支有生力量。"同时他着重提出,家庭教育的重点是通过言传身教给孩子上好人生第一课。教育行政部门也意识到家长教育的重要性,希望争取经费,以多种形式让广大家长接受进一步的教育。家长教育是指对家长实施的有关家庭生活和教育孩子成长以及加强自身修养的专业知识与有效技能的教育。它是揭示家长提高家庭生活质量和教育子女质量的一般规律的新兴学科。这里指的"家长"既包括孩子的父母,也包括孩子的祖父母、外祖父母和其他监护人(如保姆),还包括"准父母"(即将为人父母者)在内。

家长教育最美好的方向应该是:为家长创造无限生长的时空!这种开放的时空,不能仅仅是几十平方米的教室,而是在这空间之中无限拓展的世界,使家长朝着未来无限地生长。基于这样美好的愿望,家长教育特色化就要具有规范性、系统性、针对性和本土性。

一、完善管理机制,突出家长教育的规范性

家长自身教育素养虽然随着育儿经验的积累和零碎的片段网络学习而有所提高和变化,但面对社会快速变化带给家庭教育的冲击,难以满足越来越高的家长教育素养要求,并且社会中零散的家长教育的知识、经验并不能帮助家长切实解决家庭教育中出现的实际问题,因此系统规范的家长教育就显得格外重要。

合抱之木,生于毫末;九层之台,起于累土。在人才培养的系统工程中,家长教育是基础

工程，是对孩子最直接、最有利、最权威的教育力量。考虑到家长教育的复杂性、重要性和艰巨性，为保障各项工作的顺利开展，要求学校在组织管理上采取三项举措。

一是通过民主选举成立家长委员会。《国家中长期教育改革与发展规划纲要（2010—2020 年）》要求建立中小学家长委员会，以推进现代学校制度建设。该纲要第十三章内容为"建设现代学校制度"。其中提出："适应中国国情和时代要求，建设依法办学、自主管理、民主监督、社会参与的现代学校制度，构建政府、学校、社会之间新型关系。"在该章第四十一条"完善中小学学校管理制度"中，专门提出"建立中小学家长委员会"。2010 年，时任国务院总理温家宝在全国教育工作会议上作《强国必强教　强国先强教》的讲话，他指出："中小学还要建立家长委员会，不断完善学校科学民主决策和评价机制。"建立家长委员会，必须从制度建设上为家长教育打好基础，并通过改革创新办实办好。二是成立家长教育指导中心。组织成员有家长、专家、骨干教师、优秀退休教师和社会知名人士，负责家长教育组织工作的实施。三是打造本校家长教育专家团队。可以采取培训加自学的方式，从学校层面组织人力物力，进一步完善家长教育课程。

要求教师在完善家长教育机制方面做到：

一是在班级成立家长教育实施小组。围绕学校对家长教育总的规划，制订本班具体实施办法，并将各项任务分解、落实到人。二是与学生家长订立"合同"，规定双方的权利和义务。形成家长教育的制度，创造正规的、学校取向的家长教育的机会，创造社交的机会吸引家长参与家长教育，建立家长可以陈述他们意见或建议的机制，担当起家庭教育指导主阵地的重任。三是进行定期与不定期相结合的多层级、多形式的家长汇报交流。

二、强化家长教育的针对性和选择性，激发家长自我成长的积极性

成人作为心理成熟水平相对较高的群体，他们的学习一般都会有明确的目的性，并且在他们的学习行为背后一般都会有强烈的学习兴趣和无穷的学习欲望。成人一般具有系统知识和经验体系，他们的学习贯穿于生活的方方面面，他们习惯于以经验作为自己学习的基础，喜欢在生活中捕捉学习的契机，在与别人的沟通与交流中获得信息，达到学习的效果。由此可见，成人学习最大的特点就是带有自主性，不管是有意识的还是无意识的，自主学习是成人获得丰富自己、提高自己的主要途径。这就需要教师注意以下几点：

一是利用家长的这一特性，鼓励家长根据自己的学习能力、学习特点及教养子女方面的学习需求，积极主动地进行自主性学习，从而不断提高自己的教育素养。同时，为了充分发

挥家长的自主性学习，无论是在教育内容，还是教育形式上，都要体现家长的这一特性，为他们的发展提供条件和便利。

二是充分发挥家长自我成长的主动性，调动一切可能的力量，开辟一切可行的途径，利用一切可能的方式，努力创建一种时时刻刻都弥漫在家长生活的方方面面的适合家长成长的环境，使成长成为家长的一种生活状态，使家长教育成为家长一生都不停止的活动。

三是鼓励家长真正承担起家长的角色。树立"四让"，即让家长能真正享受到为人父母的"乐趣"；让家长能"善于"与孩子沟通；让家长能"勇于"承担自己的责任，来应对家庭、孩子成长的种种问题；让家长"敢于"参与孩子的教育，主动去解决各种教育问题。用一句话来概括，就是让家长真正承担起"家长"这个角色。

四是要营造出开放的氛围，使家长遇到问题时乐于走进学校寻求答案。让家长明白，学校是一个开放的教育资源，可以与学校一起分担烦恼、分享喜悦。要培养家长的主动意识，教师必须转变他们对家长参与班级教育教学活动的恐惧态度，意识到参与对家长成长的重要性。教师必须理解家长的参与并非是为了判断他们教学的质量，而是尽可能地了解学校教育，转变旧的教育观念。

三、家长教育内容的系统性和本土性相结合，丰富教育内容

家长教育是补救性、预防性和发展性的教育。家长教育是个性化与统一性相结合的教育，非标准化的内容体系，不一定采取阶梯式的授课结构，应该注重学习成果的应用性。实践上主要是短周期，授课体系是弹性组织，以学习者为中心，节约教育资源。

针对现阶段家长教育内容缺乏阶段性、针对性的问题，教师必须采取相应的措施来丰富家长教育培训的内容，针对不同家庭的教育问题开设适合这些家庭的家长教育课程，以满足不同家长的实际需求。

一是家长教育内容"订单"式。针对家长在教育不同年龄阶段的孩子时可能出现的教育问题，按不同年级设置不同的教育内容，真正帮助家长树立正确的价值观、教育观。例如：面向小学生的家长侧重于良好习惯的养成和学习动机的激发；面向中学生的家长侧重于青春期性教育和独立自主能力的培养。

二是针对特殊类型家庭开设具有针对性的课程。与传统的家庭相比，一些家庭（如离异家庭、单亲家庭、重组家庭、流动人口家庭、隔代教育家庭）由于客观存在的种种原因导致家庭结构发生变化，从而在父母教育子女的过程中容易引发各种各样的亲子矛盾和心理危机。

为此,对这些特殊家庭的家长教育必须更具针对性,以保障这些家庭对子女的教育适当、有效。例如针对离异家庭,开设离异家庭子女教育课程;针对隔代家庭,开设老年人隔代教育课程等。

三是针对有特殊儿童的家庭,给予家长特殊的支持与援助。每一个父母都对自己的孩子抱有殷切的期望,并为其能健康成长无私地付出心血。而对于有特殊孩子的家长来说,他们必须付出比普通家长更多的心血却还未必能保证孩子像正常孩子那样快乐成长。所以,针对这样的家庭,家长教育不能像对待正常家庭那样进行指导,一定要关注这部分弱势家庭的家长,给他们提供专业的知识和技能,帮助他们解决生活中出现的各种教育问题,缓解他们的生活压力。例如,对自闭症孩子的家长,要给他们提供有关自闭症儿童的知识和教育指导。

四、不断创新家长教育形式,彰显时代特色

家长教育形式是家长教育内容传播的形式,直接关系到家长是否能有效地获得相关内容,关系到家长教育的质量。因此,家长教育的形式要跟紧时代的步伐,积极创新教育方式,提高家长教育的水平。

家长教育属于成人教育,成人教育的动机非常明确——工作或生活的切身需要。提供这种教育就需要"回归丰富的成人世界,走进缤纷的成人精神家园"。教师需要"解析成人群体结构,关怀成人生存境遇,解读成人学习行为,构建教育支持系统"。家长教育不仅仅指培训,因为教育比培训包含的内容更多。教育本身就是一项集体性活动,所有人协作起来,家庭、学校和社会三方才能形成一种合力。

一是教师要充分利用社会组织中的家长教育资源。教师要向家长广泛推荐大众传媒,如电视、广播、电影、报纸、杂志、录像、书籍等,利用大众传播媒介对家长进行各种形式的指导。如广播、电视中专门的家庭生活节目、少儿教育节目,专门介绍家教、家政知识的书籍,以家长为重要阅读对象的报纸、杂志和一般报纸杂志中开设的有关专栏,以家庭生活、家庭教育为主题的影视作品及录像等,都能收到良好的效果。多样化、立体化的媒介传播渠道,可以帮助教师让家长教育信息在家长生活的各个角落"流动",利用各种传播媒体的宣传优势,可以更好地为家长教育服务。工作中教师不仅要把好的渠道推荐给家长,同时也是其中的一位参与者,积极宣传家长教育的先进理念,传播家长教育的最新知识,宣传优秀家庭的先进案例,从而创造浓厚的家长教育氛围。

二是教师要充分利用互联网的便利拓展家长教育渠道。有条件的教师可以和同行联合创办自己的家长教育网站，也可以在校园网上创建家长教育专栏，创建微信公众平台。改变传统的授课模式，实现无纸化电子教育、开放式分享学习、交互式个性教学，加快家长教育信息化进程。汇聚优势师资和教育资源，把电子图书、视频讲座、游戏过关答题等功能集为一体，让家长可以自由、开心地学习，让网络这个现代化的交流工具为家长教育工作者、研究者与家长的需求建立不同形式、不同层次的交流对接。

三是教师要充分借助社会公益组织和民间公益组织的作用。教师要多关注如科技馆、图书馆、博物馆等公办公益组织，它们是一个城市文化聚集的地方，也是一个城市文化底蕴的体现。教师可以推荐家长参与公益组织的活动，可以是亲子阅读、家庭一日行活动，有条件的老师也可以组织家长开展科技体验活动。

四是教师帮助家长组成"成长共同体"。"成长共同体"是由学习者与助学者（包括教师、专家、积极追求自我成长的辅导者和家长等）共同构成的团体，参与者可以在学习的过程中彼此之间进行沟通、交流，分享各种学习资源，共同完成一定的学习任务，因而在成员之间形成相互影响、相互促进的人际关系。在这个家长成长共同体中，每一个学习者和助学者之间关系平等，他们相互交流、共同互动和互相分享资源，实现资源利用最大化，要鼓励家长自己发现问题、解决问题，给家长主动学习提供各种便利条件。帮助家长在追求自我成长的过程中从不同的角度、不同的层次参与到学习共同体中，在不同水平、不同角度的基础上合作、争论、评价，从而获得他人的知识与思想，得到他人的肯定与支持。

经验分享

全国妇联、教育部等九部委出台的《关于指导推进家庭教育的五年规划（2016—2020年）》（妇字〔2016〕39号）和东莞市妇联、教育局等八个部门联合下发的《关于印发〈东莞市指导推进家庭教育的五年规划（2016—2020）〉的通知》（东妇〔2017〕37号）中提出："以强化家长家庭教育主体责任，提高家长家庭教育水平，培养儿童优良品质和健康人格，促进儿童健康成长为目标。"同时要求："进一步加快网络家长学校建设，提升网络服务的可及性及有效性。大力拓展微博、微信和手机客户端等新媒体服务平台，向有影响力的自媒体平台借势借力，基本搭建覆盖城乡、传统媒体与新媒体深度融合的家庭教育信息共享服务平台。"基于这样的指导思想和重要任务,家长教育如果拘泥于原来线下家长学校、家长课程的单一形式已经不合时宜了,阳光学校决定在"互联网＋"的大背景下,走一条省时、省力,又让家长乐学、方便学,愿意把学到的正确的教育观念、科学的教育方法在生活中尝试、实践,主动成长,把成长作为自己内在需要的特色之路——家长教育"空中课堂"!

"空中课堂"是指利用先进的网络信息技术和现代通信技术,实时直播教师的视频、语音、课件、板书等,把讲课过程逼真地搬到网上,对家长无特别要求,只要能上网,用手机(电脑、平板电脑)就能加入课堂听课,参与答疑,它打破了传统教室的时空概念。通过一年多的探索、改进,阳光学校的"空中课堂"目前主要采用微信群的语音形式进行授课,运行良好,家长满意。

一、按需施教,构建"空中课堂"课程

"空中课堂"的对象是学生家长,家长教育课程内容的设置既要遵循儿童身心发展规律,又要注重家庭教育理论、家庭教育方法,更重要的是着眼于家长关注的问题与困惑,促进学生家长的实际获得。学校经过深入的观察、调研、问卷调查、讨论,决定分三个年龄段。一、二年级为低年段,三、四年级为中年段,五、六年级为高年段。低年段的家长更需要的是培养孩子良好习惯的知识和方法,中年段家长则希望在学习方法方面有更多的指导,高年段家长希望进行青春期教育的指导和升学的指引。根据家长的意愿,学校重新规划了课程,在家长三大意愿的基础上再穿插一些子课题的具体课程。如低年段有作业的管理、专注力的培养、如何与老师沟通等;中年段则增加了每个学科学习方法的指引等;高年段增加情绪管理和正确化解升学压力等。此外,还针对特殊类型家庭(如离异家庭、单亲家庭、流动人口家庭、隔代教育家庭)和特殊儿童的家庭开设具有针对性的课程,以保障这些家庭对子女的教育适当、有效。三个方面的结合,整个小学阶段的家长教育知识框架也就确定了。

实践中,家长也可根据自己的学习需求自由选择自己需要的课程。这种自主性的个性化学习,也是"空中课堂"课程的灵动性所在。

二、因地制宜,打造"空中课堂"讲师队伍

要想培养一名家长教育讲师,需要从家长教育课程设计、讲师演讲能力、讲师互动控场能力等多方面进行,是一个长期和需要不断实践锻炼的过程。在这个过程中,由于不少老师

是一线教师,任务繁重,很难坚持下去,所以很难形成一个优质的家长教育讲师队伍。而"空中课堂"的讲师不一样,除了学校专职的心理教师担任主讲外,结合授课内容,还可以邀请不同领域、不同层次的特邀嘉宾(教师和育儿有方的家长)参与授课。学校可以根据讲师的特点进行培养,如缺乏经验的老师可以参考家庭教育书籍把讲稿写下来读给家长听;不习惯现场直播的老师可以提前录好音播放给家长听;喜欢互动的老师可以在群里与家长进行问答互动……每位老师可以通过自己最熟悉的方式进行授课,降低了家庭教育实践的心理门槛,而在另一端倾听课程的家长又能保持一定频率的持续学习。

"空中课堂"每节课的课堂结构基本是一样的,在15—20分钟的时间内,讲师提出孩子某个具体问题,如孩子作业拖拉怎么办,接着阐述孩子问题行为背后的原因,最后提出解决该问题行为的方法。在上课前,讲师们通过微课堂任务,阅读大量相关的书籍和研究报告,形成自己针对该问题的教学体系,切实帮助和带领家长进行实践。

如讲师讲课的题目是"孩子作业拖拉怎么办",在课后互动的过程中,有家长提到他的孩子现在读三年级,孩子的同学完成家庭作业大多数都不超过一小时,他孩子每天的作业都要花三个多小时,如果大人一直陪在身边,一个小时内可以完成作业。为了孩子的作业问题,家里已是人仰马翻,极希望得到老师的具体指导、帮助。讲师通过微信联系家长,了解了孩子、家长在作业时段的具体表现后,让家长上传孩子写作业时房间、书桌等环境图片。讲师根据了解的情况和家长提供的资料,综合分析,帮助家长制订了"孩子作业不拖拉计划"。

一是优化环境,减少干扰。房间写字桌摆在光线充足的地方,墙上的漫画改为偶像的图片,房间内不能出现玩具;购买文具的款式尽可能简单,书桌上只放该科作业的教材、一支笔,尺子等其他文具用品放在笔袋里,需要用时才能拿出来,用完立即放回袋子里;在写作业的过程中不使用橡皮,错误的字用横线划掉重写;家长在孩子写作业的过程中,不要进房间去打扰孩子。

二是科学规划,学会变通。做作业前先吃完水果(零食),上好厕所。做作业时先让孩子做他觉得容易的,再做最难的,最后做最容易的。这样安排是为了减轻孩子的作业压力感,也让孩子明确哪些科目自己学得较好,哪些科目在上课时需要认真听课,以提高孩子学习的主观能动性。如果孩子做作业时遇到在思考后仍解决不了的问题,让他先跳过该题,把后面会做的做完,然后再和父母商讨解决办法。

三是奖惩分明,严格要求。家长给孩子买个小闹钟,并在房间内的墙壁上贴"小星星,亮晶晶"表。家长先每天根据孩子的各科作业量、难易程度,估算每科需要多少时间。如果孩子能按规定时间完成,就奖励一颗小星星贴在墙上;如果能提前一分钟完成,并且作业工整、准确,就奖励两颗小星星贴在墙上;照此类推。每累积十颗小星星,可以奖励满足孩子的一个合理要求。如果推迟一分钟,则减少相应玩耍时间或扣掉一颗小星星。这样的奖惩措施能激发孩子写作业的动力,写作业时能够很快地进入学习状态,专心做作业。这个奖惩措施,家长和孩子都要严格执行。每一次的承诺家长都要做到言而有信,对孩子的要求一定要严格,等专心的习惯成自然,做作业便会成为孩子自觉的个人行为。

四是与班主任合作,共同督促。家长在家里引导孩子养成在规定时间内高效完成作业的同时,还需要与学校老师沟通,争取老师的配合,使孩子在学校做作业时也能提高速度。如果孩子的家庭作业质量有改善,老师在学校给予的肯定和表扬,更能激发孩子的兴趣,加快孩子良好习惯的形成。

三、多措并举,建立长效良性学习机制

每一位家长都有着通过家长教育完善自身教育能力与水平的可能性,一个好的学习机制和一定程度上的激励,能够刺激家长积极地参与学校的家长教育,大大提高家长课堂的效率,达成受教育的目的。阳光学校建立家长“空中课堂”学习机制,分为如下三个阶段:

(一) 第一阶段:激励积极成长机制,培养百名学习型家长

第一阶段主要采用的是激励积极成长机制,这个阶段的“空中课堂”主要由家长教育讲师主导,阵地是微信群。学校除了一个长期面向全校家长的“阳光学校家长教育群”外,还有一个上课直播的临时群。“阳光学校家长教育群”入群的方式是家长自愿地通过扫班主任发的二维码入群。上课直播的临时群则要双周周三晚上 19:50 在“阳光学校家长教育群”里抢扫二维码才能入群,两个群的二维码只能招募 100 位家长,满 100 人后,加入群里的家长可以通过邀请好友的方式拉愿意学习的家长入群。直播临时群每两周上课一次,直播时间在双周周三晚上 20:00,每次 20 分钟左右。听完课一天之后该临时群解散并告知家长:如果在“阳光学校家长教育群”群内晒上课笔记,分享自己上课时获得的知识,下一期课程不用抢扫二维码,会被群主直接邀请;若连续晒 3 期及以上笔记的家长,将成为学习型家长,每期都将被邀请学习。晒笔记也是家长互相学习的一个环节。有的家长字迹工整,条理清楚;有的家长语言凝练,图文并茂;有的家长摒弃传统的笔记本,采用手机备忘录做笔记,不但易于修改,而且上传分享更方便。家长每次听完课都有学习进度条,记录他的学习时长、行动力等学习数据。

“阳光学校家长教育群”的家长在工作日 21:00 至 23:00 这个时间段,可以在微信群内自

由发言,其他时间段禁止发言。时间段的规定,一来可以让家长形成每天晚上查看信息、汲取知识的习惯,二来可以避免信息扰人的弊端。自由发言时家长可以谈谈自己听了直播课后的一些感想、做法;也可以提出在教育孩子时自己无法解决的问题;还可以是群主根据生活实际抛出一个问题,家长围绕问题讨论。家长在自由发言的过程中,一些好的做法也能给其他家长作为参考,充分发挥家长教育的自主性、积极性。通过实行激励措施,促进其积极成长的机制,能够让家长在接受家长教育的过程中反思自己在对待孩子教育上所使用的方法与理念是否存在问题。伴随着在家长教育中提升了教育水平,家长也会更加积极地参与到家长教育中来。家长在受教育中从教育方法的"术"提升至教育理念的"道"上,认识到家长教育是对家长自身的成长教育,认识到对孩子的教育不仅仅是建立在一个考试分数上,只有孩子的成长才是教育的本质目标。这一机制大大增强了家长的积极性,短短 10 期空中微课堂,"阳光学校家长教育群"人数已达 460 名,已经培养了 152 名学习型家长,数量还在持续增加中。

(二) 第二阶段:考核评价,培养家长教育志愿者

随着学习型家长数目的增加,学校在家长教育微信群的基础上另外建立"一起成长"公众号,通过公众号,传递更多家长教育的知识和方法。同时,向积极、热情、优秀的学习型家长发放《"空中课堂"家长教育志愿者申请表》,根据家长的意愿确定"空中课堂"家长教育准志愿者名单。学校向"空中课堂"家长准志愿者提供了系统的理论资料让他们自学,包括儿童教育学、心理学、家庭教育理论、家长教育方法等。儿童教育学和心理学,让家长明白儿童的身心发育特点与规律;家庭教育理论,从教育学和社会学的角度分析家庭教育的特点与规律,让家长明确了正确的家长教育观、科学的家庭生活方式和构建平等和谐亲子关系的方法。在此基础上,再引导家长阅读一些中外名家撰著的家长教育方面的书,如卡尔·威特所著《卡尔·威特的教育》等。一个月后,这些家长参加笔试,试题有选择题、判断题、读后感,测试满分为 100 分,笔试成绩占考核的 50%,成绩合格者进入下一轮的专家培训。专家培训的内容主要是个案的分析与指导,一共两个半天,两周培训完,平均一周一次,时间提前安排好,告知家长,请假的家长课后要将授课录像看完。这一轮以书面作业的形式考核,要求完成一个个案的分析与指导,占考核的 30%。平时晒的笔记占考核的 20%。所有成绩达到合格的,在全校大会上颁发"阳光学校'空中课堂'家长教育志愿者"证书。

"空中课堂"家长教育志愿者承担相应的职责和享受相关的权利。

职责包括:(1)每日在群内打卡,在线分享家长教育的文章、微视频等,带领家长共同学习。(2)帮助在教育实践中有困难的家长,给予解答和指导。如讲师上课的内容是"锻炼孩

子的专注力",课后需要制订计划来实践,很多家长对此操作感到困惑。这时讲师先培训家长志愿者如何做专注力训练的计划,家长教育志愿者制订好自己孩子的训练计划并按计划训练自己的孩子,在"阳光学校家长教育群"上传孩子实践时的图片、视频,最后带领分配给自己的家长进行其孩子的专注力训练,对有疑问的家长给予解答和指导。(3)做好每节课资料的整理、反馈工作,及时与讲师、班主任沟通。(4)积极参加学校组织的家教经验交流会(报告会),和其他家长一同进步,共同提高。

享受的权利包括:(1)有参加"空中课堂"培训的权利。(2)有参加每期上课的权利。(3)有对"空中课堂"监督、批评和提出建议的权利。(4)有推荐非成员加入"空中课堂"的权利。(5)加入自愿,退出自由。

通过一系列的培训、实践,让家长教育志愿者对家长教育有了全新的认识。他们把所学的知识用在自己的家庭中,孩子的不良习惯得以改变,孩子与家长的关系也变得和谐、亲密起来,使他们的家庭成为受益者。他们的付出还帮助了有需要的家长,也体现了他们个人的价值观和荣誉感。

(三) 第三阶段：建立健全制度,形成长效良性运转机制

根据第一和第二阶段的探索,学校找到最匹配家长时间和能力的课程与实践任务,在网络范围内运转有效之后,便能以学校班级为试点,每班培养 3—4 名家长志愿者,在班级圈内组织学习和实践。这时,便能形成既有线上讲座,又有线下交流,既有全校范围的系统"空中课堂",又有基于"空中课堂"课程知识落实到每个班级、每个家庭的相关实践,由此形成了一个严密有效的家庭教育网络。

但家长教育任务的具体落实和长效发展,除了需要学校与家长双方共同配合外,还要有相应的制度保障,使学校能提供相应的优质教育,家长也能积极地接受教育,定期、定量地开展教育活动,将家长教育延续在孩子的教育过程中,扮演好孩子教育上的引导者角色。

1. 健全管理制度,形成长效的家长教育管理机制

(1)成立专门的家长教育组织领导小组。组长由校长担任,副组长由分管家长教育的副校长和校级家委会主任担任,成员由负责家长教育的专职心理老师、班主任、校级家委会成员组成。

(2)副组长在学期初召开征求意见会,确定本学期的教学计划,编排适合新需求的课程,认真执行,期末做好总结、表彰工作。

(3)定期开展家长教育"空中课堂",扩大宣传,使家长了解"空中课堂"的教学方式,树立正确的教育观念,提高家长教育水平,能制订教育子女的计划和措施。

（4）"空中课堂"的授课教师要认真备课，按时上课，教案及资料交教导处存档。

（5）班主任要做好家长登记、考勤工作，平时与家长多沟通，了解家长们的思想动态，及时反馈家长的信息并给予帮助。

2. 健全学习制度，形成长效的家长教育学习机制

（1）积极参加直播听课，专心听讲，勤于思考。

（2）认真做好笔记，按时在家长教育群内上传笔记图片。

（3）每晚睡前查看家长教育群内信息、微视频。

（4）积极参加家长教育群内的话题讨论，分享家长教育经验。

（5）理论和实践相结合，及时反馈实践结果。

3. 健全考核制度，形成长效的家长教育评价机制

（1）根据家长学员听直播课的次数、笔记的质量、教育孩子的情况等内容进行考评。

（2）每学期对所有的家长学员进行一次考评，考评分成长型（不合格）家长、学习型家长和优秀的班级、校级家长教育志愿者四个层次。

（3）在全体师生大会上对优秀的班级、校级家长教育志愿者进行表扬、鼓励，颁发证书。

（4）学校设光荣榜对优秀的班级、校级家长教育志愿者通报表扬。

（5）对于成长型的家长，学校再组织个别培训。

（6）家长学员考评情况要建立档案，考评结果通知家长。

4. 健全保障制度，形成长效的家长教育保障机制

（1）学校每年做好家长教育"空中课堂"专项经费的预算。

（2）专项经费服务于"空中课堂"，保障家长教育的正常开展，不得挪作他用。

（3）专项经费用于"空中课堂"聘请专家、教授、授课老师和购买实践所需的物品。

（4）购买实践所需的物品应先向学校总务处提交方案，由总务处统一购买。

（5）财务公开，每学年向教工公布一次收支情况。

"空中课堂"让家长从家庭走进学校，走进班级，通过家长、教师、学校零距离接触、互动式参与和多元化沟通，促使家长与孩子一起成长。"空中课堂"正逐渐成为家长与学校加强沟通的重要载体，成为各方力量齐抓家长教育的良好平台。

附　件

某小学某班级的家访方案

一、家访目标

家庭和学校是孩子成长的两个重要阵地,家访是连接这两个教育阵地的行动纽带,是教育互动的一种重要方式。结合自己班级的实践,从教育"以人为本"的理念出发,走向亲近学生、正视学生的成长因素,展示和阐释一种用心、用爱塑造人的新家访、新家教观。

二、家访人员

班主任、科任老师。

三、接受家访人

学生、学生家长(最好全家人都参与)。

四、具体流程

(一)家访前:做好"五准备"(详细文字说明见第一章相关内容)

1. 班情分析,整理归档(以本校的学生学籍表为基础)

2. 分区开展,分期进行(每个组的时间因人数而定)

   某某小区:学生 A、B、C……×月×日至×月×日(家长自己选择)

   某某街道:学生 A、B、C……×月×日至×月×日(家长自己选择)

   某某村:学生 A、B、C……×月×日至×月×日(家长自己选择)

3. 科任联手,齐心协力

4. 沟通交流,愿意接受

5. 写邀请函,促家校情

邀请函

亲爱的老师：

你们好，欢迎你们×月×日晚上×点到我们家来家访，我们全家人都在家等候你们。我们家的地址：×××花园×××栋×××号；我爸爸的电话：××××××××××××；我妈妈的电话：××××××××××××。

学生：×××

家长：×××

×年×月×日

（二）家访时：做到"四注意"（详细文字说明见第一章相关内容）

1. 注意自己的言谈举止、仪态、仪表

2. 注意避免流于形式、走过场

3. 注意不偏离主题、有名无实

（三）家访后

家访之后，并不是整个家访工作就完成了，家访是否达到了目标，还应在以后的时间里观察学生的反应和表现以及建立长效的家校共育机制。这就要求班主任做到两点：

1. 做到"二反馈"

一是请家长及时将家访后学生在家里的表现情况反馈回来；二是将家访后学生在校的表现情况及时反馈给家长。

2. 做好"一建档"

建立每一个学生的家庭教育档案，每个孩子一个档案，里面包括：孩子的家庭结构、父母的信息、孩子存在的主要问题、家庭教育指导内容以及对应的教育效果记录。

附件 2 ××学校学生家庭登访记录表

学生姓名		班级	
性别		常住地址	
联系电话		登访时间	
家访内容			
家长的建议和要求			
教师给家长的建议			

登访教师：　　　　家长签名：

附件 3 面对不同类型家长的沟通技巧

家长类型	沟通技巧
科学民主型	可大胆提出心中真实的想法,说出孩子的不足之处,甚至可以直截了当地提出对家庭教育的要求。善于帮助此类家长发现学生新的发展空间,并提供有效建议。同时,多听听他们的家教方式,将其中有特色的内容拿到家长会上推广,树立典型。
溺爱放纵型	需要褒奖和指导并行。首先要充分肯定孩子的长处,在充分列举事实的前提下,指出孩子需要改正的地方,耐心、热情地说服家长,告诉家长怎样做才是更科学的教育方式。
放任自流型	要通过在学生身上寻找亮点,让家长充分感受到惊喜,看到成功的希望,然后他们才能产生憧憬,配合学校来促进孩子的健康成长。反之,如果直接指出孩子的缺点,不停地冲着他们唠叨,且没有提供非常具体的建议,那么说多少次都是白说。
期望过高型	这类家长总是对孩子充满期待,希望把孩子培养成杰出人才。面对这样的家长,班主任可以在家长会上旁敲侧击,在面谈时曲径通幽,慢慢地引导他们朝着理想的目标务实地走好每一步。
经济杠杆型	不要急于让家长一下子彻底改变奖励方式;要慢慢帮助家长放弃金钱奖励的做法,让他们认识到真正的动力应该来自学生的内心,来自对学业的爱和兴趣;还要向家长传授方法,让其了解还有哪些方式能调动孩子的积极性。
全面移交型	和这类家长交流的时候,班主任要多布置具体的任务,通过不同的形式把他们带回到孩子的身边。
机械管理型	和这类家长交流的时候,要充分肯定他们付出的努力,同时,要充分施展自身的专业能力,向他们推荐一些有效的方法,帮助他们寻找问题的根源。
碎碎念型	和这类家长交流的时候,要有时间观念,首先要告诉对方你稍后还有事情,限时聊;然后要问清对方主要想表达的意思,问清他需要你协助的地方,给予简洁实用的答复就及时结束。
粗暴严厉型	面对这类家长,不要气势汹汹地告状,这会给孩子带来皮肉之苦。还要慢慢将家长劝回到科学家教的道路上来,让其逐步改变对孩子的惩戒方式。
多元复合型	和这类家长打交道时,要保持稳定的语言状态,找准要点,坚守理念,灵活应对。

附件 4　家庭教育个别指导档案范例

____×____ 年级 ____×____ 班级 ____×××____ 老师

学生姓名	罗××	性别	×
家庭住址	×××		
父亲姓名	×××	电话	×××
母亲姓名	×××	电话	×××

学生存在的主要问题

罗同学作业书写马虎,每天都有作业写不完,几个科目都存在这样的问题,刚开始成绩一般,开学一个月后变得越来越糟糕。经了解得知是由于沉迷网络游戏导致这种情况的。他几乎每天都要在电脑前玩上几个小时,甚至半夜起来玩游戏导致第二天上课打瞌睡。此外,由于沉迷于网络游戏,导致零花钱很快见底,早餐的钱都用来买游戏卡。所以罗同学尽管很聪明,但是由于大部分的精力被网络游戏所牵制,上课效率低下。

	家庭教育指导内容	教育效果
1	生活环境舒适,家人溺爱——寻找根源(1):在学校,老师大事小事都有着严格的要求。但家里有着和学校完全不同的生活环境,没有了老师的严格监督,只有父母的唠叨,自己支配的时间多了。而且由于自身没有正确的生活目标,导致过于放纵自己,把大量的课余时间用在了睡觉、玩电脑游戏上。其次,爷爷奶奶过于溺爱,零花钱给得多,自身吃不了苦,学习压力的加大,也使他产生迷惘、厌学的情绪,久而久之,就出现了沉溺网络游戏的现象。	初步了解到孩子的家庭教育方式与孩子在家的生活情况与学习态度,这是对症下药的第一步,已经达到目的。
2	父母是放任自流型的教育方式——寻找根源(2):我们要通过在学生身上寻找亮点,让家长充分感受到惊喜,看到成功的希望,然后他们才能产生憧憬,与学校合作来促进孩子的健康成长。反之,如果直接指出孩子的缺点,不停地冲着他们唠叨,且没有提供非常具体的建议,那么说多少次都是白说。	较好:帮助罗同学寻找自己的闪光点,并与父母建立联系,与父母友好沟通,初步取得罗同学家人的信任与支持。
3	帮助罗同学改掉陋习,重塑生活规律——思路与措施(1):督导罗同学根据自己的生活习惯制订一份作息时间表,并且要求其按照作息时间表进行活动,由老师和家人进行监督。同时每周罗同学要写一份总结上交给班主任。班主任通过进一步了解情况,对他提出合理化建议。进一步发挥孩子的优点,让他有事可做,培养其责任意识。	通过一份科学的作息时间表,让孩子明白养成良好生活习惯的好处,更让孩子感受老师与家长的关心与帮助,领悟学习是自己的责任与义务。
4	坚持跟踪孩子的变化,赢得家长的支持——思路与措施(2):让孩子积极参加各项活动,在活动过程中逐步锻炼内心,找到自信,提高自身素质。当家长看到孩子的进步时,才有动力改变家庭教育方式,愿意付出时间与精力去与老师携手同行。	表扬罗同学取得的成绩,鼓励他继续用自己的努力证明内心的强大,让他逐步克服内心意志的不坚定。家人看见孩子积极的态度尤其感到安慰。

附件 5　关于家长在教师节进行尊师重教活动的一封信

尊敬的家长朋友：

您好！值此教师节来临之际，与您聊聊尊师重教的问题。

早在西周时期，《太公家教》中就曾出现了"弟子事师，敬同于父，习其道也，学其言语。……一日为师，终身为父"之字句，以及其后两千年来对"天地君亲师"之崇奉，皆可以看出古人对师道之尊重，不但是出于骨子里的深刻认识，亦是一种自发、自觉之行为。教育发展水平，以及每个公民的受教育程度，是一个国家水平的重要标志。我国自 1949 年以来就高度重视教育、重视教师。1985 年 1 月，全国人大常委会通过了一项议案，确定每年的 9 月 10 日为教师节。1985 年 9 月 10 日，国家主席李先念发出《致全国教师的信》。教师节，旨在肯定教师为教育事业所做的贡献。

教师节马上就要到来了，对我们每一个人来说，从顽皮孩童到青涩少年的生命历程中，"老师"永远都是最值得我们尊重和感恩的人。因此，针对这个特别的日子，学校将以"感谢师恩·快乐奉献"为主题开展一系列庆祝活动，包括唱给老师一首歌、巧手描画好老师、送给老师一个吻、送给老师一张贺卡等，引导孩子们用自己童稚、纯真的方式，表达对老师的爱，感恩老师的辛勤工作和耐心教导。

我们每一个人都有自己的老师，我们更希望各位家长能够带着孩子去看望自己的老师，一句问候足以表达您对老师的感激之情。

家长朋友，行动是最美的语言，榜样是最强的力量。让我们携起手来，为孩子的成长提供最美的篇章！

此致！

×××学校

2018 年 9 月 5 日

随信活动反馈页

_____学生"尊师重教"活动反馈表	
家长,您在家说了什么?	
家长,您在家做了什么?	
孩子受到了什么教育?	
家庭尊师重教活动	
尊师重教活动感悟	
学校(老师)评价	

附件 6 　东莞市某学校家校联系册（部分）

家校联系册

学生姓名：

班　　级：

学　　号：

小　　组：

　　　学年第　　学期

学校办学宗旨

让每个学生在阳光校园里健康快乐成长

校训

志存高远　奋发有为
明德笃学　求实创新

家校协作

沟通　协同　共商　共进

学生个人小档案

生日：___月___日　血型：_____　志向：_____

喜欢的名言警句：_____

喜欢的书籍报刊：_____

爱好和兴趣：_____

崇拜的人物：_____

家长反馈区　第　　周

项　目	好	较好	待改
1. 尊敬师长,友善同学,遵规守纪。			
2. 热情朝气,仪表端正,举止文明。			
3. 上课认真,勤记笔记,善思讨论。			
4. 作业认真,测验诚信,积极反思。			
5. 锻炼身体,爱好广泛,动静分明。			
6. 关心集体,乐于助人,讲究卫生。			
7. 安全教育,防水火电,身心健康。			
老师的话:			

学校反馈区　第　　周

项　目	好	较好	待改
1. 主动告诉家长在校表现以及分享集体中值得高兴的事。			
2. 合理安排周六、周日活动与休闲。			
3. 按时规范完成周末作业,能读书看报、关心时事。			
4. 与父母说话和气,尊老爱幼,做社区"好公民"。			
5. 不长时间看电视、玩游戏或手机。			
6. 自己事自己做,主动帮做家务。			
7. 能整理好学习必备用品和书包。			
家长的话:			

第　　周　周末作业记录和完成情况区域

科目	作业记录	完成时间	家长签名/评价
语文			
数学			
英语			
道法			
其他1			
其他2			

个性化设计区（班主任园地、科任老师园地、小刺猬、感人一幕、家长空间、我想说）

彩色版面页（特殊日子和各种节日）

_____节日心意寄语

手绘图画

学校家庭教育档案管理实施办法

第一章　总则

第一条　为规范我校家庭教育档案管理工作,完善学生档案建档、保存和投递工作程序,提高我校家庭教育档案管理水平,结合我校家庭教育档案管理工作实际,特制订本管理方法。

第二条　家庭教育档案要坚持真实性、完整性、安全性、规范性原则,实行学校归口管理、德育部门和相关级部密切配合的管理制度。

第三条　学校设立专兼职档案管理员负责家庭教育档案工作。家庭教育档案管理人员应认真履行岗位工作职责,学习档案管理法律法规,熟悉档案管理业务,严格遵守档案工作纪律,努力提高档案管理和服务水平。

第二章　家庭教育档案管理体制、职责划分及要求

第四条　家庭教育档案工作在德育处领导下开展,同时接受德育处的指导、监督与检查。

第五条　德育处主任主管家庭教育档案工作,学校档案室设立档案专柜,保管家庭教育档案。

第六条　学校档案室是具体协助家庭教育档案工作的关键部门,其职责如下:

(一)接收、收集、鉴别和整理家庭教育档案材料。

(二)办理家庭教育档案的查阅、借阅。

(三)办理家庭教育档案的转递,为有关部门提供家庭教育档案情况。

(四)做好家庭教育档案的安全、保密、保管工作。

(五)制订和完善家庭教育档案管理规章制度,做好家庭教育档案分析统计工作。

(六)办理其他有关家庭教育档案事项。

第七条　相关职能部门的职责:

(一)相关职能部门工作人员在清理、整理、移交家庭教育档案过程中,不得涂改、扣留、抽出、复制、增加或损毁档案材料。

(二)各相关职能部门按照归档材料范围及要求做好家庭教育档案、平时归档材料的收集、整理和移交工作。

（三）德育处定期检查、监督、指导各级及相关部门的家庭教育档案移交、管理等工作。

第三章　家庭教育档案材料的收集与整理

第八条　家庭教育档案应及时收集、整理，不断充实完善，一般应包含以下材料：

（一）学生家庭的基本信息档案。

（二）心理健康和身体健康档案。

（三）班主任开展的家庭教育个别跟踪指导档案。

（四）家长成长变化系列档案。

每学年由班主任收集完成后，提交到德育处，由德育处收集全校家庭教育资料后，一并提交到档案室，然后由档案室进行分类归档。

第四章　家庭教育档案材料的归档要求

第九条　凡是反映本校学生家庭教育重大活动，具有考查利用价值的文字、声像制品、图片等资料均属归档范围。凡属归档的各种文字材料，必须要求字迹、图像清晰，书写工整，所有谈话记录和文字材料均禁止使用圆珠笔、铅笔、纯蓝墨水书写。立卷单位应负责将材料收集齐全，核对准确，按文件的时间顺序，系统整理，并在封面上填写档案名称，编写卷内目录。

第十条　立卷归档的材料可以是原件。凡不符合档案归档要求的文件材料，必须按要求进行整理后方可归档（按照下表进行归档）。

家庭教育档案归档目录

类别	名称	序号	归档内容范围及排序方法
第一类	表格档案	1	基本信息表
第二类	健康档案	1	心理测试报告
		2	血型报告、医院处方、饮食禁忌
		3	其他
第三类	证件、证书档案	1	学生证
		2	借书证
		3	毕业证
		4	身份证
		5	户口簿
		6	获奖证书
		7	其他

续表

类别	名称	序号	归档内容范围及排序方法
第四类	跟踪指导档案	1	班主任开展的家庭教育个别跟踪指导档案
第五类	家长成长变化系列档案	1	家长基本信息表
		2	亲子活动记录(一学期一次)(包含活动照片)
		3	其他(家长会、家长志愿者、家委会成员等)

第五章　家庭教育档案材料的使用

第十一条　因工作需要查阅家庭教育档案,须遵守下列规定:

(一)凡来查阅家庭教育档案者,须经德育主任签字证明。

(二)家庭教育档案一般不外借,如必须借出使用时,要说明理由,严格履行借阅手续后,方可借出且必须按时归还。

(三)查阅、借用家庭教育档案必须遵守保密制度和阅档规定,严禁拆卸、涂改、圈划、折叠、批注、抽取、撤换档案材料。

第六章　附则

第十二条　本办法适用于本校学生。

第十三条　本办法自发布之日起施行,由德育处负责解释。

附件 8　　部门移交档案指南

一、归档验收：移交档案时，交接双方应当面检查，按立卷归档要求进行验收，不符合要求的要退回归档部门返工，直至验收合格后方可办理移交手续。

二、移交手续：归档部门移交档案材料时必须出具一式两份档案移交清单，经办双方签字(移交部门需部门负责人签字)后各留一份备查。移交纸质档案时，其对应档案材料电子版、归档目录的电子版一并移交档案室。

三、归档移交时间：×年×月×日前完成归档移交工作。

四、移交地点：办公楼×楼学校档案室。

附件 9　　　　　　　　**学校专兼职档案员工作手册**

1. 认真学习、宣传、贯彻执行《档案法》和上级有关档案工作的方针、政策与规定,热爱本职工作、刻苦学习档案专业知识、做好档案管理,充分发挥档案的作用。

2. 参加档案在职培训和继续教育,提高综合能力。

3. 负责本单位档案的收集、整理、保管、利用统计工作。

4. 坚持文件收发登记和平时立卷制度,在文件收集完整齐全的基础上,于次年 3 月底前完成上年文件材料的整理归档任务。

5. 切实做好对档案保护的各项措施,最大限度地延长档案寿命,认真负责档案的鉴定工作,按规定销毁已过期无保存价值的档案。

6. 热情接待档案利用者的查询、借阅工作,认真做好档案利用登记、利用效果的调查和统计,开发档案信息。

7. 严格按《档案法》《保密法》及有关制度办事,发现违法事件及时向档案行政管理部门举报。

(1) 在主管校长的领导下,贯彻执行《档案法》《档案实施办法》,贯彻执行上级关于档案工作的指示及有关规章制度。

(2) 制订学校档案工作的各项管理制度及工作计划,做好工作总结。

(3) 组织各处室兼职档案人员的业务学习,指导、督促并协助有关部门做好文件材料的形成、积累、整理、归档工作。

(4) 负责编制档案检索工具和文献资料的编辑工作。

(5) 负责档案的收集、整理、鉴定、编目、统计、保管、宣传利用和经领导审批后的档案销毁工作。

(6) 做好档案的保密工作,维护档案的完整与安全。

(7) 完成主管领导交办的其他工作。

附件 10　　家庭教育档案借阅利用制度

为了便于开发利用家庭教育档案信息资源,更好地为学校各项工作服务,同时又确保档案的完整、安全,根据上级有关保密规定及本校《学校家庭教育档案管理实施办法》,制订本借阅制度。

一、凡本校教职工,凭本人有效身份证件,在说明利用家庭教育档案的目的、范围后,均可查阅。

二、本校人员如需查阅利用家庭教育保密档案,除持有身份证件外,还需由借阅人所在部门签署意见。

三、校外人员查阅利用家庭教育档案,需持本单位正式介绍信,经德育处主任批准后,方可查阅。

四、查阅利用档案,一般在档案阅览室查阅,不得随意带出。如确因工作需要,可借出公开范围的档案,保密档案一律不外借,只限在档案阅览室查阅。

五、档案借出期限为七天,如期不能归还,向档案室申明理由,可办理续借手续,续借时间不得超过五天。

六、查阅借用档案的人员必须保守档案的秘密,保证档案的安全。不得涂改、勾划、剪裁、拆散、抽页、调换;不得擅自摘录、复制、拍照;不得转借他人;不得向无关人员透漏档案内容,违者将视问题性质和情节,根据《中华人民共和国档案法》第二十四条严肃处理,直至追究法律责任。

七、确因工作需要摘录或复制档案,需经上级领导批准,由档案人员办理。对摘录和复制的档案内容,档案人员应认真核对,严格把关,检查无误后,方可盖章,并注明原件档号及复印经办人,以示负责。

八、借阅和归还档案时,应严格履行签字登记手续,档案人员与借阅者双方在收发时应仔细清点检查,核对无误后,方可登记或注销。

附件 11　　　　　　　　＿＿＿＿＿＿＿＿同学基本信息表

填写时间：＿＿＿＿＿＿＿＿

学生姓名		性别		出生年月		一寸照片
籍贯		民族		身份证号码		
特长爱好		是否独生子女		是否留守儿童		
入本校前就读的学校				入本校时间		
家庭住址						
个性特点						
家庭主要成员情况	姓名	与本人关系		工作单位		联系方式
家庭类型						
家庭教育现状						
家庭环境						

附件 12　　　**班主任开展的家庭教育个别跟踪指导档案**

填写时间：＿＿＿＿＿＿

姓名		班别	
时间		地点	
指导过程			
指导效果			
指导反思			

附件 13　　　　　　　　　**家长基本信息表**

姓名		孩子的姓名		孩子所在班级		一寸照片
		与孩子的关系				
籍贯		出生年月		身份证号码		
特长爱好		民族		身体情况		
文化程度				毕业学校		
自我评价（用五个关键词）						
最喜欢做的事						
最爱的人						
最喜欢的一句话						
我的育儿观						

我的成长记录	我的计划	我的努力	我的亮点	孩子对我的评价

备注	

附件 14　　东莞市某小学家长委员会章程

一、家长委员会的宗旨

团结全校学生家长,密切学校与家庭的联系,充分发挥家长对学校教育教学工作的参谋、监督作用,成为学校发展的智囊团与后盾。宣传国家的有关教育政策法规,加强学校的管理,促进学校教育改革,提高教育质量。同时,协助办好家长学校,把学校教育与家庭教育有机结合起来,提高家长教育子女的水平,实现"双合格"目标。

二、家长委员会的地位和作用

家长委员会是参与学校民主管理、对学校工作进行民主监督、督促学校依法办学、协助办好家长学校的群众性组织。家长委员会由具有各方面代表性并在社会上有威望的学生家长组成,其成员由各年级组推荐,学校研究后确定候选人名单,经家长代表大会选举产生。家长委员会具有代表性,在学校、家庭、社会三结合教育中起桥梁和纽带作用。

三、家长委员会成员的条件

1. 热心公益事业,有爱心,有正能量,服务意识强,上班时间比较灵活。

2. 了解和关心教育,懂得一定的教育规律,工作认真负责,关心学校,能为学校的教育教学和日常管理提出意见和建议。

3. 具有良好的行为表率,有比较丰富的家庭教育经验和较好的教育效果。

4. 有良好的沟通能力,能主动听取别人的意见,及时、积极向学校反映家长们关注的热点问题。

5. 能主动为学校事业的发展和改善办学条件提供一定的支持与帮助。

6. 有一定的组织能力,在家长中有一定的影响力和号召力。

四、家长委员会的产生

1. 班级家长委员会成员3—7名,最好是单数,由家长自愿申报,或由班主任摸底推荐。各班拟定候选人,报家校合作领导小组通过,最后经全班家长等额选举产生。班级家长委员会成立后,在班主任指导下进行分工。由校级家长委员会颁发聘书。

2. 年级家长委员会和校级家长委员会在班级家长委员会的基础上产生,由班主任推荐,在征求家长个人意见的基础上,拟定候选人,报学校行政会通过。经全校每个班级所有家长委员会成员组成的家长代表大会等额选举产生,由学校颁发荣誉证书。

3. 学校家长委员会成立后,在学校领导指导下,设置内部机构和明确分工,设会长一名,副会长两名,委员每班一名。内部机构包括:策划组织部、宣传联络部、志愿者管理部和后勤保障部。

五、家长委员会的职责任务

1. 定期召开家长委员会全体委员会议,每学期至少三次:期初商议家长委员会工作计划,期中参与筹备家长开放日、巡视食堂等活动,期末总结家长委员会工作情况。

2. 听取学校的工作汇报,充当学校工作的参谋。

3. 参与学校发展规划的制订。

4. 反映学生家长的意见和诉求。

5. 协助学校改善办学条件,解决发展中的困难。

6. 协助学校开展大型活动。

7. 发动家长尊师爱校、教育子女遵守学校规章制度。

8. 参与制订家长学校教学计划,协助开展家长学校教学活动。

9. 利用各种媒介宣传家庭教育工作突出的优秀家长。

六、家长委员会的权利

1. 对学校重大活动提出意见和建议。

2. 对教育教学质量、学校收费等工作进行监督。

3. 对学校教学工作进行咨询及提出意见和建议。

4. 对学校管理工作进行监督及提出意见和建议。

5. 对家长学校章程提出修改意见和建议。

6. 协助学校开展校外研学、校内研训等工作。

七、家长委员会的义务

1. 宣传学校的办学方向、办学策略和办学成果。

2. 向学校反馈广大家长的意见和建议。

3. 对学校各项重要活动提出合理化意见和建议。

4. 协调社区与学校的关系,为学校创造良好的育人环境。

5. 协助学校做好后进生转化、帮扶等工作。

附件 15　　东莞市某小学校级家长委员会工作制度

一、家长委员会的宗旨：团结全校学生家长，密切学校与家庭的联系，充分发挥家长对学校教育教学工作的参谋、监督作用，成为学校发展的智囊团与坚强后盾。宣传国家的有关教育政策法规，加强学校的管理，促进学校教育改革，提高教育质量。同时，协助办好家长学校，把学校教育与家庭教育有机结合起来，提高家长教育子女的水平，实现"双合格"目标。

二、家长委员会的成员可以由家长自荐产生，也可以由学校、班级推荐产生。

三、家长委员会设会长一名，副会长两名，委员每班一名。

四、家长委员会每学期召开例会三次（期初、期中、期末）。

五、家长委员会成员任期两年，可连任，期满后在学期初重新开展选举活动。

六、家长委员会活动内容：

1. 学习教育理论，提高教育水平。

2. 听取学校学期工作计划和工作总结。

3. 研讨家长委员会工作计划及实施。

4. 参加学校组织的有关教育教学活动或大型活动。

5. 定期或不定期走进学校，对学校管理进行民主监督。

6. 反映家长的意见和建议，协助处理家校关系。

7. 协助学校开展校外研学和校内研训活动，组织班级亲子活动。

8. 协助学校办好家长学校，宣传家长育儿的优秀事迹，强化家校协调发展。

注：年级与班级家长委员会参考此制度执行工作。

附件 16　东莞市某小学家长委员会成员名单及职责分工

会长：×××

负责学校家长委员会全面工作,制订家长委员会年度工作计划和总结,协调各委员和职能部门之间的关系,使家长委员会各项工作能正常进行。

副会长：×××

落实家长委员会的各项工作,协助负责各项活动的策划、安排及实施,分管组织策划部和志愿者管理部工作。

副会长：×××

落实家长委员会的各项工作,协助负责各项活动的策划、安排及实施,分管宣传联络部和后勤保障部工作。

策划组织部（部长：×××　　成员：×××、×××）：

1. 负责家长委员会各项活动的策划和组织工作。

2. 负责家长委员会大会和例会的各项准备工作。

3. 参与配合其他部门的工作。

宣传联络部（部长：×××　　成员：×××、×××、×××）：

1. 负责家长委员会各项活动的宣传发动、总结工作。

2. 负责家长与校方的沟通与联络,接受并转达家长意见等。

3. 参与配合其他部门的工作。

志愿者管理部（部长：×××　　成员：×××、×××、×××）：

1. 负责家长义工(志愿者)的组织及管理工作。

2. 参与配合其他部门的工作。

后勤保障部（部长：×××　　成员：×××、×××、×××）：

1. 负责家长委员会经费计划、收支管理工作,以及定期公布账目、进行解释等工作。

2. 负责各项活动的后勤服务保障工作。

3. 负责会议或活动的物品采购。

4. 参与配合其他部门的工作。

附件 17　东莞市某小学第一届"美味聚学校、共享家校情"美食分享会方案

一、活动主题

美味聚学校、共享家校情

二、活动目的

加深校级家委会成员及家长志愿者之间的沟通与交流，增进友谊，分享学校家校共育成果。同时，邀请学校志愿队员参加，让全体家委会成员和志愿者欢聚一堂，你中有我，我中有你，用实际行动分享科学育儿的喜悦，用笑声表达参加志愿活动的快乐！在活动中，让更多队友相互认识，使各班家委更加团结，为家校共赢搭起沟通的桥梁。

三、活动时间

2016 年 10 月 28 日 15:00—16:50

四、活动地点

学校体育馆

五、参加人员

年级组长、家校合作领导小组成员、各班家委(每班 5 人)和报名参加的家长志愿者。

六、活动形式

(一) 由各班家委(5 人)选送美食作品参赛，分年级评出本届美食分享会"美食王班级"，每个年级选出一个班级，分数最高者得。

(二) 入场以班级为单位过两关：

1. 领取纸张，写出参赛口号；

2. 以班级为单位持口号纸照集体照。

(三) 全体参会人员参与打分，统分员、监票员、唱票员由现场选举产生。

(四) 活动中以班级为单位进行团建活动：两人三足接力赛；乒乓球运送接力赛。胜者可为本次比赛加 1 分。

(五) 全体试食，每班一名代表领取评分表进行评分，并上交。

(六) 评选优胜班级，颁发奖牌，发表获奖感言。

(七) 全体人员合影留念，主持人宣布活动结束。

附件 18

2018 年某小学"快乐六一"
心理健康游园会方案

一、活动目的

为进一步丰富校园生活,推进我校素质教育,使学生学会交往,感受"六一"儿童节的快乐,学校家校合作共育办公室特组织本次"快乐六一"心理健康游园活动。

二、活动主题

学会交往,感受快乐。

三、领导小组

组　长:德育主任。

副组长:德育助理、心理老师。

组　员:三年级各班班主任。

四、活动时间

2018 年 5 月 31 日(星期四)下午 2:00—4:30。

五、参加人员

三年级全体学生。

六、活动前准备工作及游戏说明

1. 各班家长助教前期准备工作。

(1)班主任为本次活动建一个讨论群。

(2)准备好班级个体游戏的奖品,建议不同游戏分不同奖品,六个个体游戏准备六份奖品。团体游戏的奖品由学校准备,奖品分四种。

(3)场地布置。各班家长助教提前准备好游戏的工具、桌子。

(4)助教组长提前把全班同学分成四组,其他助教协助维持秩序。

2. 活动前班主任要向学生宣讲活动规则,并进行安全教育。提醒学生在玩每个游戏时都要排好队,不大声喧哗、不追逐打闹等。

3. 团体游戏以组为单位集体参加,比赛结果分一等奖、二等奖、三等奖、优秀奖。

4. 个体游戏由学生自由选择,优胜者获得奖品。

七、活动安排

1. 当天下午2:00各班集中于体育馆,德育主任致辞,年级组长讲游园安排和注意事项。

2. 游园活动(下午2:20—4:00)。各班由本班家长助教组织开展活动,先进行团体游戏,接着进行个体游戏,最后组织班级分享活动感受,助教组长进行活动总结。

3. 各班有序到1号读书吧前拍大合照。

4. 班主任带班回教室,派发团体游戏的奖品。

八、游戏规则

(一)团体游戏

1. 珠行万里

以班为单位参加,把班分成四组,每组大概13人。每个学生手拿一根U形槽,第一位同学负责放球,将球连续滚动到下一个队员的U形槽中,直到球安全到达指定的桶里。5分钟内看哪个组进的球最多,按名次获得不同奖品。(此游戏需九名家长助教组织开展。一位家长助教当主持人,把控游戏的开展,负责吹哨和记录名次;每组由两位家长助教示范游戏的玩法,一位家长指导学生拿U形槽拼接,另一位家长指导第一位同学负责放球,以及让球滚动到最后一名队员的槽里,在离指定的桶还有一段距离时,指导队前的队员要迅速跑到队后,继续接球,直到球到达指定的桶里)

2. 无敌风火轮

以班为单位参加,把班分成四组,每组大概13人。各组成员在指定跑道就位,脚踩在环形的风火轮里(风火轮是一块像轮子一样的环形帆布),然后一起往前走,让风火轮滚动起来,直到风火轮完全过了终点线为完成任务。各组按名次获得不同奖品。(此游戏需九名家长助教组织开展。一位家长助教当主持人,主持人指挥各组在指定跑道就位,把控游戏的开展,负责吹哨和记录名次;每组由两位家长助教示范游戏的玩法,其中一位家长助教让队员踩在环形的风火轮里,两手拿着头上帆布的边缘,另一位家长助教指导第一个同学往前走,其他同学跟着走,脚不得踩出风火轮之外,以最快的速度完成规定的路程)

(二)个体游戏

1. 运篮球

运篮球绕过雪糕桶,整个过程不掉球,获奖品一份。(此游戏需两位家长助教组织开展。游戏前准备好一个篮球和一个雪糕桶,把雪糕桶放至离起点约8米处。一位家长助教指导学生拍着篮球,沿路线绕过雪糕桶,再回到起点,全程不能掉球。另一位家长助教负责为挑战成功的学生派发奖品)

2. 盲人击鼓

用眼罩蒙着眼睛走 8 米远击鼓,击中获奖品一份。(此游戏需两位家长助教组织开展。游戏前准备好一个眼罩、一个鼓及鼓槌、一张桌子,把鼓放在桌面上,桌子放至离起点约 8 米处。一位家长助教指导学生戴上眼罩,手拿鼓槌,走到鼓前击鼓一下为完成任务。另一位家长助教为挑战成功的学生派发奖品)

3. 扔沙包

把沙包扔进桶里;有三次扔沙包的机会,扔中一次以上,获奖品一份。(此游戏需两位家长助教组织开展。游戏前需准备三个沙包、一个桶,把桶放至离起点约 4 米处。一位家长助教负责指导学生拿着沙包扔进桶里。另一位家长助教负责为挑战成功的学生派发奖品)

4. 吹乒乓球

两碗挨着放,碗里装满水,把乒乓球从一个碗里吹到另一个碗里,则获奖品一份。(此游戏需两位家长助教组织开展。游戏前需准备两个碗、一个乒乓球。一位家长助教负责指导学生把乒乓球从一个碗里吹到另一个碗里。另一位家长助教负责为挑战成功的学生派发奖品)

5. 摸石过河

踩着砖头,从起点走到终点不落地,获奖品一份。(此游戏需两位家长助教组织开展。游戏前需准备三块塑料砖头,确定从起点到终点的路线。一位家长助教负责指导学生手上拿着一块砖头,脚踏两块砖头,再把手上的砖头沿着路线放置,想办法让脚全过程踩着砖头,从起点走到终点不落地。另一位家长助教负责为挑战成功的学生派发奖品)

6. 袋鼠跳

把脚套进布袋后,两手分别拈住布袋的口,以跳跃的形式绕过雪糕桶回到起点,获奖品一份。(此游戏需两位家长助教组织开展。游戏前准备一个布袋、一个雪糕桶,雪糕桶放至离起点约 5 米处。一位家长助教负责指导学生把脚套进布袋,两手分别拈住布袋的口,以跳跃的形式绕过雪糕桶回到起点。另一位家长助教负责为挑战成功的学生派发奖品)

九、各班活动地点

301 班:沁香楼一楼空地。

302 班:和香楼一楼空地。

303 班:凝香楼一楼空地。

304 班:体育馆。

附件 19　　××小学家长开放日活动方案

一、指导思想

为切实加强师德师风建设,办人民满意的教育,推动"真教育"全面铺开,实现学校、家庭、社会共同参与的新局面,达到沟通、理解与共建和谐教育、和谐社会的目的,推动我校素质教育向纵深发展,根据学校的工作安排,决定全面开展"家长开放日"活动。让文明礼仪进校园,让家长走进校园,了解学校的发展趋势并参与学校的管理;让家长走进课堂,关注教育,了解课堂教学和课改;走进新课程,走近孩子,倾听心声。搭建社区、家长、学校友谊的桥梁,增进家校联系,共同促进孩子健康成长。

二、活动目的

通过多种形式和途径,切实加强与家长、社区的沟通,听取意见和建议,宣传学校的教育政策及办学成效,构建家校互动的良好教育环境和氛围。

1. 展现校园风貌,展示师生风采。

2. 让家长亲身体验子女在校的学习和生活,走进教室,关注教育;走近孩子,倾听心声;走进学校,参与评价。

3. 利用"开放日"这一载体,加强沟通,调动家长参与学校教研教改、参与班级建设的积极性,吸纳家长的合理化建议,推进家校积极互动,进一步改进学校的管理,促进教育和谐发展。

三、领导小组

组长:×××

副组长:×××

成员:×××、×××

四、活动要求

开展家长开放日活动,不仅是让家长看到自己孩子在学校的表现和学习生活,也是对学校教师素质、教育水平的一个全面展示。因此,全体教师要高度重视,用我们的诚意,尽心为家长、学生服务,将家长开放日活动作为宣传学校、展示自我的平台,科学安排,精心准备,保证质量,力求实效,努力让家长安心满意,让孩子受益开心。

1. 班主任老师认真做好宣传、发动、组织工作,精心布置教室,营造育人氛围,提前预约选定参加活动的家长,并发送邀请函;各班搞好教室清洁卫生工作,安排好凳子。

2. 全体教师要热情接待,耐心听取家长的意见与建议。

3. 上课教师要认真钻研教材,精心备课。教研组要发挥团队精神,共同研讨教学设计,力求让家长满意。教学中充分发挥学校多媒体教学的优势,力求生动、活泼、新颖、有趣。

五、开放班级及时间

开放班级:所有班级

开放时间:××××年11月17日(星期二)上午

六、活动内容

第一板块——"美丽校园"

通过参观校园的中心广场、文化长廊、开心农场、体能乐园、功能室、禁毒基地、医务室、心理咨询室、学生食堂、宿舍,了解学校的环境和硬件配置,知道学校的日常管理和安全措施。

第二板块——"温馨教室"

温馨教室的布置,旨在充分展示各位学生在校学习的点滴进步、生活中的兴趣爱好,体现和谐的班集体、温馨个性的教室环境。

第三板块——"风采课堂"

家长参与课堂。通过课堂教学的开放让家长充分了解学校教师的教育理念、教学方法,以及学校、教师在教育教学方面取得的成果,充分体现学校为孩子的"终身学习,终身发展,终身受益"而努力的教育理念;了解教师的教学情况、孩子的学习情况。

第四板块——"互动评价"

通过在活动中填写观察记录表、调查问卷,请家长留下宝贵的意见,以供学校和教师的工作不断地改进。

七、具体活动安排

1. 制订开放日活动方案,11月6日向家长发放邀请函,打印家长签到表,布置活动安排。

2. 安排好授课内容,全面关注活动过程,组织教师备好课、上好课。

3. 制订家长开放日观课评价反馈表并安排分发和收集。

4. 检查、落实活动情况,组织家长填写家长开放日观课评价反馈表并回收,做好开放日活动总结。

5. 保安组织好家长车辆的安放;准备、摆放好各班家长用的凳子。

6. 后勤组织做好校园内外卫生工作。

7. 招募家长志愿者,协助开放日各项工作安排。

八、活动当天的程序安排

1. 班主任老师在各班教室门口接待家长,发放并回收家长开放日观课评价反馈表,8:30时家长到校、签到。(负责人:各班班主任及科任老师)家长委员会签到在校门口。(负责人:×××、×××)

2. 第一节课家长进入课堂听课,家长委员会成员可自由选择。(8:50—9:30)

3. 课间由科任老师负责组织安排家长参观校容校貌、室内室外环境、校园文化建设、学生大课间活动。(9:35—9:55)

4. 由校长主持召开家长委员会、家长代表会议,收取反馈意见。(10:00—10:30)

5. 由班主任及科任老师负责与本班家长交流。(10:50—11:30)

九、家长注意事项

1. 为保证上课质量,进教室后,请把手机调至振动。

2. 为保证上课正常进行,请家长不要与他人、自己的孩子交谈或接听电话,认真参与听课。

3. 在教室内及学生活动区域请不要随意走动。

4. 因场地限制,建议家长乘坐公交车或出租车到校。若自己开车到校,请将车辆按要求有序停放。

附件 20

××学校 2018—2019 学年第一学期
家长开放日活动签到册

一（1）班　　　　　班主任：××老师

序号	学生姓名	家长姓名	联系方式	备注
1				
2				
3				
4				
5				
6				
7				
8				
9				
10				
11				
12				
13				
14				
15				
16				
17				
18				
19				
20				

附件 21　家长开放日邀请函

尊敬的家长：

　　您好！

　　为了让您更好地了解孩子在校的学习生活和学校的教育教学情况，加强家校沟通，学校定于 11 月 17 日（星期二）上午 8：00—11：30 在各班举行家长开放日活动，欢迎您的光临。我们将虚心听取您的宝贵意见，以便提高我们的教育教学质量。

　　对学生负责是我们的使命，对子女负责更是您的义务。敬请您在百忙之中抽取时间，按时参加家长开放日活动。开放的××学校欢迎您！

　　此致

敬礼！

××学校

2018 年 11 月 6 日

温馨提示：

　　1. 家长凭此邀请函进入校园。因场地有限，学校不提供家长的停车位，请您谅解！进入校园请保持安静，谢绝吸烟。

　　2. 为保证上课质量，请各位家长进教室后，将手机调至静音或振动状态。上课时，请家长不要与他人、自己的孩子交谈或接听电话，认真参与听课。

　　3. 每位家长听课一节，离校时请认真填写意见反馈表，并交至班主任处。

附件 22 ××学校 2018—2019 学年第一学期家长开放日活动家长意见反馈表

尊敬的家长:

感谢您的积极参与!请您在听课活动结束后,认真填写好本表,并在离校时投递到学校大门口的回收箱。

1. 您是( )年级( )班的家长。

2. 您对本次家长开放日活动的满意度是( )。

A. 很满意　　B. 较满意　　C. 一般　　　　D. 不满意

3. 通过听课,您对孩子的表现( )。

A. 很满意　　B. 较满意　　C. 一般　　　　D. 不满意

4. 通过听课,您对教师的表现( )。

A. 很满意　　B. 较满意　　C. 一般　　　　D. 不满意

5. 您认为目前学校教育最需要培养学生( )方面的素质。

A. 学习能力　B. 良好品德　C. 良好习惯　D. 身心健康

6. 您认为学校在学生的管理方面做得( )。

A. 很好　　　B. 较好　　　C. 一般　　　　D. 不太好

7. 您对学校教育教学和管理方面的建议是什么?

感谢您对本次调查活动的支持与配合!我们将根据您所提出的宝贵意见与建议,认真反思并不断改进我们的工作。

让我们学校与家庭结成亲密的伙伴,携手共进,为了我们孩子的健康全面发展而共同努力吧!

2018 年 11 月

附件 23　家长开放日教师情况调查表（家长问卷）

班级　　　任课教师　　　　　年　月　日

项目	等第				评价等第
	A	B	C	D	
老师对工作的责任感	强	较强	一般	差	
老师对学生的关心、爱护程度	关心	较好	一般	差	
老师的仪表言行,为人师表的情况	好	较好	一般	差	
老师对你孩子情况了解的程度	了解	较了解	一般	差	
你的孩子喜欢老师的程度	喜欢	较喜欢	一般	差	
老师的教学准备	完善	较完善	一般	差	
教学环境的创设	新颖	较新颖	一般	差	
老师的普通话水平	好	较好	一般	差	
老师的语言表达能力	流畅	较流畅	一般	差	
教师组织课堂纪律的能力	强	较强	一般	差	
课堂中师生互动情况	融洽	较融洽	一般	差	
课堂中教师与家长互动情况	主动	较主动	一般	差	
课堂气氛	活跃	较活跃	一般	沉闷	
通过教学,孩子有没有得到提高	明显	较明显	一般	没有	

说明：1. 为了解教师的情况,总结经验,提高教育质量,特组织本次调查。

　　　2. 本着公平、公正的原则,反映情况要真实。

　　　3. 请家长对每一项确定等第,填在"评价等第"栏内(用字母表示)。

附件 24　　家长观察记录表（家长开放日）

孩子的班级：　　　　　　　你是孩子的（　　　）

你是否愿意走进课堂教学（打"√"）：愿意（　　　）不愿意（　　　）

1. 孩子在课堂学习中（　　　）。

A. 比较专注　　　　　B. 偶尔分心（东张西望、做其他事）

C. 不易专注（偶尔听一会儿、做其他事或什么也不做）

2. 孩子在回答问题时的声音与情绪（　　　）。

A. 响亮且愉快　　　　B. 声音轻或者有些紧张　　C. 很紧张

3. 在老师提出问题或要求孩子回答时，孩子表现为（　　　）。

A. 积极举手　　　　　B. 被老师叫到后才举手　　　C. 不肯举手

4. 互动游戏中或与同伴合作时，孩子表现为（　　　）。

A. 主动积极找同伴　　B. 被同伴叫到后才加入　　　C. 找不到同伴（老师协助找到）

5. 孩子对整个活动（　　　）。

A. 投入　　　　　　　B. 一般　　　　　　　　　C. 不投入

6. 请您对自己的孩子参与活动的表现做一个整体的评价或谈谈体会：

_____

_____

_____

中堂镇家长教育实验学校各项规章制度

一、中堂镇家长教育实验学校校长职责

1. 认真贯彻执行教育方针、政策、法规及上级行政部门的决定、指示,领导和组织家长教育实验学校的教育教学工作。

2. 定期召开家长教育实验学校校务委员会、家长委员会会议,研究总结家长教育实验学校工作,提出改进工作的意见和措施。建设团结、服务、务实、高效的领导班子。

3. 负责制订家长教育实验学校的各项规章制度、岗位职责,并认真督促、检查、落实。

4. 确定家长教育实验学校办学目标,制订近、远期分层规划。审核、确定家长教育实验学校的工作计划、教学计划,督促检查教育教学活动。建立正常的教学秩序,提高学校管理水平。

5. 加强家长教育实验学校教师队伍建设,指导、开展教育教学研究活动,提高家庭教育质量。

6. 发扬民主,充分听取家长委员会对家长教育实验学校工作的意见和建议,民主管理学校。

7. 组织与协调校外有关部门和学生家长的关系,搞好学校、社区、家庭三结合教育,推进学校各项工作的开展。

8. 负责审核家长教育实验学校年度的检查、考核、评比工作。

中堂镇家长教育实验学校

2011 年 9 月

二、中堂镇家长教育实验学校顾问工作职责

中堂镇家长教育实验学校顾问的主要职责是提供家庭教育理论的指导和业务的咨询。具体如下:

1. 深入调研中堂镇学生家长的教育现状,了解学生家长的教育需求,确立学校家长教育的理论。

2. 积极开展家长教育教学课题研究,组织中堂镇骨干教师开展子课题研究。

3. 组织、指导骨干教师编写中堂镇家长教育实验学校教材《爸爸妈妈的课本（初中版）》，培训 12 位编委。

4. 协助校长制订中堂镇家长教育实验学校章程。

5. 协助校长制订中堂镇家长教育实验学校制度。

6. 有计划、有重点、分期对讲师团成员进行培训和指导。

7. 加强对讲师教学过程进行教学督导，对讲师的教学水平和教学效果作出总体评价。

8. 坚持以科学性、客观性、指导性、激励性原则对教学活动实施督导和监控，并提出改进教学工作的建议和意见。

9. 调研和评估中堂镇家长教育实验学校的办学成果。

中堂镇家长教育实验学校

2011 年 9 月

三、中堂镇家长教育实验学校教务主任职责

1. 认真执行《全国家庭教育指导大纲》，协助校长制订并实施家长教育实验学校教育教学计划，定期分析研究教育教学工作情况，探究家长教育实验学校教育的规律。

2. 组织管理教学工作，掌握各年级、班级教师执行教学计划的情况，加强对讲师工作情况的指导和检查，及时交换意见，提高教育质量。

3. 组织讲师开展家长教育实验学校教育教学研究活动，负责论文、优秀教学案例评比，不断总结推广好的经验。

4. 负责日常教务工作，领导和组织有关人员搞好家长教育实验学校课程安排、学员注册登记、学籍管理、考勤工作，制订教学工作评估制度、优秀家长考核登记制度、档案管理制度。

5. 加强教师队伍建设，定期召开讲师团成员会议，开展家长咨询活动，配合家庭、社会共同教育学生。

6. 及时向校长反馈教学情况，听取校长的改进意见，并及时改进落实。

7. 每学期对家长教育实验学校教学工作进行一次书面总结，组织讲师团成员总结教学经验。

中堂镇家长教育实验学校

2011 年 9 月

四、中堂镇家长教育实验学校教学管理制度

讲师团成员就是家长教育实验学校的教师。其主要职责是认真研究教材《爸爸妈妈的课本(初中版)》和相关的家庭教育理论知识,并根据本地家长的实际情况对参加学习的家长实施教育。教育教学管理制度具体如下:

1. 采用班级授课制。以年级编班,一个年级为一个大班,原自然班为大班中的小班,学籍和考勤管理以自然班为准,教学以大班进行。

2. 教学方法:以专题讲座为主,经验交流、问题驱动、互动体验为辅来组织教学。教学过程中,一定要采用有效方式激发家长学员的学习积极性和主动性,引导家长学员参与教学活动,指导家长学员做好课后作业,使教学真正落到实处,家长学员学有所获、学有所思、学有所成。

3. 教学时数:每学期授课 3 次,每学年授课 6 次,每次约 2 课时,两年共 24 课时。

4. 教学计划:把家长学校的工作列入学校整体工作计划,每学年要制订工作计划和学期教学计划。每学年要做好总结,为下一届的教学提供良好的经验。

5. 教学科研要求:采取集体备课制,共同研究、优势互补,并且要不断根据教学情况和家长学员的实际,开展相应的研究,开发相应的课程,以适应日益增长的家庭教育水平的需要。

6. 学籍管理:家长教育实验学校以全体在校学生家长为学员,学员实行班级管理,与学生班级相配套。建立学籍花名册,家长填写"家长档案",按每学年一届建册,并进行审核、结业登记管理。

7. 考勤管理:家长学员参加面授学习时,实行注册签到制度。因特殊情况不能参加面授学习时,要向班主任请假。无故缺席累计超过总课时三分之一者,不予结业。

8. 学员按学年学完所有规定的课程,即进行考核。考核内容包括出勤、作业、答卷、与孩子共同进步等情况,考核合格者颁发结业证书。

9. 根据实际情况,每学年评选"优秀学员",由学校表彰奖励。同时,将考核评选及学习情况反馈到学员所在单位或社区。

中堂镇家长教育实验学校

2011 年 9 月

五、中堂镇家长教育实验学校讲师团成员培训制度

为了不断提高家长教育实验学校讲师团成员的业务水平和基本素质,进一步做好家长教育实验学校的教育教学工作,为家庭教育打下良好基础,根据学校工作实际制订家长教育实验学校讲师团成员培训制度。

1. 家长教育实验学校讲师团成员要树立"终身教育"思想,与时俱进不断更新教育思想和教育观念,不断学习,接受新知识、新方法,提高自身素质。

2. 学校负责讲师团成员培训工作的副校长全面负责家长教育实验学校讲师团成员的培训工作。

3. 家长教育实验学校讲师团成员要积极参加各级组织的有关提高思想素质和业务水平的专业培训。

4. 家长教育实验学校讲师团成员要积极参加家长教育实验学校教研组组织的校本教研活动,积极研究家长教育教材,努力探究教学方法,不断提高驾驭家长教育课堂的能力。

5. 家长教育实验学校讲师团成员每学期至少要写一篇"育子论文"或"家长教育实验学校教学论文",并准备一堂"家教优质课"参加研讨或评选。

6. 家长教育实验学校讲师团成员培训工作要做好"四结合",即:同学校教师培训工作相结合,同教师的读书活动相结合,同教师的业务量化考核工作相结合,同教师的评优评先相结合。

中堂镇家长教育实验学校
2011 年 9 月

六、中堂镇家长教育实验学校讲师团成员常规教学考核奖励制度

(一) 备课

1. 备课时应有针对性、可行性,有完整的备课记录。

2. 备课内容要详细,具有一定的系统性,内容选择要恰当。

3. 合理安排备课时间,不能同正常上课时间冲突。

4. 备课记录应具备授课时间、授课的要求、授课人、授课效果评价等项目。

（二）上课

1. 课堂是家长教育实验学校教育教学的主要阵地，是为家长学员传授科学、正确的家教方法的主要渠道，因此，提高课堂教学质量尤为重要。

2. 按学校计划安排上课，讲师团成员不准擅自停课。做好上课的各项准备，包括准备教案、资料、教材、教具、学具、演示仪器等。

3. 课堂上，讲师团成员应使用普通话进行教学，注意自己的仪表、穿着，一言一行要体现教师应有的素养和风范。

4. 认真组织课堂教学，每一堂课都要做到教学目标明确、集中，具有科学性、思想性、系统性。教学方法灵活多样，教学手段先进，态度亲切自然，提倡"微笑"教学，教学语言富于激励性，教学内容具有指导性，使家长学员心情舒畅地上好课，能够学习到科学的教子方法，学有所获。

5. 要认真组织好家长学员的课堂纪律，课内不得让家长学员随意走动、随便讲话、抽烟或大声喧哗、接打电话。

6. 课堂教学中必须以教师为主导，要面向全体家长学员，科学地安排时间，最大限度地发挥每节课的效益。课堂上要安排足够的咨询、交流时间供家长学员沟通与交流。

（三）布置与批改作业

因家长教育实验学校学员的特殊性，讲师团成员应安排课堂作业，以咨询、交流为主，不提倡布置课外作业。

（四）课外辅导

对于一些因故没能按时参加家长教育实验学校学习的学员实行课外辅导。辅导的形式可以是通过电话、网络进行交流，也可以是面对面辅导。

积极编制家教宣传材料，及时更换家长园地等宣传栏的内容。

（五）考核奖惩制度

1. 讲师团成员应按计划认真教学，积极做好家校联系，如未开展一次扣奖金××元。

2. 讲师团成员应认真按时整理好教学活动、家校联系活动的资料，并及时归档，每缺一项扣奖金××元。

3. 对工作成绩优秀的讲师团成员，每年增加奖金××元，并将此项工作成绩作为其年度考核的重要参考指标。

中堂镇家长教育实验学校

2011 年 9 月

七、中堂镇家长教育实验学校考勤制度

根据《中堂镇家长教育实验学校章程》第三章第十条和第六章第二十四条,制订《中堂镇家长教育实验学校考勤制度》。家长参加家长教育实验学校的学习以自愿为原则,报名参加学习后就要共同遵守以下考勤制度:

第一条　家长学员必须按学校通知,按时参加学习,不迟到,不早退。

第二条　家长学员参加面授学习时,要向所在班级的班主任报到,并在《学员登记册》上签到。

第三条　父母双方原则上要共同参加学习。

第四条　因特殊情况不能参加面授学习的,要向所在班级的班主任请假,并填写请假单,存入学籍档案。

第五条　参加面授学习时,要遵守会场纪律,不得喧哗吵闹、接打手机、随意走动、抽烟,要认真听讲、参与教学活动,并在《学员学习手册》上做好听课笔记。

第六条　家长学员参加学习不得缺席。缺席累计超过总课时三分之一的,不予结业。

第七条　本制度由开学之初开始执行,希望家长学员共同遵守。

中堂镇家长教育实验学校

2011 年 9 月

八、中堂镇家长教育实验学校评优制度

根据《中堂镇家长教育实验学校章程》第七章第二十七条,制订《中堂镇家长教育实验学校评优制度》。家长参加家长教育实验学校的学习应该积极主动,朝着优秀的目标和方向努力,在全面提高自身教育素质的同时争取优秀。

第一条　中堂镇家长教育实验学校对家长的评优主要是评选"优秀学员"。"优秀学员"是指在参加家长教育实验学校学习过程中表现特别积极主动,努力学习,认真按讲师的要求参与学习活动、记好笔记、写好心得体会的家长学员。

第二条　每一位参加家长教育实验学校的家长学员都有参加"优秀学员"评选的权利。

第三条　评优采用家长学员自评、家长学员的孩子评、学校老师评结合的方式进行,权

重分别是 5：2：3，学年结束时分别打分，然后按权重计算总分。学校根据总分情况评选出"优秀学员"。

第四条　评优时要严格按评优标准进行打分和算分，做到公平、公正、公开。

第五条　评优每学年进行一次，学年结束时进行评选，下一学年开学时进行隆重表彰。

中堂镇家长教育实验学校

2011 年 9 月

九、中堂镇家长教育实验学校档案管理制度

1. 学校坚持把家长教育实验学校档案工作纳入学校档案工作的重要组成部分。

2. 家长教育实验学校各项活动都要留存相应的资料，注意收集、整理和保存。

3. 各项制度、计划、实施、检查、考核、学员名册、考勤、试卷、优秀家长名册、宣传材料等单独专项建档。

4. 家长教育实验学校班主任负责家长档案、家长签到表、开课情况记录表、优秀家长作业、考试试卷等资料的收集与整理；教务处负责各班资料的收集、整理与管理。

5. 档案资料收集年限以年度为准，学年末整理完毕后移交学校档案室保管。

中堂镇家长教育实验学校

2013 年 9 月

附件 26 ××幼儿园2018年"阳光阅读　书香校园"家庭教育征文活动通知

　　家庭教育是一切教育的基础,要培养一个健康成长的孩子,教子要有方。为了紧密结合培育和弘扬社会主义核心价值观,弘扬中华民族传统家庭美德,认真贯彻落实习近平新时代中国特色社会主义思想和党的十九大精神,深入挖掘书香之家、文明之家的典范,经研究,决定在全园范围内组织开展"阳光阅读　书香校园"家庭教育征文活动。现将有关事项通知如下:

一、征文时间

2018年9月10日至10月25日。

二、上交数量

各级部择优上交12篇。

三、征文要求

　　围绕"阳光阅读　书香校园"主题撰写书香之家、文明之家的家教真情故事,体现亲子共读、书香门第、尊师重教、诗书传家、勤俭持家、孝老爱亲、廉以修身、廉以持家等良好家风、中华传统美德,营造勤奋向上、崇德向善、见贤思齐的社会风尚。

　　1. 可以是散文、随笔、书信等文体,字数在1 800字以内。

　　2. 投稿作品要求为原创,不得抄袭,文责自负。

　　3. 征文标题紧扣活动主题,作品内容与文章标题相符,言之有物,感情真实,有生活气息,能以小见大反映家庭的独特文化和气质风貌;有感而发,富含哲理,给人以启迪;"三观"正确,传播正能量。

　　4. 结构完整,设计合理,层次分明,逻辑性强。

　　5. 文字通顺,言精意美,可读性强,有一定文采。

　　6. 格式要求:标题用二号宋体字加粗,标题下注明班级、学生和家长姓名;正文上面空一行并使用三号仿宋体字。

　　7. 征文活动结束后,将邀请专家及幼儿园家委会代表评选优秀征文,设一、二、三等奖,并给予适当奖励。获奖作品择优在相关媒体上宣传。

四、注意事项

1. 上传电子材料，要求如下：

（1）各级长组织、统筹，严格把关，筛选后以级部为单位上传优秀文稿及作者生活照。作者生活照要求图像清晰，尽量是用相机拍的照片。

（2）文件夹命名：班级＋2018家教征文。

优秀文稿和作者生活照命名：班级＋家长姓名。

（3）上传QQ邮箱：××××××××××。

2. 上交纸质材料，要求如下：

（1）只上交一份纸质材料到本园家教专干吴老师处。

（2）删去标题下方的作者相关信息后打印，每篇文稿在左侧装订两个钉子。

（3）按级部的家教征文评选登记表的先后顺序由上至下叠放。

3. 各级部按上交数量提交文稿，多于作品数量的，由评委组删减多余稿件。

4. 联系人：吴老师。

联系电话：××××××××××××。

××镇×××幼儿园

2018年9月10日

附件 27 | **"孩子，我该如何守护你的社交安全"**
家长沙龙案例

一、主题活动目标

1. 帮助家长认识与孩子谈论社交安全的意义。

2. 增强家长与孩子谈论社交安全的积极态度和信心。

3. 帮助家长掌握与孩子沟通社交安全的方法。

4. 向家长简单介绍解决冲突的"共赢法"。

二、主题活动理念

孩子进入青春期，开始全新的人际交往模式。他们已不满足于家庭成员之间的交往，他们走向社会，热衷于同伴交往，同时萌生与异性交往的强烈欲望。这一时期，青少年同伴的影响作用明显增强，这对于一个人的发展来说，具有无法取代的独特作用和重要价值。

然而，由于进入青春期的孩子仍处于半成熟半幼稚的阶段，他们的发展仍面临着许多的矛盾：自我意识增强，渴望独立，又依赖父母；渴望与同伴和朋友交往但又羞怯不自信；渴望尝试新生事物，标新立异，辨别能力却不够；等等。因此，伴随着他们社会交往范围的不断扩大，不可避免地面临着各种挑战与风险，更容易受到社会不良因素的影响。家长和成人的任务是要提高他们的思辨能力，强化他们的独立能力，引导他们在遇到各种不良诱惑或风险时，能够作出健康、安全、负责任的决定。

本次家长沙龙活动需要突出三个方面：一是帮助家长了解及分析青少年社交风险因素或情境，提升家长帮助孩子预防社交风险的能力；二是帮助家长树立正确的社交安全意识，降低家长对社交安全的焦虑程度，有效帮助青少年形成正确的社交防范意识及提升防范能力，以利于青少年的健康发展；三是本主题中关于角色扮演、小组讨论、案例分析等活动的设计，旨在帮助家长充分应用各种知识和沟通技巧来练习如何与孩子谈社交安全问题，让孩子学会评估社交风险度，加强防范意识，提升保护自己的能力。

三、活动准备

场地布置：桌椅摆放成岛屿式或椅子摆成 U 形。

所需教具：电脑、投影仪、白板、白板笔、信息卡片、风险排序卡。

四、活动时间

90 分钟。

五、活动流程

（一）第一步：前情回顾，引入新课

欢迎各位家长参加今天的沙龙活动。在前面微信群讨论中，我们确定了今天的主题"孩子，我该如何守护你的社交安全"，希望家长们今天都能献计献策，面对面地帮助其他家长一起进步。

导入活动，我说你做

1. 家长站立围成圆圈。

2. 按顺序，每人边说边表演一个社交行为（如微笑、打电话、拥抱、握手、唱歌等）。主持人作示范："××（本人的名字）在……（边说边做动作），××（旁边的家长名字）在……（与自己不同的动作）"。

被叫名字的家长按主持人的要求做动作，同时说"××（本人的名字）在……，××（下一位家长的名字）在……"。按顺序依次进行。

3. 主持人小结：刚才大家在活动中说到了许多社交行为，比如"……"，有些行为在人际交往中会带来积极的影响，但有些行为可能存在一定的风险，对于青少年来说也是如此。下面我们一起来探讨青少年在社会交往中的风险，帮助他们识别社交中的风险，学会保护自己，降低风险。

（二）第二步：知识梳理

1. 风险排序

（1）家长分成若干小组。

（2）每组分发一套社交风险排序卡，小组成员根据风险排序卡上的内容，按风险从高到低进行排序。

（3）各小组说出排序的理由，即在排序过程中主要考虑哪些因素。

（4）如果在汇报和分享过程中有小组调整排序，请说明变动排序的理由。

（5）主持人小结：

① 风险排序的作用是让家长思考在不同社交场合下，人们面临的风险有何不同。有些风险对于家长而言，风险性不高，但对于青少年而言却很高。

② 家长需要把社交场合中可能的风险和隐患告诉孩子，并提供适当的建议，增强孩子的社交风险评估意识。

③ 家长可以引导孩子在各种社交场合中判断形势,主动评估社交风险系数的高低,把握社交行为的分寸。

2. 风险分析

分小组讨论:

(1)青少年可能面临哪些风险?(参考答案:酒精、香烟、毒品、色情图像、性伤害、网络游戏、网友约会、校园欺凌等)

(2)为什么青少年易成为受害者?(参考答案:好奇心、同伴压力、受挫受骗、对危害一无所知、寻求刺激、自我保护意识弱等)

(3)社交风险对青少年有哪些危害?(参考答案:酗酒、酒驾、吸毒、毒驾、偷盗抢劫、杀人、伤人、发生不安全的性行为、感染性病/艾滋病、性交易、猥亵、卖淫、精神损伤、抑郁、自杀等)

每个组整合讨论结果,把主要内容写出来,贴在白板上。

(三)第三步:怎样与孩子沟通社交安全问题

提示:与孩子相处时,最容易发生冲突的可能在有关价值观、生活目标、兴趣爱好、个人习惯、交友婚恋、欣赏品味、穿着打扮等方面,如发型、穿衣、跟谁交朋友、听什么歌、看什么影视片等。这个时候,光积极倾听是解决不了问题的,需要再加上一种方法——解决冲突的"共赢法"。

教师要把这一方法自然地融入社交安全问题的解决中去。具体做法:先集中精力解决孩子提出的问题,这个过程中,有意识地提"共赢法",待问题得到解决,再拎出"共赢法"。最后,教师应该让家长思考,为什么"共赢法"有效?它体现了一种什么教育理念?

"共赢法"的步骤:(1)界定问题;(2)列出可能的解决方案;(3)评估所有解决方案;(4)确定最好的可接受的方案;(5)执行方案;(6)追踪评估执行的效果。

接下来由主持人带领全体成员使用"共赢法"讨论以下案例(案例可以根据群里的发言选择其中一个,也可以找其他类似的案例)。

初二的女儿跟家长说暑假要跟同学去韩国自助旅游,说由同班同学的高三毕业的堂哥堂姐带队,堂哥堂姐经常去韩国,很熟悉。家长考虑到这样风险太大,但又不能硬碰硬。这种情况,家长应该怎么做?

第一,"界定问题"。主持人带领全体成员思考,确定问题是什么。家长们通过讨论确定问题是:"孩子要去韩国旅游,家长怎么办?"

第二,列出可能的解决方案。主持人带领全体成员讨论,分小组在白纸上写出可能的解决方法,组长鼓励每位家长大胆表达,有疑问及时提出来。最后,每个小组推选一个代表上台读出本组写的解决方法。核心成员负责将纸粘贴在白板上,拍照和记录。

家长们讨论出来的方案大概有:(1)绝对不能答应,不管打、骂,还是关起来,都不能让孩子去;(2)放手让孩子去;(3)如果跟团可以去,不跟团不能去;(4)家长陪同一起去;(5)家长委托刚好也想去的亲朋好友一起去,方便照顾孩子;(6)好好和孩子谈谈,说服她不去;(7)跟孩子讨论选择比较近的自助游,比如省内游、市内游。

第三,主持人带领全体成员讨论评估所有的解决方案。让家长通过讨论把每一种方法的风险性和利弊都说出来。

第四,主持人带领全体成员讨论确定最好的、可接受的方案。最后家长们通过讨论得出比较统一的选择,就是后面四种。而同一个家庭不可能同时选择四种,只能通过和孩子讨论,看看最终采用这四种里面的哪种。

第五,执行方案。当家长和孩子确定了方案之后就可以去执行。

第六,追踪评估执行的效果。在执行方案过程中,家长和孩子要评估执行过程中是否遇到困难,遇到困难怎么解决;执行效果怎么样,下次可否复制。如果效果不好,重新选择可行方案。如果有新的方案也可以补充。如此循环反复,家长解决问题的能力提升了,孩子也参与其中,充当了"主人翁"角色,而不是一个"任由父母安排的孩子"。

(四)第四步:家长经验共享

主持人邀请在孩子社交安全方面做得比较好的家长分享做法,提供给其他家长思考和选择、借鉴,起到家长激励家长、家长影响家长的作用。

(五)第五步:教师主题总结

1. 社会纷繁复杂,风险因素客观存在,但不能因此圈养孩子,一味地将保护变成阻止,这既不符合青春期孩子成长的规律,也不利于孩子健康成长。家长需要了解青少年常见社交中的风险,帮助孩子提升防范社交风险的能力。

2. 社交中大部分的危险是可以避免的,只要个体保持警觉,提高预防意识,安全就能得到保障。

3. 家长要善于运用"积极倾听""共赢法"等沟通技巧与孩子达成共识,正确认识、评估和控制风险因素,在社交中确保自己的安全永远是第一位的。

(六)第六步:结束语

感谢大家的积极参与,希望大家能把所学知识应用到生活中,有进步及时分享,有困惑随时求助。我们下次见!

附：风险排序卡片

下列每一句话制作成一张卡片，每个小组发一套

○和不认识的人一起喝酒

○和家人一起吃饭时喝一杯啤酒

○参加毕业前的同学聚会喝酒精饮料

○搭乘一辆刚喝过酒的司机驾驶的摩托车

○酒后飙车

○醉酒后自己走回家

○抱着只是尝尝味道的想法喝一口白酒

○为了缓解压力或者担忧而喝酒

○天气炎热时喝少量的啤酒

○给小孩喝酒

○与朋友喝完酒去网吧

○在亲戚的婚礼上喝一杯

○在家中喝少量红酒，上网看色情电影

后 记

早在十年前,主编张润林老师已经关注到学校家庭教育指导工作,发表了《今天教师怎样家访》《家长开放日要由无序走向有序》《家长委员会建设要彰显权利意识》等论文,并一直在研究学校家庭教育指导工作。但现实的教育实践中,不少学校的家庭教育指导工作仍比较随意和零乱,没有形成体系,没有规章制度,更缺乏规划和有效管理,基本上还处于想到哪里做到哪里,想怎么做就怎么做,有问题才做、没有问题想不起要做的状态。规范性、系统性、科学性严重缺乏,别说是家校合作共育,就连平常的家校沟通也可能不通畅甚至矛盾丛生。缺乏系统设计的家庭教育指导工作显然无法有效解决家校合作共育问题,因此,张润林老师就想通过编写《学校家庭教育指导工作手册》来规范学校家庭教育指导行为,使学校家庭教育指导工作有章可循、有例可学,做到理论与实践相结合,专业性与可读性相结合,科学性与操作性相结合。这个想法得到东莞市教育局和东莞市中小学教师发展中心的大力支持,东莞市教育局还牵头召集了具有丰富经验的一线教师组成编写团队,于 2018 年 9 月 10 日专门发布了《关于组织〈学校家庭教育指导工作手册〉编写工作的通知》(东教德函〔2018〕101 号),保障编写工作规范有序地进行。在编写过程中,更令人兴奋的是,2019 年 2 月公布的《教育部 2019 年工作要点》中明确提出要"研究制定家长、学校指导手册",这更加坚定了我们的编写信念。不忘初心,砥砺前行,我们终于在 2019 年 5 月完成所有编写工作。在此,衷心感谢东莞市教育局和东莞市中小学教师发展中心领导的高度重视和大力支持!保障了这么艰巨的编写任务在短短的九个月里完成。也感谢编写团队加班加点,主动牺牲节假日时间,全身心投入到编写工作中,按时保质保量地完成了编写工作。还有编写团队的家人也在背后默默地支持,在此一并表示由衷的感谢!展望未来,我们还将在此基础上开展"学校家庭教育指导工作体系的研究",真正完善、规范和科学地开展学校家庭教育指导工作。

《学校家庭教育指导工作手册》编写团队人员包括:东莞市中小学教师发展中心张润林、吕广健、郭鲲鹏、张靖瑶老师,东莞市教育局德育与体卫艺科方兰芳老师,东莞中学万旭坚老师,东莞市第六高级中学林小纯老师,东莞市可园中学郭建老师,东莞市纺织服装学校许晓霞老师,东莞市经贸学校杨小英、黄海琴老师,莞城实验小学游秀萍老师,东城第三小学陈娟老师,石龙镇实验小学阮肖君老师,寮步镇香市小学蔡伟英、钟丽华老师,寮步镇中心幼儿园吴慧君老师，厚街湖景中学蒋宁辉老师，厚街镇涌口小学王晚虹老师，东莞市竹溪中学叶少珍、周蓉老师，北京师范大学东莞石竹附属学校庄建春老师，大朗一中庄克穗老师，大朗镇崇文小学叶艳兰老师，中堂中学李佳凤老师，沙田镇第一小学冯卓韵、廖美青老师，东莞市大岭山镇宣传教育文体局黎丽云老师，大岭山镇第五小学黄海健老师，横沥镇第二小学黄健燕老师，谢岗镇中心小学罗月秀、陈碧宇老师，谢岗镇黎村小学罗柱森老师，塘厦第三小学于淑华老师，凤岗镇中心小学曹雪瑶老师，东莞市桥头镇人民政府教育办公室黄丹艳老师，桥头镇中心小学邵焕娣老师，清溪镇联升小学徐东亚老师，清溪镇中心小学温丽美老师，东莞市茶山品尚实验幼儿园庄展捧老师。在此对编写人员的辛勤付出，表示诚挚的谢意！

由于时间仓促，水平有限，书中可能还有各种不完善的地方，恳请同行批评指正。

本书编委会

2019 年 5 月